청음 (清音)

성대를 울리지 않고 내는 맑은 소리입니다. 탁점(゛)이나 반탁점(゜)을 붙이지 않는 글자로 일본 문자의 기본인 50음도를 말합니다.

단(段)＼행(行)	あ단	い단	う단	え단	お단
あ행	あ a 아	い i 이	う u 우	え e 에	お o 오
か행	か ka 카	き ki 키	く ku 쿠	け ke 케	こ ko 코
さ행	さ sa 사	し shi 시	す su 스	せ se 세	そ so 소
た행	た ta 타	ち chi 치	つ tsu 츠	て te 테	と to 토
な행	な na 나	に ni 니	ぬ nu 누	ね ne 네	の no 노
は행	は ha 하	ひ hi 히	ふ fu 후	へ he 헤	ほ ho 호
ま행	ま ma 마	み mi 미	む mu 무	め me 메	も mo 모
や행	や ya 야		ゆ yu 유		よ yo 요
ら행	ら ra 라	り ri 리	る ru 루	れ re 레	ろ ro 로
わ행	わ wa 와				を o 오
	ん n,m,ng 응				

자판 입력시에는 wo를 사용함.

카타카나는 외래어를 표기할 때 주로 쓰입니다. 한자의 일부를 따서 만든 글자라서 딱딱하게 생겼답니다. 히라가나로 쓰는 단어라도 강조할 때는 카타카나를 사용하기도 합니다.

행(行) \ 단(段)	ア단	イ단	ウ단	エ단	オ단
ア행	ア a 아	イ i 이	ウ u 우	エ e 에	オ o 오
カ행	カ ka 카	キ ki 키	ク ku 쿠	ケ ke 케	コ ko 코
サ행	サ sa 사	シ si 시	ス su 스	セ se 세	ソ so 소
タ행	タ ta 타	チ chi 치	ツ tsu 츠	テ te 테	ト to 토
ナ행	ナ na 나	ニ ni 니	ヌ nu 누	ネ ne 네	ノ no 노
ハ행	ハ ha 하	ヒ hi 히	フ fu 후	ヘ he 헤	ホ ho 호
マ행	マ ma 마	ミ mi 미	ム mu 무	メ me 메	モ mo 모
ヤ행	ヤ ya 야		ユ yu 유		ヨ yo 요
ラ행	ラ ra 라	リ ri 리	ル ru 루	レ re 레	ロ ro 로
ワ행	ワ wa 와				ヲ o 오
	ン n,m,ng 응				

자판 입력시에는 wo를 사용함.

탁음(濁音)·반탁음(半濁音)

성대를 울려 내는 유성음이기 때문에 청음에 비해 탁한 소리가 납니다. 히라가나와 카타카나의 か(カ)행·さ(サ)행·た(タ)행·は(ハ)행에 탁점(゛)이 붙으면 탁음이 되며, は(ハ)행에 반탁점(゜)이 붙으면 반탁음이 됩니다. 반탁음의 경우 단어의 맨 첫머리에 올 때는 [ㅂ], 단어 중간에 올 때는 [ㅃ]에 가깝게 발음합니다.

단(段) 행(行)	あ단	い단	う단	え단	お단
が행	が ga 가	ぎ gi 기	ぐ gu 구	げ ge 게	ご go 고
ざ행	ざ za 자	じ ji 지	ず zu 즈	ぜ ze 제	ぞ zo 조
だ행	だ da 다	ぢ ji 지	づ zu 즈	で de 데	ど do 도
ば행	ば ba 바	び bi 비	ぶ bu 부	べ be 베	ぼ bo 보
ぱ행	ぱ pa 파	ぴ pi 피	ぷ pu 푸	ぺ pe 페	ぽ po 포

단(段) 행(行)	ア단	イ단	ウ단	エ단	オ단
ガ행	ガ ga 가	ギ gi 기	グ gu 구	ゲ ge 게	ゴ go 고
ザ행	ザ za 자	ジ ji 지	ズ zu 즈	ゼ ze 제	ゾ zo 조
ダ행	ダ da 다	ヂ ji 지	ヅ zu 즈	デ de 데	ド do 도
バ행	バ ba 바	ビ bi 비	ブ bu 부	ベ be 베	ボ bo 보
パ행	パ pa 파	ピ pi 피	プ pu 푸	ペ pe 페	ポ po 포

요음 (拗音)

모음 い(イ)단의 글자 중 자음인 「き し ち に ひ み り ぎ じ び ぴ (キ シ チ ニ ヒ ミ リ ギ ジ ビ ピ)」 뒤에 반모음인 「ゃ ゅ ょ (ャ ュ ョ)」를 작게 씁니다. 모양은 두 글자이지만 한 글자처럼 한 박자로 발음해야 합니다.

きゃ행	きゃ キャ kya 캬	きゅ キュ kyu 큐	きょ キョ kyo 쿄
しゃ행	しゃ シャ sha 샤	しゅ シュ shu 슈	しょ ショ sho 쇼
ちゃ행	ちゃ チャ cha 챠	ちゅ チュ chu 츄	ちょ チョ cho 쵸
にゃ행	にゃ ニャ nya 냐	にゅ ニュ nyu 뉴	にょ ニョ nyo 뇨
ひゃ행	ひゃ ヒャ hya 햐	ひゅ ヒュ hyu 휴	ひょ ヒョ hyo 효
みゃ행	みゃ ミャ mya 먀	みゅ ミュ myu 뮤	みょ ミョ myo 묘
りゃ행	りゃ リャ rya 랴	りゅ リュ ryu 류	りょ リョ ryo 료
ぎゃ행	ぎゃ ギャ gya 갸	ぎゅ ギュ gyu 규	ぎょ ギョ gyo 교
じゃ행	じゃ ジャ ja 쟈	じゅ ジュ ju 쥬	じょ ジョ jo 죠
びゃ행	びゃ ビャ bya 뱌	びゅ ビュ byu 뷰	びょ ビョ byo 뵤
ぴゃ행	ぴゃ ピャ pya 퍄	ぴゅ ピュ pyu 퓨	ぴょ ピョ pyo 표

나도/일본어로/말할/수/있다!

왕초보 실생활
일본어회화
plus 기본패턴

나도/일본어로/말할/수/있다!

왕초보 실생활
일본어 회화

➕ plus 기본패턴

이형석 지음

머리말

일본은 유사 이래 오랜 교류를 맺어온 이웃입니다. 최근 중국의 급부상으로 경제규모 세계 3위로 물러났지만 아직도 많은 분야에서 세계 2위의 지위를 고수하고 있습니다.

우리나라는 일본과는 애증의 관계를 맺어왔지만 일본어 학습자 숫자는 세계에서 가장 많은 인구를 보유하고 있습니다. 이것은 우리나라에서 일본어의 유효성을 입증하는 사례라고 봅니다.

대부분의 일본어 학습자들이 일어 문자를 읽고 쓸 줄 알지만 일본어를 직접 말할 기회는 드물어 회화에 약한 측면이 있습니다. 그래서 실전에서 적당한 표현을 찾지 못해 안타까운 표정만 보이고 마는 경우가 허다합니다.

이 책은 상황별 회화 표현을 모아놓은 책이지만 처음부터 끝까지 인내심 있게 읽어간다면 일본어의 문장 만들기에 자신이 생길 겁니다. 게다가 존경어 표현이나 친근한 표현도 얼마든지 익혀나갈 수 있습니다.

과거엔 펜팔 친구를 만들어 여러 날 걸리는 편지를 받고 좋아했지만, 지금은 인터넷 공간에서 외국에 사는 사람과 수시로 실시간으로 연락을 주고 받을 수 있는 시대입니다. 적극적인 마음을 가지면 돈 들이지 않아도 일본 친구를 만들기는 어렵지 않습니다.

그리고 아직 일본 글자가 익숙하지 않은 초보자를 위해 한글토를 부가했습니다. 일본인들을 상대하는 분들에게 이 책이 다소나마 도움이 되기를 바라는 마음 간절합니다.

이형석

이 책의 구성

1. 일상적인 의사소통에서 가장 기본적이고 가장 많이 쓰는 다양한 표현들을 인사, 감정, 화술, 테마별 화제, 사교, 해외여행, 비즈니스 등 7개의 파트별로 분류하여 학습자가 기본적으로 알아야 할 어법이나 표현, 문화에 관련된 상식 등과 함께 간략하게 해설하였습니다.

2. 각 파트별로 분류하고 다시 Unit으로 세분하여 원하는 장면을 쉽게 찾을 수 있을 뿐만 아니라 팁을 넣어 회화에서 미처 다루지 못한 내용을 한층 더 자세히 설명하였습니다.

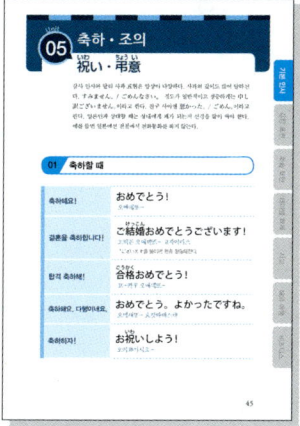

목차

머리말 • 4
이 책의 구성 • 5

➕ PART 1 기본 인사

Unit 1 기본 인사
01 기본 인사 • 20
02 일상 인사 • 21
03 안부를 물을 때 • 22
04 안부에 답할 때 • 24
05 오랜만에 만났을 때 • 25
06 우연히 만났을 때 • 27

Unit 2 소개
01 자기소개 하기 • 28
02 상대 소개하기 • 30
03 개인적인 질문 • 31
04 초면의 인사 • 32

Unit 3 감사
01 감사의 말 • 34
02 행위에 대해 감사 • 35
03 감사 인사에 대한 응답 • 37

Unit 4 사과
01 실례할 때 • 39
02 사죄 표현 • 40
03 사죄에 응답하기 • 43

Unit 5 축하 · 조의
01 축하할 때 • 45
02 환영할 때 • 46
03 조의 표하기 • 47

➕ PART 2 감정 표현

Unit 1 기쁨
01 감탄을 나타낼 때 • 50
02 기쁨을 표현할 때 • 51

Unit 2 걱정 · 실망
01 걱정할 때 • 55
02 실망했을 때 • 56
03 포기할 때 • 57

Unit 3 슬픔 · 위로
01 슬픔을 나타낼 때 • 60
02 우울할 때 • 62
03 동정할 때 • 63
04 위로할 때 • 63

Unit 4 분노 · 다툼
01 화가 났을 때 • 65
02 싸울 때 표현 • 69
03 욕설 표현 • 70
04 짜증내는 말 • 72

Unit 5 진정 · 화해
01 진정시킬 때 • 74
02 화해하기 • 75
03 후회하는 말 • 76

Unit 6 놀람 · 난처할 때
01 놀랄 때 • 78
02 무서울 때 • 80
03 난처할 때 • 81
04 부끄러울 때 • 82
05 후회, 아쉬움 표현 • 83

✚ PART 3 화술 표현

Unit 1 칭찬하기
01 성과 칭찬하기 • 86
02 격려하기 • 88
03 외모에 대한 칭찬 • 89
04 능력을 칭찬할 때 • 90
05 소유물을 칭찬할 때 • 91
06 칭찬에 대한 응답 • 92

Unit 2 비난
01 비난할 때 • 94
02 말을 제지할 때 • 95
03 비난에 반응할 때 • 96
04 질책 받는 상황 • 97

Unit 3 충고
01 충고할 때 • 100
02 주의를 줄 때 • 102
03 지시할 때 • 104

Unit 4 질문하기
01 이해 여부를 확인할 때 • 106
02 되묻는 표현 • 108
03 질문하기 • 109

Unit 5 의견 묻기
01 의견을 물을 때 • 111
02 상대의 견해 묻기 • 112
03 의중을 탐색할 때 • 113

Unit 6 대답하기
01 이해했을 때 • 115
02 이해가 안 될 때 • 116
03 질문에 답할 때 • 117
04 긍정하는 대답 • 118
05 부정하는 대답 • 120
06 무관심 표현 • 121

Unit 7 찬성 · 반대
01 동의하기 • 123
02 승낙하기 • 125
03 반대하기 • 126
04 잘못 지적하기 • 129
05 긍정도 부정도 안 함 • 130
06 일부 인정할 때 • 133
07 대답 보류하기 • 134

Unit 8 부탁 · 제안
01 부탁할 때 • 136
02 부탁 받을 때 • 138
03 권유할 때 • 140
04 제안할 때 • 141
05 재촉하기 • 143
06 재촉에 대한 응답 • 144
07 양해 구하기 • 145

Unit 9 승낙 · 거절
01 승낙할 때 • 146
02 거절할 때 • 148

Unit 10 자기 표현
01 자신의 견해를 밝힐 때 • 151
02 비밀 털어놓기 • 153
03 의심할 때 • 154
04 자기 의중 밝히기 • 155
05 의견이 없을 때 • 156

Unit 11 결정 · 확신하기
01 결심하기 • 158
02 결정하기 • 159
03 확신하는 표현 • 160
04 당위성 표현 • 161
05 예상과 추측 • 162

Unit 12 대화의 기술
- 01 말을 걸 때 • 164
- 02 맞장구치기 • 166
- 03 대화 도중 끼어들 때 • 169
- 04 말을 재촉할 때 • 171
- 05 화제 전환하기 • 172
- 06 말문이 막힐 때 • 174
- 07 마무리하는 표현 • 176

➕ PART 4 주제별 화제

Unit 1 날씨 · 계절
- 01 날씨 표현 • 178
- 02 일기예보 • 179
- 03 바람이 불 때 • 181
- 04 눈비가 내릴 때 • 182
- 05 따뜻한 날씨 • 183
- 06 서늘하거나 추운 날씨 • 185
- 07 계절에 대한 화제 • 186

Unit 2 시간 · 날짜
- 01 시간을 말할 때 • 188
- 02 연월일을 말할 때 • 190
- 03 때를 말할 때 • 192
- 04 장소 말하기 • 193

Unit 3 개인적인 화제
- 01 가족에 대한 이야기 • 195
- 02 친구 관계 • 197
- 03 출신지에 대하여 • 198
- 04 거주지에 대하여 • 199
- 05 주거 환경에 대하여 • 200
- 06 종교에 대하여 • 202

Unit 4 학교 · 학력
- 01 학력에 관한 질문 • 205
- 02 학교 생활 • 207
- 03 학교와 학생 • 208
- 04 공부와 시험 • 209
- 05 교실에서 하는 말 • 211

Unit 5 취미 · 취향
- 01 취미를 말할 때 • 213
- 02 취향 – 좋아함 • 214
- 03 취향 – 싫어함 • 216

Unit 6 스포츠 화제
- 01 스포츠 화제 • 217
- 02 골프장에서 • 219
- 03 스포츠 관전 • 220
- 04 여러 가지 스포츠 경기 • 223

Unit 7 여가 활동
- 01 바둑 게임 • 225
- 02 낚시하기 • 226
- 03 등산하기 • 227
- 04 신문과 잡지 • 229
- 05 TV 시청 • 230

Unit 8 문화생활
- 01 영화 이야기 • 233
- 02 음악 이야기 • 235
- 03 미술 이야기 • 237
- 04 독서에 대하여 • 239
- 05 강습 받기 • 241

Unit 9 성격
- 01 성격 말하기 • 244
- 02 긍정적인 성격 • 246
- 03 부정적인 성격 • 248

Unit 10 외모
- 01 신체 특징 • 250
- 02 외모에 대하여 • 252

03	패션에 대하여 • 254

Unit 11 병원·약국
01	진찰 예약할 때 • 256
02	외상을 입었을 때 • 258
03	증상 말하기 • 259
04	의사와의 대화 • 262
05	약국에서 • 265

Unit 12 건강
01	컨디션 표현 • 268
02	건강 어드바이스 • 270
03	건강 표현 • 271

✚ PART 5 사교

Unit 1 초대하기
01	초대 제안 • 274
02	약속 시간 • 276
03	약속 장소 • 277
04	초대 승낙 • 278
05	초대 거절 • 280

Unit 2 방문
01	손님맞이 • 283
02	주인이 하는 인사 • 287
03	선물 증정 • 289

Unit 3 접대
01	객실에서의 접대 • 291
02	음식 권유 • 292
03	파티 모임 • 293

Unit 4 작별
01	자리에서 일어날 때 • 295
02	헤어질 때 주인 인사 • 297

Unit 5 사랑
01	이성 관계 • 299

02	연애 이야기 • 300
03	이상형 표현 • 301
04	상대에게 반했을 때 • 303

Unit 6 데이트·고백하기
01	데이트 신청 • 306
02	감정 표현 • 308
03	사랑 고백 • 309

Unit 7 결혼 생활
01	결혼 생활 • 311
02	출산 이야기 • 313

Unit 8 결별
01	사랑이 잘 안 될 때 • 315
02	결별을 통보할 때 • 316
03	이혼에 대한 화제 • 317

✚ PART 6 해외여행

Unit 1 항공편
01	항공편 예약 • 322
02	환전하기 • 323
03	탑승 수속 • 324
04	기내에서 • 325

Unit 2 공항에서
01	환승하기 • 327
02	입국 절차 • 328
03	세관 통과 • 329
04	공항에서 질문 • 330

Unit 3 교통
01	길 묻기 • 332
02	길 안내하기 • 334
03	길을 잃었을 때 • 336

Unit 4 대중교통
01	택시 이용하기 • 337

02	버스 이용하기 • 339	
03	페리에서 • 342	

Unit 5 열차 · 전철
01	열차표 사기 • 344
02	열차를 탈 때 • 346
03	열차 객실에서 • 347

Unit 6 렌터카 이용
01	렌터카 이용 • 349
02	운전하면서 • 351
03	교통사고와 트러블 • 353
04	자동차 고장 • 355

Unit 7 식당 찾기
01	식당을 찾을 때 • 356
02	식당을 말할 때 • 357
03	음식 권하기 • 358

Unit 8 식사 성향
01	식사 성향 • 361
02	식욕을 말할 때 • 362
03	음식 맛 말하기 • 363

Unit 9 식당에서
01	예약 및 좌석 잡기 • 367
02	주문 표현 • 368
03	식사할 때 • 370
04	차 마시기 • 373

Unit 10 식사 이후
01	서비스 표현 • 374
02	지불하기 • 375
03	패스트푸드점에서 • 376

Unit 11 쇼핑
01	매장 찾기 • 377
02	상품 고르기 • 380
03	의복 매장 • 384

04	모자, 구두 가게 • 387
05	화장품 코너 • 390
06	가방 가게 • 392
07	보석점에서 • 393
08	문방구, 서점 • 394
09	선물가게 • 395
10	식료품점 • 396
11	가격 흥정 • 399

Unit 12 쇼핑 마무리
01	가격 지불 • 402
02	주문과 배달 • 404
03	반품과 교환 • 405

Unit 13 호텔
01	예약하기 • 406
02	체크인 하기 • 408
03	서비스 부탁하기 • 410
04	통신 이용하기 • 412
05	호텔 트러블 • 413
06	체크아웃 하기 • 415

Unit 14 관광
01	관광안내소에서 • 416
02	표 구입하기 • 417
03	여행사 직원과의 대화 • 418

Unit 15 관람하기
01	명소 관광 • 420
02	박물관 관람 • 423
03	사진 찍기 • 424
04	공연 관람 • 426

Unit 16 오락
01	테마파크에서 • 428
02	노래방에서 • 430
03	마사지 받기 • 431

Unit 17 음주 · 흡연
01 술 권하기 • 433
02 술 주문하기 • 435
03 술을 마시면서 • 436
04 술에 대한 화제 • 438
05 담배에 대하여 • 439
06 금연 · 금주에 대하여 • 440

Unit 18 여행 트러블
01 언어 트러블 • 442
02 도난당했을 때 • 443
03 물건을 분실했을 때 • 445
04 사고 상황 • 446
05 교통사고 당했을 때 • 447

➕ PART 7 비즈니스

Unit 1 전화 표현
01 전화 걸기 • 450
02 전화 받기 • 452
03 전화를 받을 수 없을 때 • 454
04 상대가 부재중일 때 • 456
05 메시지 전달 • 457
06 약속 잡기 • 458
07 전화 트러블 • 462

Unit 2 직장생활
01 직업 묻기 • 464
02 직업 말하기 • 466
03 사업 이야기 • 467
04 퇴근 이야기 • 468
05 휴가에 대하여 • 469
06 근무 시간에 대하여 • 470

Unit 3 직장 내 인간관계
01 직장 내 인간관계 • 471
02 직장 상사에 대하여 • 473

Unit 4 승진 · 퇴직
01 봉급에 대하여 • 474
02 승진에 대하여 • 475
03 사직, 퇴직에 대하여 • 476

Unit 5 사무실에서
01 사무실에서 • 478
02 컴퓨터 사용 • 482
03 회의 시간 • 483

Unit 6 공공시설
01 관공서에서 • 485
02 은행에서 • 486
03 우체국에서 • 489

Unit 7 서비스 업소
01 이발소에서 • 491
02 미용실에서 • 493
03 세탁소에서 • 495
04 주유소, 카센터에서 • 496

➕ 왕초보 실생활 기본패턴

PART 1 기본 패턴 • 497
PART 2 형용사 활용편 • 509
PART 3 기초 동사 패턴 • 517
PART 4 명사 활용 패턴 • 525
PART 5 동사 て형 패턴 • 543
PART 6 동사 기본형 패턴 • 563
PART 7 동사 과거형 패턴 • 579
PART 8 ます형 패턴 • 587
PART 9 부정형태 패턴 • 605

일본어의 문자

일본어의 문자는 히라가나(ひらがな)와 카타카나(カタカナ)가 있고 여기에 한자(漢字)를 병행해서 사용합니다. 히라가나와 카타카나를 통틀어 가나(仮名)라고 하며, 한자의 일부를 빌려 만들어진 표음문자입니다.

1 히라가나 (ひらがな)

히라가나(ひらがな)는 초서체의 일부를 간단히 하여 만들어진 문자입니다. 붓으로 흘려 쓴 한자의 윤곽만 남았기 때문에 곡선적인 형태입니다. 우리가 일본어를 배울 때 가장 먼저 배우게 되는 문자이며 일반적으로 가장 많이 쓰이기 때문에 처음 시작할 때 확실히 익혀두어야 합니다.

(예)　こんにちは 콘니찌와 (안녕하세요〈낮인사〉)
　　　おかあさん 오까−상 (어머니)

2 카타카나 (カタカナ)

카타카나(カタカナ)는 한자의 자획 일부에서 따오거나 단순화하여 만들어졌기 때문에 직선적인 형태입니다. 외래어·의성어·의태어·전보·광고문 등에 쓰거나 특별히 강조하고 싶은 부분에 부분적으로 사용합니다. 일본 잡지나 간판은 카타카나로 넘쳐날 정도로 일본에선 외래어를 많이 사용하므로 처음부터 확실히 외워둡시다.

(예)　テレビ 테레비 (텔레비전)　　　トマト 토마또 (토마토)

3 한자 (漢字)

일본어 문장은 주로 히라가나와 한자를 섞어 씁니다. 한자가 들어가면 문장의 의미 파악이 쉽고 명확해집니다. 한자 읽기는 중국의 음을 따라 소리 나는 대로 읽는 음독(音讀)과 한자의 뜻으로 읽는 훈독(訓讀)이 있습니다. 우리와 달리 읽는 방법이 다양하며 일부 한자는 약자를 사용하므로 주의해야 합니다.

(예)　先 ─ 음독 せん 셍　　　学 ─ 음독 がく 가꾸
　　　　 └ 훈독 さき 사끼　　　　 └ 훈독 まなぶ 마나부

일본어 표기법

1 마침표와 쉼표 (句読点)

★ 句点(くてん)

하나의 문장이 완전히 끝났을 때 사용하는 마침표를 일본어에서는 句点(くてん)이라고 합니다. 우리는 「.」를 사용하지만 일본어에서는 「。」를 사용합니다. 句点은 まる(동그라미)라고도 합니다.

★ 読点(とうてん)

문장을 일단 중지하거나, 이어짐이 분명하지 않으면 완전히 다른 의미가 되어버리는 곳에 쓰입니다. 가로쓰기의 경우 우리와 마찬가지로 「,」를, 세로쓰기의 경우 「、」를 사용하지만 일본어 표기는 주로 세로쓰기이므로 가로쓰기와 세로쓰기에 상관없이 「、」로 표기하는 경우가 많습니다. 대체적으로 일본어는 한국어 문장보다 読点을 많이 사용합니다.

2 물음표와 느낌표

「?」와 「!」는 원칙적으로 사용하지 않습니다. 의문문의 경우 의문을 나타내는 조사 「-か」를 사용하고 물음표 대신 「。」를 사용합니다. 하지만 구어체에서는 반드시 조사 「-か」를 붙여 의문문을 만드는 것이 아니므로, 의문을 나타내기 위해 물음표를 붙이기도 합니다.

3 띄어쓰기를 하지 않는다

일본어에서는 띄어쓰기를 하지 않는 것이 원칙입니다. 그러나 어린이들을 위한 책이나 외국인을 위한 일본어 학습서에서는 이해를 돕기 위해 띄어쓰기를 하는 경우도 있습니다. 띄어쓰기를 하지 않는 일본어에서는 読点(、)을 사용해서 의미를 구분하고 가독성을 높이기도 합니다.

외래어 표기법

1 외래어의 [v] 발음

일본의 영화제목이나 잡지 등에 카타카나 ウ에「゛」이 붙어 있는 ヴ가 종종 등장하곤 합니다. 교과서에도 없는 이 글자는 어떻게 발음해야 할까요? ヴ는 카타카나로 외래어를 표기할 때 v발음을 나타내기 위해 사용합니다. ヴ에 작은 모음을 붙인 형태로 쓰며, [va] [vi] [vu] [ve] [vo]는 각각「ヴァ」「ヴィ」「ヴ」「ヴェ」「ヴォ」로 표기합니다.

(예) Louis Vuitton (루이뷔통)   ルイ・ヴィトン 루이뷔똥

하지만 예전에는 ヴ를 사용하는 표기가 존재하지 않아 [v]음을 バ행을 사용하여 표현했습니다. 아래의 단어들은 バ행을 사용하는 것이 일반적으로 굳어진 경우입니다.

	〈일반적인 표기〉	〈ヴ를 사용한 표기〉
(예) violin	バイオリン 바이오링	ヴァイオリン 봐이오링
Venus	ビーナス 비−나스	ヴィーナス 뷔−나스
vest	ベスト 베스또	ヴェスト 붸스또

2 외래어의 [f] 발음

외래어의 f 발음을 보다 원음에 가깝게 표기하기 위해 카타카나 フ에 작은 모음을 붙인 형태로 사용합니다. 즉, [fa] [fi] [fu] [fe] [fo]는 각각「ファ」「フィ」「フ」「フェ」「フォ」로 표기합니다.

(예) file   ファイル 화이루   film   フィルム 휘루무
      fork   フォーク 훠−꾸

3 외래어의 [ti] [di] 발음

외래어 [ti] [di]의 발음은 テ, デ에 작은 모음 ィ를 붙입니다. 즉, [ti] [di]는 각각「ティ」「ディ」로 표기합니다.

(예) fparty   パーティー 파−띠−   building   ビルディング 비루딩구

일본어 한자 읽기

1 오쿠리가나 送り仮名(おくりがな)

한자와 가나(仮名)를 섞어 쓰는 단어에서 한자의 오른쪽 옆에 붙는 가나 부분을 오쿠리가나라고 합니다. 한자의 읽는 방법을 확정 짓기 위해 사용하며 한자로만 이루어진 단어에서는 사용하지 않습니다. 같은 한자라도 뒤에 달린 오쿠리가나에 따라 읽는 방법이 달라지므로 주의합시다.

(예) 明(あか)るい 아까루이 (밝다)   食(た)べる 타베루 (먹다)

* 오쿠리가나에 따라 한자 읽는 법이 달라지는 경우

(예) ┌ 出(で)る 데루 (나가다)   ┌ 苦(くる)しい 쿠루시- (괴롭다)
     └ 出(だ)す 다스 (내다)   └ 苦(にが)い 니가이 (쓰다)

2 후리가나 振り仮名(ふりがな)

일본어에서 한자를 읽는 방법을 나타내기 위해 주위에 작게 가나를 달아 놓은 것을 후리가나라고 합니다. 가로쓰기인 경우 일반적으로 글자 위에, 세로쓰기인 경우 글자의 오른쪽에 주로 씁니다. 어려운 한자나 어린이나 외국인을 위한 책에는 학습자의 이해를 돕기 위해 붙이지만, 일반적인 표기에는 붙이지 않으므로 평소에 한자 읽는 법을 잘 숙지해야 합니다. 후리가나는 루비(ルビ)라고도 합니다.

(예) 韓国(かんこく) 캉꼬꾸 (한국)   来(く)る 쿠루 (오다)

      顔(かお) 카오 (얼굴)   寒(さむ)い 사무이 (춥다)

발음(撥音)

오십음도의 마지막 글자인 ん(ン)은 다른 글자 뒤에 와서 우리말의 받침과 같은 역할을 합니다. 하지만 하나의 음절 길이를 가집니다.

ㅇ(ng) — ん(ン) + か が행
おんがく 옹가꾸 음악   げんき 겡끼 건강함   インク 잉꾸 잉크

ㄴ(n) — ん(ン) + さ ざ た だ な ら행
せんせい 센세- 선생님   にんじん 닌징 당근   パンダ 판다 판다

ㅁ(m) — ん(ン) + ま ば ぱ행
しんぶん 심붕 신문   えんぴつ 엠삐쯔 연필   ハンバーガー 함바-가 햄버거

콧소리(N) — ん(ン) + は や わ행, ん(ン)으로 끝날 때
にほん 니홍 일본   でんわ 뎅와 전화   パン 팡 빵

촉음(促音)

촉음은 つ(ツ)를 작은 크기로 っ(ッ)라고 표기합니다. 우리말의 받침 역할을 하며, 하나의 독립된 음절로 발음합니다.

ㄱ(k) — っ(ッ) + か행
けっか 켁까 결과   がっこう 각꼬- 학교   サッカー 삭까- 축구

ㅅ(s) — っ(ッ) + さ행, っ(ッ) + た행
ざっし 잣시 잡지   メッセージ 멧세-지 메시지   きって 킷떼 우표

ㅂ(p) — っ(ッ) + ぱ행
いっぱい 입빠이 가득   きっぷ 킵뿌 표   コップ 콥뿌 컵

장음(長音)

한 낱말 가운데 같은 모음이 중복되는 경우 앞의 발음을 길게 발음하는 경우를 말합니다. 음의 길이에 따라 의미가 바뀌는 단어도 있으니 주의합시다.

あ | あ단 + あ
おかあさん 오까―상 어머니
デパート 데빠―또 백화점

い | い단 + い
おにいさん 오니―상 형, 오빠
ビール 비―루 맥주

う | う단 + う
ふつう 후쯔― 보통
スーパー 스―파― 슈퍼마켓

え | え단 + え
おねえさん 오네―상 누나, 언니
ページ 페―지 페이지

え단 + い
とけい 토께― 시계
えいが 에―가 영화

お | お단 + お
おおきい 오―끼― 크다
ノート 노―또 노트

お단 + う
こうえん 코―엥 공원
そうじ 소―지 청소
きょう 쿄― 오늘
しょうかい 쇼―까이 소개

왕초보 실생활 **일본어회화 + 기본패턴**

PART 01

기본 인사
基本のあいさつ
き ほん

회화의 기본은 인사를 나누는 것이다. 인사란 사람과 사람이 만나자마자 서로의 어색함을 털어버리는 작업이다. 또 상대방을 인정하고 배려하는 것에서 출발하므로 언어를 배우는 것도 중요하지만 역시 상대를 배려하는 눈빛이나 표정이 매우 중요하다.

Unit 01 기본 인사

基本のあいさつ
き ほん

인사는 인간관계의 기본 중 기본이다. 일어 인사 표현이 우리말과 다른 점은 하루 시간에 따라 세 가지로 달라진다는 점이다. 아침엔 おはようございます。 점심엔 こんにちは。 저녁엔 こんばんは。이다. 친근한 사이에 아침 인사는 짧게 おはよう!라고 할 수 있다. 점심과 저녁인사엔 ございます가 붙지 않는다.

01 기본 인사

안녕하세요! (아침)	**おはようございます。** 오하요- 고자이마스 * 친근한 사이라면 おはよう。라고 말한다.
안녕하세요! (점심)	**こんにちは。** 콘니찌와
안녕하세요! (저녁)	**こんばんは。** 콤방와 * '곰'보다는 약간 '콤'에 가깝게 발음한다.
안녕하세요!	**お元気ですか。** 오겡끼데스까
요즘 어때?	**調子はどう?** 쪼시와 도- * 편한 사이의 표현이다.

● Unit 01_ 기본 인사

일은 어때?	仕事はどう? 시고또와 도-
별고 없으세요?	お変りありませんか。 오카와리 아리마셍까

02 일상 인사

날씨 좋네요.	いい天気ですね。 이이 텡끼데스네
다녀올게요.	行ってきます。 잇떼키마스
	行って参ります。 (정중한 표현) 잇떼마이리마스
잘 다녀오세요.	いってらっしゃい。 잇떼랏샤이
다녀왔습니다.	ただいま。 타다이마
어서 오세요.	お帰りなさい。 오카에리나사이

21

기분은 어떠세요?	気分はどうですか。 키붕와 도-데스까 * 일본어의 気分은 우리말의 기분과 의미상 통긴 하지만 몸 컨디션을 가리키는 경우가 많다. 따라서 気分が悪い라는 말은 '기분이 나쁘다'가 아니라 '속이 불편하다'라고 해석해야 한다.
덕분에 잘 지냅니다.	おかげさまで元気です。 오카게사마데 겡끼데스 * さま를 붙여서 정중한 인사가 된다. さま를 빼도 괜찮다.

03 안부를 물을 때

요즘 어떻게 지내십니까?	この頃どう過ごされていますか。 코노고로 도- 스고사레떼 이마스까
가족 분들은 잘 지내세요?	ご家族の皆さんは元気ですか。 고카조꾸노 미나상와 겡끼데스까
부모님은 건강하십니까?	ご両親は元気ですか。 고료-싱와 겡끼데스까
모두 잘 지냅니다.	みんな元気です。 민나 겡끼데스

● Unit 01_ 기본 인사

부인은 어떠십니까?	奥さんはいかがですか。 오꾸상와 이까가데스까 * 수도권에선 '이깡아데스까'라고 발음하기도 한다. 수도권이므로 표준말이다.
그녀는 잘 지냅니다.	彼女は元気で過ごしています。 카노죠와 겡끼데 스고시떼 이마스
무엇 때문에 바쁘셨나요?	何のために忙しかったんですか。 난노타메니 이소가시깟딴데스까
무엇 때문에 바빴어요?	何のために忙しかったの? 난노타메니 이소가시깟따노
좀 좋아졌나요?	ちょっと、よくなりましたか。 촛또 요쿠나리마시따까
이제 실례해야겠습니다.	そろそろ失礼いたします。 소로소로 시츠레-이타시마스
잘 지냈어?	元気だった? 겡끼닷따
스미에 소식은 들었어?	スミエのこと、聴いた? 스미에노 고토 키이타
지수가 안부 전하더군요.	ジスさんがよろしくって。 지수상가 요로시꿋떼

23

04　안부에 답할 때

덕분에 좋습니다.	おかげさまで元気です。 오카게사마데 겡끼데스
잘 지내고 있어.	元気でやってるよ。 겡끼데 얏테루요
다들 잘 있어요.	みんな元気です。 민나 겡끼데스
그저 그래요.	まあまあです。 마ー마ー데스
똑같아.	同じだよ。 오나지다요
그런대로 지내고 있어.	何とかやってるわ。 난또까 얏떼루와
계속 바빴어.	ずっと忙しかった。 줏또 이소가시깟따

Unit 01_ 기본 인사

05 오랜만에 만났을 때

오랜만이군.	久しぶりだね。 히사시부리다네 *남성적 말투
오래간만이군요.	お久しぶりですね。 오히사시부리데스네
정말 오랜만이네요.	本当に久しぶりですね。 혼또-니 히사시부리데스네
야, 오랜만이군, 그동안 잘 있었나?	やあ、久しぶりだね。そのあいだ元気? 야아 히사시부리다네 소노아이다 겡끼
다시 만나 뵈어 반갑습니다.	またお会いできてうれしいです。 마따 오아이 데끼떼 우레시이데스 またお目にかかれてうれしいです。 마따 오메니카까레떼 우레시이데스
여전하시군요.	相変わらずですね。 아이카와라즈데스네
그후 어떠셨습니까?	その後どうでしたか。 소노고 도-데시따까

뵙고 싶었습니다.	お会いしたかったんです。 오아이 시따깟딴데스
별고 없으셨습니까?	お変わりありませんでしたか。 오카와리 아리마셍데시따까
세월 참 빠르네요.	時間が経つのは早いですね。 지캉가 타츠노와 하야이데스네
	光陰矢のごとし。 코-잉 야노고토시 * 세월은 화살과 같다.(속담)
몇 달 만인가요?	何ヶ月ぶりでしょう? 낭까게쓰 부리데쇼-
건강해 보이네요.	元気そうですね。 겡끼소-데스네
오랫동안 소식을 못 드렸습니다.	ご無沙汰しました。 고부사타 시마시따

● Unit 01_ 기본 인사

06 우연히 만났을 때

오랜만입니다. 전엔 감사했습니다.	ご無沙汰しております。 以前はお世話になりました。 고부사타시테 오리마스 이젠와 오세와니 나리마시따
잘 지내나 보네.	元気そうだね。 겡끼소―다네
오랜만입니다. 잘 지내는 거 같아 좋네요.	お久しぶりです。お元気のようで、なによりです。 오히사시부리데스 오겡끼노요―데 나니요리데스
세상 정말 좁네요.	世の中、狭いですね！ 요노나까 세마이데스네
여기서 만날 줄이야!	こんなとこで会うとは！ 콘나토코데 아우또와
여기서 만나다니 뜻밖이에요.	こんなとこで会うなんて意外ですね！ 콘나토코데 아우난떼 이가이데스네
안 그래도 널 보고 싶었어.	そうじゃなくても会いたかった。 소―쟈나쿠떼모 아이타갓따

Unit 02 소개

紹介 (しょうかい)

처음 만날 경우의 인사는 우리와 비슷한 분위기가 느껴진다. 우리와 다른 점은 간편하게 첫인사를 하는 경우 성(姓)만으로 자기소개를 한다는 점이다. 즉, 私は中村です。 이런 식이다. 그리고 앞으로 잘 부탁한다(どうぞよろしく。/ よろしくお願いします。)는 말을 잊지 않는다. 명함을 주고받을 때는 두 손으로 정중하게 건네면 좋은 인상을 줄 수 있다.

01 자기소개 하기

제 소개를 하겠습니다.	ちょっと自己紹介(じこしょうかい)させてください。 춋토 지코쇼―카이 사세테 쿠다사이
어딘가에서 뵈었지요?	どこかでお目(め)にかかりましたね。 도코카데 오메니 카까리마시따네
죄송합니다. 다른 사람과 착각했습니다.	すみません、別(べつ)の人(ひと)と間違(まちが)えてしまいました。 스미마셍 베쓰노히토또 마치가에테 시마이마시따
안녕하세요. 저를 기억하세요?	こんにちは、私(わたし)のこと覚(おぼ)えていますか? 콘니치와 와타시노코토 오보에테 이마스

Unit 02_ 소개

카야마입니다. 당신 성함은요?	香山です。あなたのお名前は? 카야마데스 아나따노 오나마에와
저는 나가이입니다. 별명은 새침떼기입니다.	私は長井です。ニックネームはカマトトです。 와타시와 나가이데스 닉쿠네-무와 카마토또데스 *약 3백 개 정도인 한국의 성씨에 비해 일본의 성씨는 수십만 개나 된다. 그래서 같은 성씨를 만나기도 쉽지 않아 보통 성으로만 부르는 일이 많다.
명함을 드리죠. 당신 것도 주시겠습니까?	名刺をどうぞ。 あなたのもいただけますか。 메-시오 도-조 아나따노모 이타다케마스까
제 이름은…. 아, 명함을 드리겠습니다.	私の名前は…あー、名刺をさしあげましょう。 와타시노 나마에와 아- 메-시오 사시아게마쇼-
저는 사카모토 료마, 코치에서 왔습니다.	私は坂本竜馬、高知から来ました。 와타시와 사카모토 료마 코-치까라 키마시따
무역회사에서 일하는 회사원입니다.	貿易会社で勤める会社員です。 보-에키가이샤데 쓰토메루 카이샤잉데스
아이는 둘 있습니다.	子供は二人います。 코도모와 후타리이마스
골프에 관심이 있습니까?	ゴルフに興味がありますか。 고루후니 쿄-미가 아리마스까

02 상대 소개하기

타무라 씨를 소개하겠습니다.	田村さんを紹介しましょう。 타무라상오 쇼-카이시마쇼-
친구인 쿠니이 씨를 소개합니다.	友人の国井さんを紹介します。 유-진노 쿠니이상오 쇼-카이시마스
김 선생, 가토 씨와 만나는 건 처음이시죠?	金さん、加藤さんに会うのは初めてですね。 키무상 카토-상니 아우노와 하지메테데스네
이 선생, 이분은 우치다 씨입니다.	李さん、こちらは内田さんです。 이상 코치라와 우치다상데스
마나베 씨, 내 아내입니다.	真鍋さん、僕の妻です。 마나베상 보쿠노 쓰마데스
이쪽은 한국 친구 김 씨입니다. 일본에 막 도착했습니다.	こちらは韓国の友人、金さんです。日本に着いたばかりです。 코치라와 캉코쿠노 유-진 키무상데스. 니혼니 쓰이타바카리데스
김 선생, 동료 후지카와를 소개하겠습니다.	金さん、同僚の藤川君を紹介します。 키무상 도-료-노 후지카와쿤오 쇼-카이시마스

Unit 02_ 소개

03 개인적인 질문

한국어 할 줄 아세요?	韓国語が話せますか。 캉코쿠고가 하나세마스까
일본어는 어디서 배우셨나요?	日本語はどこで習ったんですか。 니홍고와 도코데 나랏딴데스까
일본 어디 태생이세요?	日本のどこの生まれですか。 니혼노 도코노 우마레데스까
이곳 생활은 어떠십니까?	こちらの生活はどうですか。 코치라노 세-카쓰와 도-데스까
어디에서 근무하십니까?	どちらへお勤めですか。 도치라에 오쓰토메데스까
어느 학교 다니세요?	学校はどちらですか。 각꼬-와 도치라데스까
어느 대학을 나오셨나요?	どこの大学を出ましたか。 도코노 다이가쿠오 데마시따까
관심사는 무엇입니까?	ご関心ごとは何ですか。 고칸신고토와 난데스까

가족은 몇 분입니까?	ご家族は何人ですか。 고카조쿠와 난닝데스까
어떻게 하면 연락이 됩니까?	どうしたら連絡がつきますか。 도-시타라 렌라쿠가 쓰키마스까
여기는 놀러 오셨습니까?	ここへは遊びに来ているんですか。 코꼬에와 아소비니 키테이른데스까
여기는 업무로 오신 겁니까?	ここへは仕事で来ていますか。 코꼬에와 시고토데 키테이마스까
한국 생활에는 이제 익숙해지셨습니까?	韓国の生活にはもう慣れましたか。 캉코쿠노 세-카쓰니와 모-나레마시따까
한국엔 언제까지 있게 됩니까?	韓国にはいつまでいるんですか。 캉코쿠니와 이쓰마데이른데스까

04 초면의 인사

처음 뵙겠습니다.	はじめまして。 하지메마시테

● Unit 02_ 소개

만나서 반갑습니다.	お会いできてうれしいです。 오아이데키테 우레시-데스
만나 뵈어 영광입니다. (정중한 표현)	お目にかかれて光栄です。 오메니 카카레테 코-에-데스 * 우리말은 '영광'이지만 일본어에서는 거꾸로 말한다.
성함은 알고 있었습니다.	お名前は知っておりました。 오나마에와 싯테오리마시따
줄곧 뵙고 싶었습니다.	ずっとお会いしたかったです。 즛또 오아이시타깟타데스
드디어 직접 뵙게 되었군요.	いよいよお目にかかることができました。 이요이요 오메니 카카루코토가 데키마시따
잘 부탁드립니다.	よろしくお願いします。 요로시쿠 오넹아이 시마스
저야말로 잘 부탁드립니다.	こちらこそよろしくお願いします。 코치라코소 요로시쿠 오넹아이 시마스

Unit 03 감사
かんしゃ
感謝

01 감사의 말

인사 중에 가장 중요한 것이 감사와 사과다. 이런 인사를 잘하는 사람이 호감을 얻고 갈등을 줄일 수 있다. 가장 일반적인 표현은 ありがとうございます。강조하고 싶으면 앞에 どうも를 붙인다. 친근한 사이라면 ありがとう。만으로 괜찮다. 참고로 교토말(칸사이 사투리)로는 おおきに！라고 한다.

감사합니다.	**ありがとうございます。** 아리가또- 고자이마스
매우 감사합니다.	**どうもありがとうございます。** 도-모 아리가또- 고자이마스
네, 고마워요.	**はい、どうも。** 하이 도-모
어쨌든 고마워.	**何はともあれ、ありがとう。** 나니와 토모아래 아리가또- ＊상대가 호의를 베풀려고 했으나 이쪽에 도움이 되지 않았을 경우.
진심으로 감사합니다.	**真にありがとうございます。** 마코토니 아리가또- 고자이마스
여러 모로 신세를 졌습니다.	**色々お世話になりました。** 이로이로 오세와니 나리마시따

● Unit 03_ 감사

| 폐를 끼쳐 드렸습니다. | ご面倒をおかけしました。
고멘도-오 오카케시마시따 |

02 행위에 대해 감사

도와줘서 고마워.	お手伝いありがとう。 오테쓰다이 아리가또-
호의에 감사드려요.	ご好意ありがとうございました。 고코-이 아리가또-고자이마스
만나러 와줘서 고마워.	会いに来てくれてありがとう。 아이니 키테쿠레테 아리가또-
전화해 줘서 고마워. 잘 가.	電話をありがとう。さようなら。 뎅와오 아리가또- 사요-나라
음악 콘서트 표, 고마웠습니다.	音楽のコンサートの切符、ありがとうございました。 옹가꾸노 콘사토노 킵뿌 아리가또- 고자이마시따
서류를 체크해 줘서 고마워요.	書類をチェックしてくれてありがとうございます。 쇼루이오 첵쿠시테 쿠레테 아리가또- 고자이마스

35

이거 무척 감사합니다.	これはどうもありがとうございます。 코레와 도-모 아리가또-고자이마스
친절하게 해 주셔서 감사합니다.	どうもご親切に、ありがとうございます。 도-모 고신세쓰니 아리가또- 고자이마스
친절하게 대해 주셔서 도움이 되었습니다.	ご親切に、大変助かりました。 고신세쓰니 타이헨 타스까리마시따
그렇게 말해줘서 고마워요.	そう言てくれてありがとうございます。 소-잇테 쿠레테 아리가또-
알려줘서 고마워.	知らせてくれて、ありがとう。 시라세테 쿠레테 아리가또-고자이마스
격려해 줘서 고마워.	励ましてくれて、ありがとう。 하게마시테 쿠레테 아리가또-
당신 덕분에 도움이 되었습니다.	あなたのおかげで助かりました。 아나따노 오카게데 타스카리마시따

03 감사 인사에 대한 응답

천만에요.	どういたしまして。 도-이타시마시테
저야말로 감사합니다.	こちらこそ、どうもありがとうございます。 코치라코소 도-모 아리가또-고자이마스
천만에요. 도움이 되어드려 기뻐요.	どういたしまして。お役に立ててうれしいです。 도-이타시마시테 오야쿠니 타테테 우레시이데스
천만에요. 기꺼이 도와드리겠어요.	どういたしまして。喜んでお手伝いしますよ。 도-이타시마시테 요로콘데 오테쓰다이 시마스요
천만에요. 별거 아닙니다.	どういたしまして。お安いご用ですよ。 도-이타시마시테 오야스이 고요-데스요
아니오, 저야말로.	いいえ、こちらこそ。 이이에 코치라코소
천만에요. 인사까지 하지 않으셔도 됩니다.	どういたしまして。お礼にはおよびません。 도-이타시마시테 오레-니와 오요비마셴

대단한 일도 아냐.	大したことじゃないよ。 타이시타 코토쟈 나이요
또 언제든지 말만 해.	またいつでもどうぞ。 마타 이쓰데모 도-조
필요할 때는 주저 말고 말해.	必要なときは遠慮なく言ってね。 히쓰요-나 토키와 엔료나쿠 잇테네
맘에 들었다니 기뻐.	気に入ってもらえて嬉しいよ。 키니잇테 모라에테 우레시이요
제 일이기도 하니까.	仕事のうちですから。 시고토노 우치데스까라
내게 의지해도 괜찮아.	僕のことを頼りにしていいよ。 보쿠노코토오 타요리니시테 이이요
나도 즐거웠어.	私も楽しかったよ。 와타시모 타노시깟타요

사과
お詫び

감사 인사와 달리 사과 표현은 양상이 다양하다. 사과의 깊이도 많이 달라진다. すみません。/ ごめんなさい。 정도가 일반적이고 정중하게는 申し訳ございません。이라고 한다. 친구 사이엔 悪かった。/ ごめん。이라고 한다. 일본인과 상대할 때는 상대에게 폐가 되는지 신경을 많이 써야 한다. 예를 들면 일본에선 전철에서 전화통화를 하지 않는다.

01 실례할 때

실례합니다.	失礼します。 시쓰레-시마스
잠시 실례(자리를 비움)하겠습니다. 곧 돌아오겠습니다.	ちょっと失礼します。すぐ戻ります。 춋토 시쓰레-시마스. 스구 모도리마스
실례지만 일본 분입니까?	失礼ですが、日本の方ですか。 시쓰레-데스가 니혼노카타데스까
실례지만 성함을 여쭤봐도 되겠습니까?	失礼ですが、お名前をうかがってもよろしいですか。 시쓰레-데스가 오나마에오 우캉앗테모 요로시이데스까
잠시 실례합니다. 지나가도 되겠습니까?	ちょっとすみません。通りぬけてもいいですか。 춋토 스미마셍 토오리누케테모 이이데스까

말씀하시는 중에 죄송합니다.	お話中、すみません。 오하나시츄- 스미마셍
미안, 갑자기 생각이 안 나서.	失礼、度忘れしちゃって。 시쓰레- 도와스레시챳떼

02 사죄 표현

미안해요.	ごめんなさい。 고멘나사이
제 잘못이었습니다.	私の過ちでした。 와타시노 아야마치데시따
제 오류였습니다.	私の誤りでした。 와타시노 아야마리데시따
너무 죄송했습니다.	どうもすみませんでした。 도-모 스미마셍데시따
잘못을 해서 죄송합니다.	間違ってすみませんでした。 마치갓떼 스미마셍데시따
제가 잘못했습니다.	私がいけなかったです。 와타시가 이케나캇따데스

● Unit 04_ 사과

제가 사죄드려야 합니다.	私が謝罪しなければなりません。 와타시가 샤자이시나케레바 나리마셍
이렇게 늦어서 미안해. 많이 기다렸어?	こんなに遅くなってごめん。 ずいぶん待った? 콘나니 오소쿠낫떼 고멘 즈이분 맛타
기다리게 해드려 죄송했습니다.	お待たせして、すみませんでした。 오마타세시테 스미마셍데시따
약속을 지키지 못해 죄송합니다.	約束を守らないで、すみません。 야쿠소쿠오 마모라나이데 스미마셍
폐를 끼치고 말았습니다.	ご迷惑をおかけしました。 고메-와쿠오 오카케시마시따
폐를 끼쳐드려서 죄송합니다.	ご迷惑をおかけして申し訳ありません。 고메-와쿠오 오카케시테 모-시와케 아리마셍
폐를 끼칠 생각은 없었습니다.	ご迷惑をおかけするつもりはなかったのです。 고메-와쿠오 오카케스루 쓰모리와 나캇따노데스
대단히 실례가 많았습니다.	どうも失礼いたしました。 도-모 시쓰레-이타시마시따

이렇게 되어 버려 죄송합니다.	こんなことになってしまって、ごめんなさい。 콘나코토니 낫테시맛테 고멘나사이
번거롭게 해드려 죄송합니다.	お手数をおかけしました。 오테스-오 오카케시마시따
죄송합니다. 부주의였습니다.	すみません。不注意でした。 스미마셍. 후츄-이데시따
정말 죄송합니다. 깜빡했습니다.	本当にすみません。うっかりしました。 혼또-니 스미마셍 욱카리시마시따
죄송합니다. 그럴 생각이 아니었습니다.	すみません。そんなつもりじゃなかったんです。 스미마셍 손나 쓰모리쟈 나캇딴데스
어쩔 수 없었습니다.	仕方がなかったんです。 시카타가 나캇딴데스
앞으로 주의하겠습니다.	今後は気をつけます。 콩고와 키오쓰케마스
부디 용서하십시오.	許してください。 유루시테 쿠다사이
제가 한 짓을 용서해 주십시오.	私のした事をお許しください。 와타시노 시타코토오 오유루시 쿠다사이

Unit 04_ 사과

바보 같은 짓을 해서 죄송합니다.	馬鹿なことをして申し訳ありません。 바카나코토오 시테 모-시와케 아리마센
심기가 불편하셨다면 죄송합니다.	お気にさわったらごめんなさい。 오키니 사왓타라 고멘나사이
제가 지나쳤다면 죄송합니다.	私が行き過ぎてたらごめんなさい。 와타시가 유키스기테타라 고멘나사이
뭐라고 사죄드려야 할지 모르겠습니다.	何とお詫びしてよいか、わかりません。 난토 오와비시테 요이카 와카리마센
용서해 주시겠습니까?	許していただけますか。 유루시테 이타다케마스까

03 사죄에 응답하기

괜찮아요.	いいんですよ。 이인데스요
괜찮아요. 아무것도 아닙니다.	大丈夫。何でもありませんよ。 다이죠-부. 난데모 아리마센요

걱정하지 마세요.	ご心配ないでください。 고심빠이나이데 쿠다사이
신경 쓰지 마세요.	気にしないでください。 키니시나이데 쿠다사이
용서할게요.	許しましょう。 유루시마쇼-
대단한 일은 아니에요.	大したことはありませんよ。 타이시타 코토와 아리마센요
저야말로 죄송합니다.	私の方こそごめんなさい。 와타시노 호-코소 고멘나사이
저야말로 잘못했어요.	私こそ悪かったんです。 와타시코소 와루깟딴데스
누구든지 잘못은 있으니까.	誰にだって間違いはあるから。 다레니닷떼 마치가이와 아루까라
할 수 없는 일이야.	仕方ないことだよ。 시카타나이 코토다요
앞으로 조심하면 돼.	これから気をつければいいよ。 코레카라 키오쓰케레바 이-요

Unit 05 축하·조의
祝（いわ）い・弔意（ちょうい）

축하할 때는 호들갑을 떠는 것이 미덕이지만 죽음 앞에선 슬픔을 억제하여 표현하는 것이 일본인이다. 축하인사 おめでとう는 경사스러운 일이나 신년축하에도 사용된다. 문상 때 많이 쓰는 ご愁傷様라는 말은 그냥 불쌍하다고 생각되는 경우에도 말한다.

01 축하할 때

축하해요!	おめでとう! 오메데또-
결혼을 축하합니다!	ご結婚（けっこん）おめでとうございます! 고켁꼰 오메데또- 고자이마스 *ございます를 붙이면 한층 정중해진다.
합격 축하해!	合格（ごうかく）おめでとう! 고-카쿠 오메데또-
축하해요. 다행이네요.	おめでとう。よかったですね。 오메데또- 요캇따데스네
축하하자!	お祝（いわ）いしよう! 오이와이시요-
승진을 축하드립니다!	ご昇進（しょうしん）おめでとうございます! 고쇼-신 오메데또-고자이마스

생일 축하해요.	お誕生日おめでとう。	
	오탄죠-비 오메데또-	
건배하자!	乾杯しよう!	
	캄빠이시요-	
행복을 빕니다.	幸せを祈ります。	
	시아와세오 이노리마스	
새해 복 많이 받으세요.	あけましておめでとうございます。	
	아케마시테 오메데또- 고자이마스	
	*앞에 新年을 붙여도 된다.	
부디 행복하세요.	どうぞお幸せに。	
	도-조 오시아와세니	

02 환영할 때

입사를 환영합니다.	入社を歓迎します。	
	뉴-샤오 캉게-시마스	
여자라면 대환영이야.	女の子なら大歓迎だ。	
	온나노코나라 다이캉게-다	
잘 오셨습니다.	ようこそ。	
	요-코소	

● Unit 05_ 축하 · 조의

어서 오십시오.	いらっしゃいませ。 이랏샤이마세 *업소에서 손님을 맞이하는 인사.
참으로 잘 와주셨습니다.	ようこそおいでくださいました。 요-코소 오이데 쿠다사이마시따
나츠메 씨, 진심으로 환영합니다.	夏目さん、心より 歓迎いたします。 나쓰메상 코꼬로요리 캉게-이타시마스
부산에 오신 것을 환영합니다.	ようこそプサンへ。 요-코소 부산에

03　조의 표하기

조의를 표합니다.	ご愁傷様です。 고슈-쇼-사마데스
진심으로 애도를 표합니다.	心からお悔やみ申し上げます。 코꼬로까라 오쿠야미 모-시아게마스
아까운 분을 잃고 말았습니다.	惜しい人を亡くしました。 오시-히토오 나꾸시마시따

47

할아버지가 돌아가셔서 쓸쓸해.	おじいちゃんが亡(な)くなってさみしい。 오지-짱가 나꾸낫떼 사미시이
부디 낙심하지 마십시오.	どうぞ気(き)を落(お)とさないでください。 도-조 키오 오토사나이데 쿠다사이
이번에 큰일을 당하셨군요.	この度(たび)は大変(たいへん)でしたね。 코노 타비와 타이헨데시따네
깊은 동정을 표합니다.	深(ふか)くご同情(どうじょう)申(もう)し上(あ)げます。 후카쿠 고도-죠- 모-시아게마스
충심으로 위로의 말씀을 올립니다.	衷心(ちゅうしん)からお悔(く)やみ申(もう)し上(あ)げます。 츄-싱까라 오쿠야미 모-시아게마스

PART
02

:

감정 표현
感情の表現
かんじょう　ひょうげん

희로애락을 느끼는 것은 어떤 사람이든 마찬가지지만 동양인은 감정표현이 풍부하지 않다. 한국인은 특히나 일본인보다 표정 관리가 어렵다. 처음 만났을 때 특히 웃음이 너무 부족한 편이다. 따라서 따라하자면 쑥스러운 표현도 많지만 과감하게 흉내 내는 용기가 필요하다.

Unit 01 기쁨
喜び
よろこ

우리나라 사람은 선물을 받았을 때도 기쁨을 표현하는 데 서툴다. 선물을 받았을 때 크게 기뻐해 주는 것은 상대에 대한 예의이기도 하다. 일본인을 상대할 때도 이런 점을 고려해야 한다. 그리고 그들은 칭찬이 후한 편이고 자기 자랑은 하지 않는다. 그래서 칭찬을 들었어도 우쭐해 하지 말고 겸손해야 한다.

01 감탄을 나타낼 때

멋져요!	**素晴らしい!** 스바라시ー
진짜 멋있어!	**とっても素敵!** 톳떼모 스테키 * 원형은 とても인데 강조하여 っ가 들어간다. 일본어 부사에서 흔히 일어나는 발음 변화.
대단한 남자군!	**大した男だ!** 타이시타 오토코다
어쩜 이렇게 예쁠까!	**なんて綺麗なんでしょう!** 난떼 키레ー난데쇼ー
대단한 미인이시네요!	**すごい美人ですね!** 스고이 비진데스네

Unit 01_ 기쁨

아름다워요.	美しいな! 우쓰쿠시이나
재미있네요!	面白いですね! 오모시로이데스네
맛있네요!	うまい! 우마이
	美味しい! 오이시이
엄청나네요!	すごい! 스고이
경치가 좋네요!	いい景色ですね。 이이 케시키데스네
멋진 그림이네요!	素晴らしい絵ですね。 스바라시이 에데스네

02 기쁨을 표현할 때

어머, 기뻐라!	まあ、うれしい! 마- 우레시-

정말 너무 기뻐!	有頂天だ。 우쵸-텐다
이처럼 기쁜 일은 없습니다.	これほど嬉しいことはありません。 코레호도 우레시- 코토와 아리마셍
그 얘길 들으니 기쁩니다.	そう言われたら嬉しいです。 소- 이와레타라 우레시-데스
이보다 더 기쁠 수는 없어요.	これにまさる喜びはありません。 코레니마사루 요로코비와 아리마셍
즐거워!	楽しい！ 타노시-
기분이 좋아.	いい気分だ。 이- 키분다
기분이 최고야!	最高の気分だぜ。 사이코-노 키분다제
오늘은 기분이 좋아!	今日は上機嫌だ。 쿄-와 죠-키겐다
앗싸!	やった！ 얏따

● Unit 01_ 기쁨

좋아 죽겠어!	嬉しくてたまらない。 우레시꾸테 타마라나이
대박이 터졌어!	大当たりだ! 오-아타리다 *로또1등이 당첨된 경우.
고마워라!	ありがたい! 아리가타이
운이 좋네!	ついてる! 쓰이테루
그저 운이 좋았어.	ただ運がよかった。 타다 운가 요캇따
꿈을 실현했어!	夢を実現したよ! 유메오 지쯔겐시타요
그거 다행이군요.	それはよかったですね。 소레와 요캇따데스네
얼마나 다행스러운 이야기인가.	なんて幸運な話なんだろう。 난떼 코-운나 하나시난다로-
파티에 와 주시면 기쁘겠습니다.	パーティにおいでいただければ、うれしいです。 파-띠니 오이데 이타다케레바 우레시-데스

53

만나러 와 주셔서 기뻤습니다.	会いに来てくれて、嬉しかったです。 아이니 키테쿠레테 우레시캇따데스
여기서 너를 만날 수 있다니 운이 좋아!	ここで君に会えるなんてついてる! 코꼬데 키미니 아에루 난떼 쓰이테루

Unit 02 걱정 · 실망

悩み

희로애락이란 말처럼 인생에 좋은 일만 있을 수는 없다. 좌절을 겪고 나면 당연하게 생각되던 일도 감사하게 느껴지는 법이다. 그리고 친구 사이에도 걱정을 나누면 우정이 깊어질 수가 있다. 悩み事가 있으면 친구의 조언을 듣고 좋은 길을 찾을 수도 있다.

01 걱정할 때

어떡하면 좋을까?	どうすればいいかな。 도-스레바 이-까나
심각한 일이 생겼어.	大変なことが起きた。 타이헨나 코토가 오키타
안색이 나쁘네.	顔色が悪いね。 카오이로가 와루이네
한숨도 못 잤어.	全然眠れなかった。 젠젠 네무레나깟따
무슨 일이 있었니?	何かあったの? 나니까 앗따노
어디 몸이 안 좋니?	どこか具合が悪いの? 도코카 구아이가 와루이노

마음이 무거워.	心が重いよ。 코꼬로가 오모이요

02　실망했을 때

실망이야.	がっかりだ。 각까리다
어떻게 그런 말을!	よく言うよ！ 요꾸이우요
노력이 허사가 되었다.	努力が無駄になった。 도료쿠가 무다니낫따
시간 낭비였어.	時間の無駄だった。 지깐노 무다닷따
운이 안 좋아.	ついてないな。 쓰이테 나이나
또 시작이네.	また始まった。 마타 하지맛따
바보 같은 실수를 했어.	へまをしちゃった。 헤마오 시짯타

● Unit 02_ 걱정 · 실망

안타까워요.	ざんねん 残念ですね。 잔넨데스네
괜히 고생했어.	ほね お むだな骨折りだった。 무다나 호네오리닷따
그렇게나 분발했는데.	がん ば あんなに頑張ったのに。 안나니 감밧따노니
실망하지 마.	がっかりしないでよ。 각까리 시나이데요
너 때문에 실망했어.	きみ 君のおかげでがっかりしたよ。 키미노 오카게데 각까리시따요 * おかげで는 '덕분에'라는 뜻으로 비꼬는 표현.
다시 기회가 있어.	またチャンスがある。 마타 찬스가 아루

03　포기할 때

포기했어.	あきらめたよ。 아키라메타요

어쩔 도리가 없어.	どうしようもないよ。 도-시요-모나이요
전망이 없어.	見込みなしだ。 미코미나시다
어쩔 수 없어.	仕方がないよ。 시카타가 나이요
이제 항복이야.	もう降参するんだ。 모-코-산스룬다
절망적이야.	絶望的だ。 제쯔보-테키다
없는 것보단 나아.	ないよりはましだ。 나이요리와 마시다 *ましら는 말은 다분히 부정적인 어감이다. 없는 것보다는 낫지만 크게 도움 되지는 않는다는 얘기.
그럴 운명이었어.	そういう運命だったんだ。 소-이우 운메-닷딴다
이제 끝난 일이야.	もう終わったことだ。 모-오왓따코토다

● Unit 02_ 걱정 · 실망

그렇게 하는 것 말고 달리 길이 없어.	そうする以外に取るべき道はないんだ。 소-스루 이가이니 토루베키 미치와 나인다
이제 이 회사에 미련은 없어.	もうこの会社に未練はないよ。 모- 코노 카이샤니 미렌와 나이요
내가 상상한 대로야.	僕の想像したとおりだ。 보쿠노 소-조-시타토오리다
거 봐, 내가 말한대로지.	ほら、ぼくが言ったとおりだろう。 호라 보쿠가 잇따토오리다로-
당연한 결과야.	当然の報いだ。 토-젠노 무쿠이다

Unit 03 슬픔·위로

悲しみ

슬픔이 찾아오면 아무 대책이 없더라도 친한 친구에게 털어놓으면 마음이 편해진다. 일본인은 자존심을 중시하여 동정받기를 싫어한다. 90년대 家なき子(집없는 아이)라는 드라마에서 나온 대사로 어린 여자애(安達祐実)가 "同情するなら金をくれ！(동정한다면 돈을 줘!)" 라는 말을 했는데 아주 유명한 유행어가 되었다.

01 슬픔을 나타낼 때

슬퍼.	悲しい。 카나시—
가슴이 찢어지는 아픔이었어.	胸がはりさける思いだった。 무네가 하리사케루 오모이닷따
나는 쭉 슬픔에 잠겼어.	ぼくはずっと悲しみにくれている。 보쿠와 즛토 카나시미니 쿠레테 이루
정말 상처받았어.	本当に傷ついた。 혼또—니 키즈쓰이타
울고 싶네요.	泣きたいです。 나키타이데스

● Unit 03_ 슬픔 · 위로

정말 안타깝습니다.	本当にお気の毒です。 혼또-니 오키노도쿠데스
내 마음은 아무도 몰라.	私の心の内は誰にも分からない。 와타시노 코꼬로노 우치와 다레니모 와카라나이
얼마나 무정한가!	なんと無情な！ 난토 무죠-나
아무것도 하고 싶지 않아요.	何もしたくありません。 나니모 시타쿠 아리마셍
허무해.	むなしいよ。 무나시-요
슬픈 표정을 하고 있네.	悲しい顔してるね。 카나시- 카오시테루네
너는 내 마음을 몰라.	あなたには私の気持ちが分からないよ。 아나따니와 와타시노 키모치가 와카라나이요
비참해요.	みじめですよ。 미지메데스요
절망적인 기분이야.	絶望的な気分だよ。 제쓰보-테키나 키분다요

61

네가 없어서 쓸쓸했어.	君がいなくて寂しかった。 키미가 이나쿠테 사비시깟따

02 우울할 때

우울해. 일자리를 잃었어.	憂うつだ。仕事をなくした。 유-우쯔다 시고토오 나쿠시타
오늘은 우울해.	今日は憂うつだ。 쿄-와 유-우쯔다
왜 우울한 거야?	どうして憂うつなの? 도-시테 유-우쯔나노
비오는 날은 우울해져.	雨の日は気がめいる。 아메노 히와 키가 메이루
아무것도 할 의욕이 생기지 않아.	何もやる気がおきない。 나니모 야루키가 오키나이
그렇게나 우울해 보이니?	そんなに憂うつに見えるの? 손나니 유-우쯔니 미에루노
여자 친구가 떠나갔어.	彼女が行ってしまった。 카노죠가 잇테 시맛따

● Unit 03_ 슬픔 · 위로

03 동정할 때

딱하기도 해라.	お気の毒に。 오키노도쿠니
그거 안됐네요.	それはいけませんね。 소레와 이케마센네
이야, 유감이군요.	いやあ、残念ですね。 이야- 잔넨데스네
가엾어라!	かわいそうに！ 카와이소-니
운이 없었네요.	ついてませんでしたね。 쓰이테마센데시따네
정말 슬픈 일이군요.	なんて悲しいんでしょう。 난테 카나시인데쇼-

04 위로할 때

| 자, 힘을 내세요. | さあ、元気を出して。
사- 겡키오 다시테 |

걱정하지 말아요.	**くよくよするなよ。** 쿠요쿠요 스루나요 *くよくよする는 걱정, 근심으로 '끙끙 앓는다'는 뜻이다. くよくよ는 의태어.
유감이군. 하지만 힘을 내요.	**残念だったね。でも元気出してね。** 장넨닷따네 데모 겡키 다시테네
딱하지만 이제 걱정하지 말아요.	**お気の毒だけど、どうか心配しないでください。** 오키노도쿠다케도 도-카 심빠이시나이데 쿠다사이
그런 일도 흔히 있는 겁니다.	**そういうこともよくあります。** 소-이우 코토모 요쿠 아리마스
이 세상이 끝난 건 아니잖아요.	**この世の終わりというわけでもないでしょう。** 코노요노 오와리토이우 와케데모 나이데쇼-
인생이란 그런 거예요.	**人生なんてそんなものですよ。** 진세-난떼 손나모노데스요

Unit 04 분노・다툼
怒(いか)り・葛藤(かっとう)

일본인은 분노를 감추는 편이라 마음에 담아두었다가 말하는 편이다. 화를 낼 때 흔히 하는 표현은 うるせえ！(시끄러!)　むかつく！(열받아!)　気持ち悪い！(기분 나빠!)　ふざけんな！(까불지 마!) 이런 말이 있다. 자기가 하지 않더라도 알아들을 수는 있어야 한다.

01　화가 났을 때

변명하지 마.	言(い)い訳(わけ)をするな。 이이와케오 스루나
어떤 변명도 듣고 싶지 않아.	どんな言(い)い訳(わけ)も聞(き)きたくない。 돈나 이이와케모 키키타쿠나이
너는 도대체 무슨 생각을 하는 거야?	君(きみ)はいったい何(なに)を考(かんが)えているんだ！ 키미와 잇타이 나니오 캉가에테이룬다
내게 명령하지 마!	ぼくに命令(めいれい)しないで！ 보쿠니 메―레―시나이데
깔보지 마!	ばかにするな！ 바카니 스루나

더는 참을 수 없어.	もう我慢できない。 모-가만데키나이
나를 모욕하지 마.	ぼくを侮辱するな。 보쿠오 부죠쿠스루나
너무 화가 나요.	ほんと腹が立つ。 혼또 하라가 타쓰
참는 것도 한도가 있어요.	我慢するのもほどがあるよ。 가만스루노모 호도가 아루요
그만 좀 해 줄래?	もうやめてくれる? 모- 야메테 쿠레루
그건 정말 짜증 나.	それは本当にうざい! 소레와 혼또-니 우자이 *うざい는 속어 표현으로 젊은 층이 주로 사용한다.
정말 뻔뻔하군!	本当にずうずうしい! 혼또-니 즈-즈-시-
나를 화나게 하는군.	私を怒らせるね。 와타시오 오코라세루네
쓸데없는 참견이야!	大きなお世話だ。 오-키나 오세와다

● Unit 04_ 분노 · 다툼

내가 말했잖아!	わたしが言ったじゃないか! 와타시가잇따쟈나이까
내게 말 걸지 마!	俺に話しかけるんじゃない! 오레니 하나시 카케룬쟈나이 *俺는 자기 과시적인 좀 무례한 1인칭대명사.
그녀는 아주 무례해.	彼女はとても生意気だよ。 카노죠와 토테모 나마이키다요
너무해요!	ひどい! 히도이 あんまりだ! 암마리다
놔요!	放して! 하나시테
입 다물어!	黙れ! 다마레
만지지 마!	さわるな! 사와루나
나가!	出て行け! 데테이케
비켜!	どけ! 도케

가까이 오지 마!	近寄るな! 치카요루나
화났어요?	怒ってる? 오콧떼루
삐졌어?	すねてるの? 스네떼루노
나쁜 뜻은 없었어요.	悪気 はなかったんです。 와루기와 나캇딴데스
그는 당신에게 화가 나 있어요.	彼はあなたに怒ってますよ。 카레와 아나따니 오콧떼마스요
너는 말을 함부로 하는구나.	君はやたらに口出しするね。 키미와 야타라니 쿠치다시스루네
형편없는 영화네!	つまらない映画だね。 쓰마라나이 에-가다네
쓸데없는 소리하지 마.	無駄な口をたたくんじゃない。 무다나 쿠치오 타타쿤쟈나이
나를 모욕할 셈이냐?	俺を侮辱する気か? 오레오 부죠쿠스루키까

● Unit 04_ 분노 · 다툼

02 싸울 때 표현

뻥치고 있네!	嘘を付け! 우소오 쓰케 *직역하면 '거짓말을 해라'라고 명령형이지만 뻔히 보이는 거짓말을 들었을 경우 하는 말.
농담은 그만둬라!	冗談はやめてくれ! 죠-당와 야메테 쿠레
아무것도 모르는 주제에!	何も知らないくせに! 나니모 시라나이 쿠세니
너 미쳤구나?	頭おかしいんじゃないの? 아타마 오카시인쟈나이노
트집 잡지 마.	けちをつけないでよ。 케치오 쓰케나이데요
바보 같은 짓은 그만 둬!	馬鹿な真似はやめろ! 바카나 마네와 야메로 * 真似는 흉내, 짓
까불지 마!	ふざけるな! 후자케루나
시치미 떼지 마!	とぼけるな! 토보케루나

시치미 떼지 마!	**しらばくれるな！**	
	시라바 쿠레루나	

덤벼!	**かかって来(こ)い！**
	카캇떼 코이

폭력은 안돼!	**暴力(ぼうりょく)はダメだよ。**
	보―료쿠와 다메다요

그건 오해입니다.	**それは誤解(ごかい)です。**
	소레와 고카이데스

억지 논리 말하지 마!	**屁理屈(へりくつ)をいうな！**
	헤리쿠쓰오 이우나
	*屁는 방귀를 뜻하고 理屈는 논리, 이치라는 뜻이다. 屁理屈는 억지, 개똥철학, 궤변 등을 의미한다.

이런 형편없는 녀석!	**この最低野郎(さいていやろう)！**
	코노 사이테― 야로―
	*일본 드라마를 보면 여성이 실망했을 때 最低라는 말을 많이 씀.

03 욕설 표현

겁쟁이!	**臆病者(おくびょうもの)！**
	오쿠뵤―모노

Unit 04_ 분노 · 다툼

찌질이!	意気地なし! 이쿠지나시 *용기를 내지 못하는 사람에게 질책하는 말.
구두쇠!	けち! 케치
이런 바보!	このばか! 코노 바카 *애인, 친구 사이에 애정 어린 장난으로도 할 수 있는 말. '빠가'라고 하면 의미가 통하지 않는다.
이런 나쁜 자식!	こんちくしょう! 콘치쿠쇼
이런 짐승 같은 놈!	このけだものめ! 코노 케다모노메
이 녀석!	この野郎! 코노 야로-
교활한 놈!	ずるい奴! 즈루이 야쓰
이런 호박!	このブス! 코노 부스 *못생긴 여자에게 하는 욕인데, 장난으로 하는 경우도 많다.
뚱보!	デブ! 데부

은혜도 모르는 놈!	**恩知らずな奴！** 온시라즈나 야쓰
이런 저질스런 놈!	**この最低なやつ！** 코노 사이테―나 야쓰
이런 바보 같은!	**このアホ！** 코노 아호 *アホ는 본래 칸사이 사투리지만 TV에서 흔히 들을 수 있는 말이다.

04 짜증내는 말

너는 도움이 안 돼.	**君は役立たずだ。** 키미와 야쿠타타즈다
돌아버리겠어.	**頭が変になるよ。** 아타마가 헨니나루요
단지 그거뿐이야?	**たったそれだけ？** 탓따 소레다께
부족해.	**足りないよ。** 타리나이요

Unit 04_ 분노 · 다툼

그는 내게 불공평해.	彼は私に不公平だ。 카레와 와타시니 후코-헤-다
지루해.	退屈だ。 타이쿠쓰다
시시해.	つまらないな。 쓰마라나이나
형편없어.	くだらないよ。 쿠다라나이요
보잘것없어.	取るに足らないよ。 토르니타라나이요
관심 없어.	興味ないよ。 쿄-미나이요
뻔한 일이야.	たかが知れてる。 타카가 시레테루
흔한 모임이었어.	ありふれた会合だった。 아리후레타 카이고-닷따

진정 · 화해
落ち着き・和解

인간관계에서 화나는 일은 많지만 그래도 집단 내에선 싫어도 관계를 이어나가야 하는 것이다. 화날 때는 혼자 삭히고 나중에 냉정해졌을 때 차분히 따지고 화해하는 것이 바람직하다. 진정하다는 落ち着く, 화해는 仲直り 또는 和解라고 한다.

01 진정시킬 때

진정해요.	落ち着いてください。 오치쓰이테 쿠다사이
너무 화내지 마.	あんまり怒るな。 암마리 오코루나
그만 좀 해.	いい加減にしなさい。 이이카겐니 시나사이
그만하면 됐잖아.	もういいじゃないか。 모-이이쟈 나이카
그런 일로 화낼 거 없어.	そんなことで怒ることないよ。 손나코토데 오코루코토 나이요
흥분하지 마.	興奮しないで。 코-훈시나이데

● Unit 05_ 진정 · 화해

| 이 정도는 다행이지 뭐. | これくらいは幸いだよ。
코레쿠라이와 사이와이다요 |

02 화해하기

화해는 할 수 없니?	仲直りはできないのか。 나카나오리와 데키나이노까?
화해하거라.	仲直りしなさい。 나카나오리 시나사이
우리 화해합시다.	仲直りしましょう。 나카나오리 시마쇼-
악의는 없었어.	悪気はなかったよ。 와루기와 나캇따요
내가 졌어.	ぼくの負けだ。 보쿠노 마케다
없던 일로 하자.	水に流そう。 미즈니 나가소-

사이 좋게 지내거라.	仲良くしなさい。 나카요쿠 시나사이

03　후회하는 말

아차! 잊어버렸어.	あっ、しまった！忘れた。 앗 시맛따! 와스레타
쳇, 집에 두고 왔어.	ちぇっ！家において来た。 쳇 우치니 오이테 키타
제길! 전철을 놓쳤어.	くそ！電車に乗りおくれた。 쿠소 덴샤니 노리오쿠레타
좀 더 서둘렀으면 탈 수 있었는데.	もう少しで間にあったのに。 모ー스코시데 마니앗따노니
소용없게 되었어.	無駄になったよ。 무다니 낫따요
너무 바빠.	忙しすぎるよ。 이소가시스기루요

● Unit 05_ 진정·화해

이 일은 너무 힘겨워.	この仕事は荷が重すぎる。 코노 시고토와 니가 오모스기루
이제 더 이상 견딜 수 없어.	もうこれ以上耐えられないよ。 모- 코레이죠 타에라레나이요
네 말은 납득이 안 돼.	君の言うことは腑に落ちない。 키미노 이우 코토와 후니오치나이
오늘 그는 시비조야.	今日の彼はけんか腰だね。 쿄-노 카레와 켕까고시다네
이 얼마나 돈과 시간의 낭비야.	なんてお金と時間の無駄なんだ。 난떼 오카네또 지칸노 무다난다
쓸데없는 짓하지 마.	無駄なことはやめろ。 무다나 코토와 야메로
왜 이렇게나 시간이 걸리냐?	なぜこんなに時間がかかるの。 나제 콘나니 지칸가 카카루노
10분으로 맞추는 것은 무리야.	十分で間に合わせるのは無理だよ。 쥬푼데 마니아와세루노와 무리다요
그는 나를 우습게 봐.	彼はぼくを見くだすんだ。 카레와 보쿠오 미쿠다슨다

77

 놀람 · 난처할 때
驚き・困った時

놀랐다고 말할 때는 びっくりした。라는 표현이 구어체로 제격이다. 그리고 놀라면 흔히 말이 잘 안 나오는 법이므로 え〜！또는 はあ！라고 끝을 올려서 발음한다.
부끄러워 얼굴이 빨개지는 것은 赤面이라고 하고, 얼굴이 빨개질 정도로 부끄러운 상황을 赤っ恥라고 한다.

01 놀랄 때

그거 놀랍네!	それは驚きだ。 소레와 오도로키다
저런 세상에!	そんなしんじられない！ 손나 신지라래나이
아이, 깜짝이야!	あ、びっくりした。 아 빅꾸리시타
깜짝 놀랐잖아!	びっくりするじゃないか。 빅꾸리 스루쟈나이까
놀라게 하지 마.	びっくりさせないでよ。 빅꾸리사세나이데요
믿을 수 없어!	信じられない！ 신지라레나이 *믿을 수 없을 만큼 놀랍다는 표현.

Unit 06_ 놀람 · 난처할 때

충격이다!	あれはいったい何だ? 아레와 잇따이 난다
정말 충격이야!	ショック 쇽꾸
앗차!	しまった! 시맛따
그럴 리가 없어!	そうなるはずがないよ! 소-나루 하즈가 나이요
어머나, 어머나!	おや、おや! 오야오야
아니! 어떻게 아는 거야?	おや、どうして分かるの。 오야 도-시테 와카루노
그거 이상한데.	それは変だ。 소레와 헨다
설마 농담이지?	まさか冗談だろ? 마사카 죠-단다로
정말이야?	本当かい? 혼또-까이

02　무서울 때

소름이 끼쳤어.	鳥肌が立った。 とりはだ が た 토리하다가 탓따
간담이 서늘했어.	ぞっとした。 좃또시따
무서워요.	怖いよ。 こわ 코와이요
기겁을 했어.	腰が抜けた。 こし ぬ 코시가 누께따
죽는 줄 알았어.	死ぬかと思った。 し おも 시누까또 오못따
머리칼이 곤두설 지경이었어.	身の毛がよだった。 み け 미노케가 요닷따

03 난처할 때

어떡하지.	どうしよう。 도-시요-
어떡하면 좋을까.	どうすればいいんだろう。 도-스레바 이인다로-
이거 난처하군.	これは困ったな。 코레와 코맛따나
곤란한 문제야.	困った問題だ。 코맛따 몬다이다
난처한 것 같군.	困ってるようだね。 코맛떼루요-다네
그게 어려운 점이군.	そこが難しいところだね。 소코가 무즈카시- 토코로다네
뭐라고 말씀 드려야 좋을지 모르겠습니다.	何と申し上げていいか分かりません。 난또 모-시아게테 이이카 와카리마셍

04 부끄러울 때

부끄럽군!	恥ずかしいよ！ 하즈카시-요
부끄러워하지 말아요.	恥ずかしがらないでください。 하즈카시가라나이데 쿠다사이
창피하게 하지 마!	恥をかかせるな。 하지오 카카세루나
부끄러운 줄 알아!	恥を知りなさい！ 하지오 시리나사이 * 부도덕한 짓을 한 사람에게 꾸짖는 말.
내가 생각해도 부끄럽다.	われながら 恥ずかしいな。 오레나가라 하즈카시-나
너 얼굴이 새빨개졌어.	君、顔が真っ赤になった。 키미 카오가 막까니낫따
놀리지 마.	からかうなよ。 카라카우나요
부끄러워 말고 속마음을 털어놔 봐.	恥ずかしがらないで打ち明けてみて。 하즈카시가라 나이데 우치아케테 미테

● Unit 06_ 놀람·난처할 때

부끄러워할 거 없어.	恥ずかしがることないよ。 하즈카시가루 코토나이요
부끄럽다고 생각하지 않아?	恥ずかしいと思わないの? 하즈카시-토 오모와나이노
쥐구멍에라도 들어가고 싶네.	穴があったら入りたいよ。 아나가 앗따라 하이리타이요
사라져 버리고 싶어.	消えてしまいたい。 키에테 시마이타이
술을 너무 마셔서 아무 기억도 안 나.	飲すぎて何も覚えてない。 노미스기테 나니모 오보에테나이

05 후회, 아쉬움 표현

저런 말은 하지 않았으면 좋았을걸.	あんなこと言わなければよかった。 안나코토 이와나케레바 요캇타
그런 짓을 하다니 나도 경솔했어.	そんなことをするなんて私も軽率だった。 손나코토오 스루난테 와타시모 케-소쓰닷따

바보 같은 짓을 하고 말았어.	ばかなことをしてしまった。 바카나코토오 시테시맛따
내가 한 일을 후회하고 있어.	自分のしたことを後悔してる。 지분노 시타코토오 코-카이시테루
다른 방법이 없었어.	ほかに方法はなかったんだ。 호카니 호-호-와 나캇탄다
더 공부했으면 좋았을걸.	もっと勉強しておけばよかった。 못또 벵꾜시테 오케바 요캇따
후회하지 말아요.	後悔しないでください。 코-카이시나이데 쿠다사이

PART 03

화술 표현
話術の表現

화술의 근본은 상대방을 나의 의도대로 설득시키는 작업이다. 그러기 위해서는 상대의 재미없는 얘기도 잘 들어줘야 하고 하고 사교적 매너를 익히는 과정이기도 하다. 또 상대의 논리를 논박해야 할 경우도 있으므로 대화를 펼치다 보면 지적, 인격적 수준이 드러나게 마련이다.

Unit 01 칭찬하기

褒める

칭찬은 고래도 춤추게 한다는 말처럼, 칭찬을 들으면 사람은 누구나 기분이 좋아진다. 하지만 만난 지 얼마 안 되는 사람을 칭찬할 때는 포인트를 잘 찾아서 납득할 수 있는 칭찬거리를 말해줘야 한다. 잘만 이용하면 친밀도를 확 높일 수 있는 무기가 된다.

01 성과 칭찬하기

훌륭합니다!	お見事です。 오미고토데스
대단하군!	すごいね! 스고이네
잘 어울려요.	とても似合いますよ。 토테모 니아이마스요
잘 어울려.	似合ってるよ。 니앗테루요
옷을 잘 입는군.	着こなしが上手だね。 키코나시가 죠-즈다네
잘했어요!	よくやりましたね! 요쿠야리마시따네

● Unit 01_ 칭찬하기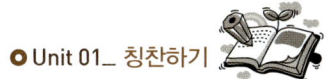

잘했어!	いいぞ! 이이조
그에게 박수를 보냅시다.	彼に拍手を送りましょう。 카레니 하쿠슈오 오쿠리마쇼-
용케 해냈군!	よくやった! 요쿠 얏따
근성이 있군.	根性があるね。 콘죠-가 아루네
네가 자랑스러워.	自慢できるね。 지만데키루네
믿음직하네.	頼りになるね。 타요리니 나루네
좋은 시계를 차고 있네요.	いい時計をはめてますね。 이-토케-오 하메테마스네
귀여운 따님이네요.	可愛いお嬢さんですね。 카와이- 오죠-상데스네

87

02　격려하기

힘내라구!	元気を出して！ 겡키오 다시테
파이팅!	頑張れよ！ 감바레요
낙심하지 말고 힘내!	気を落さないで頑張って！ 키오 오토사나이데 감밧테
행운을 빌고 있어.	幸運を祈ってるよ。 코-운오 이놋테루요
운에 맡기고 해 봐!	一か八かやってみなさい！ 이치카 바치카 얏테미나사이
포기하면 안돼!	諦めちゃダメよ。 아키라메챠 다메요
거의 다 왔어.	あともう少しだ。 아토 모-스코시다
해봐야 해!	やってみるべきだよ。 얏테미루 베키다요
넌 할 수 있어!	君なら出来るよ。 키미나라 데키루요

● Unit 01_ 칭찬하기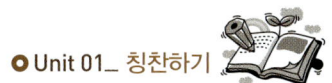

기회는 있어!	チャンスはあるよ! 찬스와 아루요
분명히 잘 될 거야.	きっとうまく行くわ。 킷토우마쿠 이쿠와
계속 도전해 봐야 해.	挑戦しつづけなくちゃ。 쵸-센시 쓰즈케나쿠챠
마음을 강하게 먹어.	気持ちを強く持つんだ。 키모치오 쓰요쿠 모쓴다
자신을 가져!	自信を持って! 지싱오 못테
바로 그런 기세야!	その意気だよ! 소노이키다요 * 잘하고 있을 때 하는 말.

03 외모에 대한 칭찬

멋져!	ステキ! 스테키
	かっこいい! 칵코이-

나이에 비해 젊어 보이세요.	歳のわりには若く見えます。 토시노와리니와 와카쿠미에마스
탤런트 같으세요.	タレントさんみたいです。 타렌토상미타이데스
몸매가 날씬하시네요.	体つきがすらりとしていますね。 카라다쓰키가 스라리토 시테이마스네
멋진 헤어스타일이네.	ステキな髪型ね。 스테키나 카미가타네
아주 잘 어울려요.	とてもお似合いですよ。 토테모 오니아이데스요
옷에 대한 센스가 좋으세요.	洋服のセンスがいいですね。 요-후쿠노 센스가 이-데스네

04 능력을 칭찬할 때

어떻게 그렇게 영어를 잘하세요?	何で英語がそんなにお上手ですか。 난테 에-고가 손나니 오죠-즈데스까

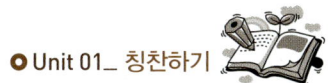
● Unit 01_ 칭찬하기

역시 대단하군!	さすがだね! 사스가다네
대단하네!	大^{たい}したもんだ! 타이시타몬다
뛰어나군!	素^す晴^ばらしい! 스바라시-
	お見事^{みごと}です! 오미고토데스
	えらいぞ! 에라이조
만물박사시군요.	物知^{ものし}り博士^{はかせ}ですね。 모노시리 하카세데스네
기억력이 좋으시네요.	記憶力^{きおくりょく}がすごいですね。 키오쿠료쿠가 스고이데스네

05 소유물을 칭찬할 때

헤어스타일이 멋져요!	ヘアスタイルが素敵^{すてき}です。 헤아스타이루가 스테키데스

저택이 굉장하군요!	立派な邸宅ですね! 립빠나 테-타쿠데스네
셔츠가 멋지네요.	おしゃれなシャツですね。 오샤레나 샤쓰데스네
훌륭합니다!	お見事です! 오미고토데스
그거 정말 좋은데요.	それいいですね! 소레 이-데스네
정말 근사한데요.	うわ、素晴らしい! 우와 스바라시-
어디에서 이런 근사한 가구를 구하셨나요?	どこでこんな素敵な家具を見つけましたか。 도코데 콘나 스테키나 카구오 미쓰케마시따까

06 칭찬에 대한 응답

칭찬해 주시니 감사합니다.	褒めてくださって、ありがとうございます。 호메테 쿠다삿떼 아리가또- 고자이마스

Unit 01_ 칭찬하기

분에 넘치는 과찬이십니다.	身に余るお言葉です。 미니 아마루 오코토바데스
아니요, 천만에 말씀이십니다.	いいえ、とんでもないです。 이-에 톤데모나이데스
당신 덕분입니다.	あなたのおかげです。 아나따노 오카게데스
부끄럽습니다.	恥ずかしいです。 하즈카시-데스
아, 정말입니까? 기뻐요.	あ、本当ですか? 嬉しいです。 아 혼또-데스까 우레시-데스
너무 칭찬하지 마세요.	あんまり褒めないでください。 암마리 호메나이데 쿠다사이

93

Unit 02 비난
非難 (ひなん)

비난할 때는 상대를 おまえ(너), てめえ(네놈)이라고 나쁜 말을 쓰고 くそ(똥)라는 말을 즐겨 넣는다. くそでっかい(X나 크다), 下手くそ(겁나 서툼), くそじじい(썩을 할배) 등이 있다. 젊은 여성들이 쓰는 속어로는 きもい(気持ち悪い에서 줄임, 징그럽다)라는 말이 있다.

01 비난할 때

까불지 마!	ふざけるな! 후자케루나
그거 취소해.	それを取(と)り消(け)しなさい。 소레오 토리케시나사이
창피한 줄 아세요.	恥(はじ)を知(し)れ! 하지오 시레
거짓말은 이제 듣고 싶지 않아.	嘘(うそ)はもう聞(き)きたくない。 우소와 모-키키타쿠나이
얘기를 꾸며낸 거야?	話(はなし)をでっちあげたのか。 하나시오 뎃치아게타노까
속임수야.	いんちきだ。 인치키다

● Unit 02_ 비난

시치미 떼지 마!	とぼけるな! 토보케루나
날 속인 거지?	ぼくをだましたんだろう。 보쿠오 다마시탄다로-

02　말을 제지할 때

어지간히 해라.	いい加減にしてくれ。 이-카겐니 시테쿠레
이제 못 참겠다.	もう我慢できない。 모- 가만 데키나이
이제 됐어.	もうたくさんだ。 모- 타쿠상다
들으면 들을수록 진저리난다.	聞けば聞くほどうんざりするよ。 키케바 키쿠호도 운자리스루요
아, 지긋지긋해.	ああ、うんざりだよ。 아- 운자리다요
이번엔 뭐야?	今度は何だ? 콘도와 난다

닥쳐!	黙^{だま}れ! 다마레
듣고 싶지 않아.	聞^ききたくないよ。 키키타쿠나이요
이러쿵저러쿵 말참견 하지 마.	ごちゃごちゃ口^{くち}出^だししないで。 고쨔고쨔 쿠치다시 시나이데
큰소리 지르지 마.	大声^{おおごえ}を出^だすな。 오-고에오 다스나
투덜대지 마.	ぶつぶつ言^いうな。 부쓰부쓰 이우나
좀 얌전히 있어.	ちょっとおとなしくしなさい。 춋토 오토나시쿠 시나사이
시끄러워!	うるさい! 우루사이 *이 말은 친구간에 가벼운 놀림에 대해서도 흔히 쓰인다.

03 비난에 반응할 때

나를 끌어들이지 마.	私^{わたし}を巻^まき込^こまないで。 와타시오 마키코마나이데

Unit 02_ 비난

내게 화풀이하지 말아요.	私に八つ当たりしないで。 와타시니 야쓰아타리 시나이데
왜 나를 헐뜯어?	なんで私のあら捜しをするの? 난데 와타시노 아라사가시오 스루노
너, 정신이 어떻게 된 거 아냐?	君、どうかしてるの? 키미 도-카시테루노
너는 항상 내 트집을 잡아.	君はいつも私のけちをつける。 키미와 이쓰모 와타시노 케치오쓰케루
내 욕을 하지 마!	私の悪口を言わないで。 와타시노 와루구치오 이와나이데
끼어들지 마!	横入りするな。 요코이리 스루나

04 질책 받는 상황

말대답하지 마.	口答えするな。 쿠치고타에 스루나
잘 생각하고 행동해라.	よく考えて行動しなさい。 요쿠 캉가에테 코-도- 시나사이

그런 식으로 말하지 마.	そんなふうに言うんじゃないよ。	
	손나 후―니 이운쟈나이요	

핑계는 그만해!	言い訳はやめなさい。
	이―와케와 야메나사이

조심해!	気をつけて！
	키오 쓰케테

지레짐작하지 마.	早とちりするな。
	하야토치리 스루나

멋대로 말하지 마.	勝手なことを言うな。
	캇떼나 코토오 이우나

너는 태도가 나빠.	君は態度が悪いよ。
	키미와 타이도가 와루이요

조용히 해라.	静かにしなさい。
	시즈카니 시나사이

바보 같은 짓은 그만둬.	バカな真似はよしなさい。
	바카나 마네와 요시나사이

나이를 생각해라.	歳を考えなさい。
	토시오 캉가에나사이

● Unit 02_ 비난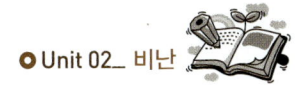

네 생각은 너무 낙관적이야.	君の考えは甘すぎるよ。 키미노 캉가에와 아마스기루요
부끄럽지 않니?	恥ずかしくないのか。 하즈카시쿠나이노까
내 입장이 되어 생각해 봐라.	私の身になって考えてください。 와타시노 미니낫떼 캉가에테 쿠다사이
장소를 분별해라.	場所柄をわきまえなさい。 바쇼가라오 와키마에나사이
내 탓으로 돌리지 마.	私のせいにしないで。 와타시노 세-니시나이데

99

Unit 03 충고
忠告(ちゅうこく)

충고는 비난과 달리 그 사람이 잘 되라고 해주는 얘기이지만 듣는 사람 입장을 고려한 신중함이 필요하다. 사실을 제대로 파악하고 원인을 알아낸다. 그리고 충고의 효과를 예측해보고 장소, 상황 선택에도 신경을 써야 한다.

01 충고할 때

잘 생각해서 결심해라.	よく考(かんが)えて決心(けっしん)しなさい。 요쿠 캉가에테 켓신시나사이
냉정하게 잘 생각해라.	頭(あたま)を冷(ひ)やしてよく考(かんが)えなさい。 아타마오 히야시테 요쿠 캉가에나사이
그게 가장 중요한 점이야.	それが一番(いちばん)肝心(かんじん)なところだ。 소레가 이치방 칸진나 토코로다
자기 분수를 알아라.	身(み)のほどを知(し)りなさい。 미노호도오 시리나사이
네게 바라는 것은 조금 더 노력하는 것이다.	君(きみ)にほしいのはもう一歩(いっぽ)の努力(どりょく)だ。 키미니 호시-노와 모-입뽀노 도료쿠다
좀 더 노력을 해야 해.	もう少(すこ)し頑張(がんば)るべきだ。 모-스코시 감바루베키다

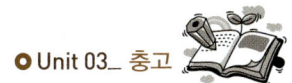

● Unit 03_ 충고

자존심을 가져라.	自尊心を持ちなさい。 지손신오 모치나사이
좀 더 적극적이길 바란다.	もっと積極的になってもらいたい。 못토 섹쿄쿠테키니 낫테모라이타이
그렇게 말하긴 쉬운 일이지.	そう言うのはたやすいことだ。 소-이우노와 타야스이코토다
투덜거릴 이유는 없어.	ぼやく理由はないよ。 보야쿠 리유-와 나이요
웃음이 없으면 행복해질 수 없어.	笑顔がないと幸せになれない。 에가오가 나이토 시아와세니 나레나이
매일 반성이 필요하다.	毎日反省が必要だ。 마이니치 한세-가 히쓰요-다
좀 더 웃어라.	もっと笑いなさい。 못토 와라이나사이
불평할 시간이 있으면 분발해라.	文句言う暇があったら頑張りなさい。 몽꾸 이우 히마가 앗타라 감바리나사이

101

02 주의를 줄 때

가네무라, 그녀에게 사과해라.	金村、彼女にあやまりなさい。 카네무라 카노죠니 아야마리나사이
사토미, 내 말을 들어라.	里美、言うことを聞きなさい。 사토미 이우코토오 키키나사이
위험해! 장난은 안 돼.	危ない！いたずらはだめだ。 아부나이 이타즈라와 다메다
스스로 해라.	自分でやりなさい。 지분데 야리나사이
도중에 포기하지 마.	途中で諦めるな。 토츄ー데 아키라메루나
그걸 하는 게 네 의무야.	それをするのが君の義務だ。 소레오 스루노가 키미노 기무다
주의에 주의를 기울여라.	念には念を入れなさい。 넨니와넹오 이레나사이
이건 내가 경험에서 말하는 거야.	これは僕の経験から言ってるんだ。 코레와 보쿠노 케ー켕까라 잇테룬다

Unit 03_ 충고

잘 기억해 둬라.	よく覚えておけよ。 요쿠 오보에테 오케요
말해 두겠는데.	言っておくけどね。 잇테 오쿠케도네
생각해 보거라.	考えてみろよ。 캉가에테 미로요
무리하지 마라.	無理しないでね。 무리시나이데네
성급하게 굴지 마.	焦らないでね。 아세라나이데네
서두를 필요는 없어.	あわてることはないよ。 아와테루 코토와 나이요
내 얘기가 도움이 되면 좋겠는데 말야.	私の話が役に立つといいんだけど。 와타시노 하나시가 야쿠니타쓰토 이인다케도
주의하는 것이 좋겠어요!	気をつけた方がいいよ。 키오쓰케타호-가 이이요
그러면 안 돼요.	それはダメですよ。 소레와 다메데스요

쓸데없는 짓 말아요.	無駄なことはやめなさい。 무다나 코토와 야메나사이
나쁜 친구들과 사귀지 마라.	悪い友だちとは付き合うんじゃない。 와루이 토모다치토와 쓰키아우-쟈나이 *友だち에는 단수/복수 둘 다의 의미가 있다.
그에게 너무 심하게 대하지 말아요.	彼にあんまり辛く当たらないでください。 카레니 암마리 쓰라쿠 아타라나이데 쿠다사이

03 지시할 때

그건 이렇게 하세요.	それはこうしてください。 소레와 코-시테 쿠다사이
무슨 일이 있어도 그건 해야 해.	何が何でもそれはしなくちゃいけない。 나니가 난데모 소레와 시나쿠챠 이케나이
여섯 시까지 꼭 와야 해!	六時までは必ず来てね。 로쿠지마데와 카나라즈 키테네

Unit 03_ 충고

무슨 일이든 말씀하십시오.	何でもおっしゃってください。 난데모 옷샷테 쿠다사이
그 사람 지시를 따르세요.	その方の指示に従ってください。 소노카타노 시지니 시탕앗테 쿠다사이
그 기계를 만지지 마세요.	その機械は触らないでください。 소노 키카이와 사와라나이데쿠다사이
불평하지 말고 시키는 대로 해.	文句は言わないで指示通りしなさい。 몽쿠와 이와나이데 시지도―리 시나사이

Unit 04 질문하기
しつもん
質問する

어려운 분야나 복잡한 사정을 얘기할 때는 상대가 제대로 이해하고 있는지, 대화는 쌍방향 의사소통이니까 도중에 몇 번 확인하는 일이 필요하다. 질문을 할 때 정중한 표현으로는 ですか/ますか가 있는데 그보다 더욱 정중하게 말할 때는 でしょうか/ましょうか를 사용한다.

01 이해 여부를 확인할 때

이해하시겠어요?	分かりますか。 와카리마스까
알겠어?	分かった? 와캇따
	分かる? 와카루
	ね? 네
확실히 알겠어?	はっきりわかったかな。 학끼리 와캇따카나
확실히 그런 거야?	確かにそうなの? 타시카니 소-나노

● Unit 04_ 질문하기

제가 하는 말을 이해하겠어요?	私が言ってることが分かりますか。 와타시가 잇테루 코토가 와카리마스까
지금까지 한 말을 이해하시겠어요?	ここまでは分かりましたか。 코꼬마데와 와카리마시따까
무슨 뜻인지 이해하시겠어요?	どういうことか分かりますか。 도-이우 코토카 와카리마스까
여러 가지 이야기했습니다만, 이해가 되셨습니까?	色々話しましたが、分かってもらえましたか。 이로이로 하나시마시따가 와캇테 모라에마시따까
그렇게 해도 괜찮은 거야?	それでいいの? 소레데 이이노
그 점을 확실히 해두고 싶은 거야.	その点をはっきりさせておきたいんだ。 소노텐오 학끼리 사세테 오키타인다
내 얘기 제대로 듣고 있는 거야?	私の話、ちゃんと聞いてる? 와타시노 하나시 찬토 키이테루

107

02 되묻는 표현

뭐라고?	何(なに)? 나니
진짜?	本当(ほんとう)? 혼또-
무슨 얘기야?	何(なん)の話(はなし)? 난노 하나시
무슨 뜻입니까?	どういう意味(いみ)ですか。 도-이우 이미데스까
뭐라고 했죠?	何(なん)と言(い)いました? 난토 이이마시따
방금 뭐라고 말씀하셨죠?	今(いま)何(なん)とおっしゃいましたか。 이마난토 옷샤이마시따까
한번 더 얘기해 주실래요?	もう一度(いちど)言(い)ってくれますか。 모-이치도 잇테 쿠레마스까
더 확실히 얘기해 주시겠어요?	もっとはっきり話(はな)してくれますか。 못또 학끼리 하나시테 쿠레마스까

● Unit 04_ 질문하기

03 질문하기

하나 물어봐도 됩니까?	一つ訊いてもいいですか。 히토쓰 키이테모 이-데스까 * きく는 일상적으로 아주 많이 사용하는 동사인데 의미에 따라 한자 표기가 달라진다. 訊く는 '질문하다', 聞く는 '듣다', '질문하다' 두 가지 의미로 사용되므로 빈도가 높지만 모호한 표기가 된다. 聴く는 '귀로 듣다', '감상하다'.
지금 뭐 하고 있어?	今、何をしてる? 이마 나니오 시테루
누구십니까?	どなた様でしょうか。 도나타사마데쇼-까 どちら様でしょうか。 도치라사마데쇼-까
누구를 추천할까요?	誰を推薦しましょうか。 다레오 스이센시마쇼-까
누구에게 물어보면 될까?	誰に訊いたらいいかしら。 다레니 키이타라 이이카시라
그쪽은 누구십니까?	そちらはどなたでしょうか。 소치라와 도나타데쇼-까 *こちら、そちら는 상대를 높이는 정중한 표현이다.
그건 몇 층에 있습니까?	それは何階にありますか。 소레와 낭까이니 아리마스까

109

그 팩은 대체 뭐니?	そのパックはいったい何なの? 소노 팍쿠와 잇타이 난나노
무슨 용무로 나가세요?	何のご用でお出かけですか。 난노 고요-데 오데카케데스까
이건 무슨 줄이죠?	これは何の列ですか。 코레와 난노 레쯔데스까

Unit 05 의견 묻기
意見を聞く
いけん き

이유를 물어볼 때 일본인들은 なぜ보다는 なんで를 즐겨 사용한다. 방법은 어떻게(どう, どういう風に), 시간은 언제(いつ), 장소는 어디에(どこで), 정도는 얼마나(どれくらい), 사람은 누가(誰が, どなたが), 사물은 무엇이(何が)라고 묻는다.

01 의견을 물을 때

왜 그런 말을 하니?	どうしてそんなことを言うの? 도-시테 손나코토오 이우노
무슨 말을 하는 거야?	何の話をしているの? 난노 하나시오 시테이루노
왜 그런 짓을 했니?	何でそんなことをしたの? 난데 손나코토오 시타노
무슨 용건이시죠?	何のご用件でしょうか。 난노 고요-켄데쇼-까
무엇부터 시작할까요?	何から始めましょうか。 나니까라 하지메마쇼-까
주말은 어떻게 보낼 예정입니까?	週末はどう過すつもりですか。 슈-마쓰와 도-스고스 쓰모리데스까

111

이곳의 생활은 어떻습니까?	ここでの生活はどうですか。 코꼬데노 세-카쯔와 도-데스까
언제쯤 완성되겠습니까?	いつごろ出来上がりますか。 이쯔고로 데키아가리마스까

02 상대의 견해 묻기

어떻게 생각하세요?	どう思いますか。 도-오모이마스까
제가 어떻게 하면 될까요?	私がどうすればいいでしょうか。 와타시가 도-스레바 이이데쇼-까
그가 누구라고 생각하십니까?	彼が誰だと思いますか。 카레가 다레다토 오모이마스까
다른 제안이 있습니까?	他の提案がございますか。 호카노 테-안가 고자이마스까
좋은 아이디어가 떠오릅니까?	いいアイデアが思いつきますか。 이-아이데아가 오모이쯔키마스까

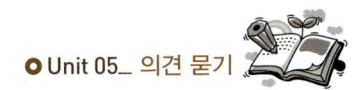
● Unit 05_ 의견 묻기

어느 것으로 하시겠어요?	どれにしますか。 도레니 시마스까
FTA에 대해 어떻게 생각하세요?	FTAについてどう思っていますか。 에흐티에이니 쓰이테 도- 오못테 이마스까
차는 어떻게 드시겠습니까?	お茶はどのようになさいますか。 오차와 도노요-니 나사이마스까

03 의중을 탐색할 때

그 일에 대해 의견이 있습니까?	そのことについてご意見はありますか。 소노 코토니 쓰이테 고이켄와 아리마스까
기탄 없이 의견을 말씀해 주시겠습니까?	忌憚なくご意見を述べていただけますか。 키탄나쿠 고이켄오 노베테이타다께마스까
솔직한 생각은요?	率直な考えは? 솟쵸쿠나 캉가에와
당신은 누구를 지지하세요?	あなたは誰を支持しますか。 아나따와 다레오 시지시마스까

113

진심으로 하시는 말씀인가요?	本気で話しているのですか。 홍키데 하나시테 이루노데스까
뭘 할 생각이세요?	何をするつもりですか。 나니오 스루쓰모리데스까
그의 제안을 어떻게 처리하시겠어요?	彼の提案をどう処理しますか。 카레노 테-안오 도- 쇼리시마스까
당신의 생각을 알아요.	あなたの心は分かります。 아나따노 코꼬로와 와카리마스
당신의 속셈을 모르겠군요.	あなたのねらいは分かりませんね。 아나따노 네라이와 와카리마센네
어쩔 생각이세요?	どうするつもりですか。 도-스루 쓰모리데스까
대통령이 되시면 뭘 하시겠습니까?	大統領になったら何をなさるつもりですか。 다이토-료-니 낫타라 나니오 나사루 쓰모리데스까
우리의 문제점에 대해서는 아십니까?	我々の問題点についてはご存知ですか。 와레와레노 몬다이텐니 쓰이테와 고존지데스까
실패 이유는 뭐라고 생각합니까?	失敗の理由は何だと思いますか。 십파이노 리유-와 난다토 오모이마스까

Unit 06 대답하기
答える

상대편이 대화를 주도하여 일방적으로 설명하는 경우 이쪽에선 제대로 이해하고 있는지 아니면 잘못 들었는지 수시로 맞장구나 의사표현을 던져줘야 한다. 일본인은 なるほど(아, 그렇군요!)라는 말을 즐겨 사용한다.

01 이해했을 때

그렇군요. 알겠습니다.	なるほど、分かります。 나루호도 와카리마스
아하, 잘 알았습니다.	なるほど、よく分かりました。 나루호도 요쿠 와까리마시따
완전히 이해했습니다.	完全に理解しました。 칸젠니 리카이시마시따
무슨 말씀인지 알겠습니다.	はっきり分かりました。 학끼리 와까리마시따
알 것 같아요.	分かる気がします。 와카루 키가 시마스
알았어.	分かったよ。 와캇따요

당신 기분이 어떤지 알겠어요.	あなたの気分(きぶん)が分(わ)かります。 아나따노 키분가 와카리마스

02 이해가 안 될 때

정말 모르겠어요.	本当(ほんとう)に分(わ)かりません。 혼또-니 와카리마셍
도저히 모르겠어요.	さっぱり分(わ)かりません。 삽파리 와카리마셍
막연히밖에는 모르겠습니다.	ぼんやりとしか分(わ)かりません。 봉야리토시카 와카리마셍
무슨 말을 하는지 모르겠어요.	それについて私(わたし)ははっきりしません。 소레니쓰이테 와타시와 학끼리시마셍
무슨 말인지 전혀 모르겠어요.	そういうことが分(わ)かりません。 소-이우 코토가 와카리마셍
그건 금시초문입니다.	それは初耳(はつみみ)ですね。 소레와 하쓰미미데스네

Unit 06_ 대답하기

| 이해가 안 됩니다. | 理解しかねます。
리카이시카네마스 |

03 질문에 답할 때

글쎄요. 그건 어려운 질문이네요.	そうですね。それは難しい質問ですね。 소- 데스네 소레와 무즈카시- 시쯔몬데스네 *일본 TV를 보면 운동선수나 연예인이나 어떤 질문을 받으면 제일 먼저 하는 말이 そうですね。이다. 이 말이 거의 기계적으로 나온다. 이 말을 하면서 다음 할말을 준비하는 것이다.
제 대답은 거절입니다.	私の答えはノーです。 와타시노 코타에와 노-데스
실례지만 대답할 수 없습니다.	失礼ですが、お答え出来ません。 시쯔레-데스가 오코타에 데키마셍
좋은 질문입니다.	いい質問です。 이이시쯔몬데스
말하지 않겠습니다.	ノーコメントです。 노-코멘토데스

117

저도 모르겠네요.	私にも分かりませんね。	
	와타시니모 와카리마셍네	
우리 계획은 성공했다고 말하겠습니다.	我々の計画は成功したと言いましょう。	
	와레와레노 케-카쿠와 세-코-시타토 이이마쇼-	

04 긍정하는 대답

네, 알겠습니다.	はい、分かりました。
	하이 와까리마시따
네, 확실히 그렇죠.	ええ、確かに。
	에- 타시카니
맞아요, 그렇지요.	なるほど、そうですね。
	나루호도 소-데스네
지당하십니다.	その通りですね。
	소노 토오리데스네
말씀이 지당하십니다.	おっしゃるとおりです。
	옷샤루 토-리데스

Unit 06_ 대답하기

물론이고말고요.	もちろんですとも。 모치론데스토모
바로 그겁니다.	まさにそれですよ。 마사니 소레데스요
당연합니다.	当然ですよ。 토-젠데스요
네, 간 적이 있습니다.	はい、行ったことがあります。 하이 잇타코토가 아리마스
네, 정말입니다.	はい、本当です。 하이 혼또-데스
네, 그렇습니다.	はい、そうです。 하이 소-데스
네, 저도 그렇게 생각하고 있습니다.	はい、私もそう思ってます。 하이 와타시모 소-오못테마스
네, 거기 도착하는대로 전화할게요.	ええ、向こうへ着き次第、電話します。 에- 무코-에 쓰키시다이 뎅와시마스
응, 그렇게 할게.	うん、そうするよ。 응 소-스루요

05 부정하는 대답

아뇨, 아직입니다.	いいえ、まだです。 이-에 마다데스
아니요, 아닙니다.	いいえ、違(ちが)います。 이-에 치가이마스
아니요, 이제 괜찮습니다.	いいえ、もう結構(けっこう)です。 이-에 모-켁코-데스
아니요, 그렇지 않습니다.	いいえ、そうじゃありません。 이-에 소-쟈아리마센
아니요, 좋아합니다.	いいえ、好(す)きです。 이-에 스키데스
아니요, 먹겠습니다.	いいえ、いただきます。 이-에 이타다키마스 *이것은 '먹는다' 뿐 아니라 '받다' '마시다'라고도 해석된다.
아니요, 가고 싶지 않습니다.	いいえ、行(い)きたくありません。 이-에 이키타쿠 아리마센

06 무관심 표현

아무래도 좋아.	どうでもいいよ。 도-데모 이이요
누가 상관한대?	誰(だれ)がかまうもんか。 다레가 카마우몽까
나와는 상관없어.	ぼくには関係(かんけい)ないよ。 보쿠니와 캉께-나이요
나는 신경 안 써.	ぼくはかまわないよ。 보쿠와 카마와나이요
아무도 신경 안 써.	誰(だれ)も気(き)にしないよ。 다레모 키니시나이요
내버려 둬.	放(ほう)っておけよ。 호옷테 오케요
그들이 뭐라든 아무렇지 않아.	彼(かれ)らが何(なん)と言(い)おうと平気(へいき)だよ。 카레라가 난토이오-토 헤-키다요
아무거나 괜찮아.	どれでもいいよ。 도레데모 이-요

그가 없어도 지장은 없어.	彼がいなくても差し支えないよ。 카레가 이나쿠테모 사시쓰카에나이요
별로 할 얘기가 없어.	別に話すことはないよ。 베쓰니 하나스코토와 나이요
어느 쪽이든 괜찮아.	どちらでもいいよ。 도치라데모 이이요
새삼스러울 게 없어요.	今に始まったことじゃないよ。 이마니 하지맛따 코토쟈나이요
내버려두는 게 좋아.	放っておいた方がいいよ。 호옷테 오이따 호-가 이이요
맘대로 해, 상관없으니까.	どうぞ、かまわないよ。 도-조 카마와나이요

Unit 07 찬성·반대
賛成·反対
さんせい　はんたい

찬성할 때는 賛成, 同感, 반대할 때는 反対, だめ와 같이 명료한 표현이 판단하기 쉽다. 그런데 일견 찬성처럼 보이는 いいです가 모호한 표현으로 사용되기도 한다.

01 동의하기

당신에게 찬성입니다.	あなたに賛成です。 아나따니 산세-데스
좋은 생각이네!	いい考えだね! 이이캉가에다네
그건 아주 타당하네.	それはもっともだね。 소레와 못토모다네
그거 괜찮네요.	それで結構です。 소레데 켁코-데스
확실히 맞는 말이야.	確かにそうだね。 타시카니 소-다네
이의는 없습니다.	異議はありません。 이기와 아리마센

네 말이 맞다.	君の言うとおりだ。	
	키미노 이우토-리다	
저도 그렇습니다.	私もそうなんです。	
	와타시모 소-난데스	
저도 똑같습니다.	私だって同じです。	
	와타시닷떼 오나지데스	
'이의 없음'입니다!	異議なしです！	
	이기나시데스	
저도 그렇게 생각합니다.	私もそう思うんです。	
	와타시모 소-오모운데스	
완전히 동감입니다.	まったく同感です。	
	맛타쿠 도-칸데스	
이 점에 대해선 동감입니다.	この点については同感です。	
	코노텐니 쓰이테와 도-칸데스	
보증할게!	保証するよ。	
	호쇼-스루요	
의심의 여지가 없습니다.	疑いの余地がありません。	
	우타가이노 요치가 아리마셍	

● Unit 07_ 찬성 · 반대

그것도 일리가 있습니다.	それも一理あります。 소레모 이치리 아리마스
제가 말하고 싶은 건 바로 그겁니다.	私の言いたいことはまさにその通りです。 와타시노 이이타이 코토와 마사니 소노토-리데스
저도 그렇게 생각하고 있었습니다.	私もそう考えていたんですよ。 와타시모 소-캉가에테 이탄데스요
마침 그렇게 생각하고 있었습니다.	ちょうどそう思っていました。 쵸-도 소- 오못테이마시따
마침 그렇게 얘기하려던 참이었습니다.	ちょうどそう言おうと思っていたところです。 쵸-도 소-이오-토 오못테 이타 토코로데스

02 승낙하기

네, 그렇게 하세요.	ええ、どうぞ。 에- 도-조
네, 좋아요.	はい、いいですよ。 하이 이-데스요

예, 그렇게 하십시오.	はい、どうぞ。	
	하이 도-조	
네, 괜찮습니다.	ええ、かまいません。	
	에- 카마이마셍	
괜찮다고 생각합니다.	大丈夫だと思います。	
	다이죠-부다토 오모이마스	
어서 사용하세요.	どうぞお使いください。	
	도-조 오쓰카이 쿠다사이	
응, 나도 그렇게 생각해.	うん、私もそう思う。	
	응 와타시모 소- 오모우	

03 반대하기

아뇨, 안 됩니다.	いや、だめです。
	이야 다메데스
미안합니다. 안 됩니다.	すみません、だめです。
	스미마셍 다메데스
그건 삼가 주세요.	それはやめてください。
	소레와 야메테 쿠다사이

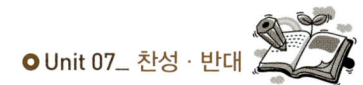
● Unit 07_ 찬성 · 반대

아니요, 삼가 주세요.	いいえ、ご遠慮ください。 이―에 고엔료 쿠다사이
아니, 반대입니다.	いや、反対です。 이야 한타이데스
아니요, 전혀 없습니다.	いいえ、全然ありません。 이―에 젠젠 아리마셍
그렇게는 생각하지 않습니다.	そうは思いません。 소―와 오모이마셍
아니지 않을까요?	違うんではないでしょうか。 치가운데와 나이데쇼―까
동의하기 어렵습니다.	同意しかねます。 도―이 시카네마스
제 생각과는 다릅니다.	私の考えとは違います。 와타시노 캉가에토와 치가이마스
좋은 생각은 아닌 것 같은데요.	いい考えではないように思いますが。 이― 캉가에데와 나이요―니 오모이마스가
설마 그럴 리는 없겠지요.	まさかそんなことないでしょう。 마사카 손나코토 나이데쇼―

설마 믿을 수가 없습니다.	まさか信じられません。 마사카 신지라레마센
그 제안에 강력히 반대합니다.	その提案に強く反対します。 소노 테-안니 쓰요쿠 한타이시마스
먼저 반대하고 싶은 점은 이겁니다.	まず、反対したい点はこれです。 마즈 한타이시타이 텐와 코레데스
설마 농담이시죠?	まさか冗談でしょう? 마사카 죠-당데쇼-
그건 불가능해요.	それは問題外だ。 소레와 몬다이가이다
그건 무리예요.	それは無理です。 소레와 무리데스
그건 말도 안 돼요.	とんでもないです。 톤데모나이데스
절대 안 돼!	絶対にだめ! 젯타이니 다메
바보 같은 얘기하지 말아요.	ばかなこと言わないで。 바카나코토 이와나이데
너는 너무 낙관적이야.	君は楽観的過ぎるよ。 키미와 락칸테키 스기루요

Unit 07_ 찬성·반대

04 잘못 지적하기

그렇게 말씀하시니 말씀드리겠습니다.	そうおっしゃると申し上げます。 소-옷샤루토 모-시아게마스
아무래도 당신이 틀린 것 같습니다.	どうもあなたが間違っていると思います。 도-모 아나따가 마치갓테이루토 오모이마스
착각하셨네요.	勘違いです。 칸치가이데스
네 얘기엔 설득력이 부족해.	君の話には説得力が足りないよ。 키미노 하나시니와 셋토쿠료쿠가 타리나이요
이것과 그것과는 아무 관계없어요.	それとこれとは何の関係もありません。 소레토 코레토와 난노 캉케-모 아리마셍
당신 주장의 타당성은 모르겠어요.	あなたの議論の妥当性が分かりません。 아나따노 기론노 다토-세-가 와카리마셍
당신의 의견은 진실과 거리가 멉니다.	あなたの意見は真実からほど遠い。 아나따노 이켕와 신지쓰카라 호도토-이

129

그것만으론 반대할 근거가 안 됩니다.	それだけでは反対する根拠にはなりません。 소레다케데와 한타이스루 콘쿄니와 나리마센
그건 별개의 문제입니다.	それは別問題です。 소레와 베쓰몬다이데스
그건 여기에선 관계가 없습니다.	それはここでは関係ありません。 소레와 코꼬데와 캉께-아리마셍
그것만으론 증거가 불충분합니다.	それだけでは証拠が不十分です。 소레다케데와 쇼-코가 후쥬-분데스
그건 지나친 단순화입니다.	それは単純化しすぎです。 소레와 탄쥰카시스기데스
그건 너무 성급한 일반화입니다.	それはあまり性急な一般化です。 소레와 아마리 세-큐-나 입깐카데스

05 긍정도 부정도 안 함

※ 긍정도 부정도 하기 힘든 난감한 질문이 있다. 이런 경우에 애매하게 대답하는 것이 최선인데, 일본어는 이런 표현이 발달되어 있다.

그랬습니까?	そうでしたか。 소-데시따까

Unit 07_ 찬성 · 반대

그렇습니까? 아, 네.	そうですか。 なるほど。 소-데스까 나루호도
어머, 그래?	あら、そう? 아라 소- *잘못 들으면 "알았어."처럼 들린다.
그러니?	そうなの? 소-나노
그렇군요.	そうなんですね。 소-난데스네
그래요? 그거 안됐군요.	そうですか。それはいけませんね。 소-데스까 소레와 이케마셍네
그렇겠지.	そうだろうね。 소-다로-네
확실히는 몰라.	はっきり分からないよ。 학끼리 와카라나이요
그럴지도 몰라.	そうかもしれないね。 소-까모 시레나이네
	ひょっとするとね。 횻또스루또네
아마 그럴걸.	多分ね。 타분네

경우에 따라 달라.	場合によるよ。 바아이니 요루요	
어느 쪽이라고 말할 수 없어.	どちらとも言い切れないよ。 도치라토모 이이키레나이요	
아무래도 좋아.	どうでもいいよ。 도-데모 이이요	
약간은.	多少ね。 타쇼-네	
전적으로 그렇다는 건 아냐.	まったくその通りというわけじゃない。 맛타쿠 소노토-리토 이우와케쟈나이	
특별히 그런 건 아닙니다.	特にそういうわけではありません。 토쿠니 소-이우와케데와 아리마셍	
항상 그런 건 아닙니다.	いつもというわけではありません。 이쓰모토이우 와케데와 아리마셍	
전혀 모르겠습니다.	ちっとも分かりません。 칫토모 와카리마셍	
아무도 모르지요.	誰にも分かりません。 다레니모 와카리마셍	

● Unit 07_ 찬성 · 반대

| 그에게 부탁해도 소용없어. | 彼に頼んでもしょうがないよ。
카레니 타노ㄴ데모 쇼-가나이요 |

06 일부 인정할 때

말씀하신 것은 사실이겠지만….	おっしゃることは本当でしょうが…。 옷샤루코토와 혼또-데쇼-가
그건 아무래도 괜찮습니다만….	それはいかにも結構なんですが…。 소레와 이카니모 켁꼬-난데스가
뭐, 그건 인정하지만….	まあ、それは認めますが…。 마- 소레와 미토메마스가
말씀하신 것은 이해하지만….	おっしゃることは分かりますが…。 옷샤루코토와 와카리마스가
그렇군요. 하지만 문제는….	なるほど、でも問題は…。 나루호도 데모 몬다이와
오해하지 말아 주시길 바랍니다만….	誤解しないでいただきたいんですが…。 고까이시나이데 이타다키타인데스가

133

| 믿어지지 않을지도 모르지만…. | 信じられないかも知れませんが…。
신지라레나이카모 시레마셍가 |

07 대답 보류하기

생각 좀 하겠습니다.	考えさせてください。 캉가에사세테 쿠다사이
생각할 시간을 주세요.	考える時間をください。 캉가에루 지칸오 쿠다사이
생각해 보겠습니다.	考えておきます。 캉가에테 오키마스
좀 생각해 볼게요.	ちょっと考えさせてください。 춋토 캉가에사세테 쿠다사이
하룻밤 생각해 볼게요.	一晩考えさせてください。 히토방 캉가에사세테 쿠다사이
검토해 보겠습니다.	検討してみます。 켄토ー시테미마스

● Unit 07_ 찬성 · 반대

생각이 있습니다.	考えがあります。 캉가에가 아리마스
상사의 승인을 얻어야 합니다.	上司の承認をとらなければなりません。 죠-시노 쇼-닝오 토라나케레바 나리마센
부장님의 의견을 확인해야 합니다.	部長の意見を確認しなければなりません。 부쵸-노 이켄오 카쿠닝 시나케레바 나리마센
사장에게 말하고 검토해야 합니다.	社長に話して検討しなければなりません。 샤쵸-니 하나시테 켄토-시나케레바 나리마센
지금은 아무 말도 할 수 없습니다.	今は何も言えません。 이마와 나니모 이에마센
약속드릴 순 없습니다.	約束は出来ません。 야쿠소쿠와 데키마센
나중에 결정하겠습니다.	あとで決めます。 아토데 키메마스
나중에 대답을 드려도 되겠습니까?	後でお答えしてもよろしいですか。 아토데 오코타에 시테모 요로시이데스까

Unit 08 부탁·제안
お願い・提案

부탁한다는 것은 상대의 호의를 이끌어내야 하므로 가능한한 상대를 높여주는 태도가 필요하다. 친한 상대라면 ~てくれる? 라고 해도 되지만, 조심스러운 상대라면 ~ていただけますか라고 말한다. 가장 많이 쓰는 말인 お願いします는 아무 부탁이나 할 때 곁들이면 편리하다.

01 부탁할 때

부탁 좀 해도 될까요?	お願いしてもいいですか。 오네가이시테모 이이데스까
좀 도와줄래?	ちょっと手伝ってくれる? 춋토 테쓰닷테 쿠레루
죄송합니다만….	申し訳ないですが…。 모-시와케 나이데스가
부탁이 있는데요.	お願いがあるんですが。 오네가이가 아룬데스가
좀 물어볼 게 있는데요.	ちょっとお聞きしたいのですが。 춋토 오키키 시타이노데스가
잠깐 괜찮겠어요?	ちょっといいですか。 춋토 이이데스까 *상대방의 시간을 잠시 빼앗을 때 하는 말.

● Unit 08_ 부탁·제안

화장실 좀 써도 될까요?	お手洗いを使わせていただけるでしょうか。 오테아라이오 쓰카와세테 이타다케루데쇼-까
괜찮으시면 지금 가도 될까요?	もしよかったら、今行ってもいいですか。 모시 요캇타라 이마 잇테모 이이데스까
소금을 집어 주시겠어요?	塩を取っていただけますか。 시오오 톳테 이타다께마스까
이거 좀 해 주실래요?	これをやってくれませんか。 코레오 얏테 쿠레마셍까
그 가게까지 차로 데려다 줄래?	その店まで車で送ってくれる? 소노 미세마데 쿠루마데 오쿳떼 쿠레루
펜을 빌려 주시겠어요?	ペンを貸していただけませんか。 펜오 카시테 이타다케마셍까
1만 엔 빌려 주시겠어요?	一万円、貸してもらえますか。 이치만엔 카시테 모라에마스까
전화를 주시겠어요?	電話をいただけますか。 뎅와오 이타다께마스까
제게 전화를 해 주시면 감사하겠습니다만.	電話してもらえるとありがたいのですが。 뎅와시테 모라에루토 아리가타이노데스가

137

소리를 작게 해주세요.	音を小さくしてください。 오토오 치이사쿠 시테 쿠다사이
내가 돌아올 때까지 여기서 기다려.	私が帰るまでここで待っていてね。 와타시가 카에루마데 코꼬데 맛떼이테네
폐를 끼쳐 죄송합니다.	お邪魔してすみません。 오쟈마시테 스미마셍
말씀 중에 죄송합니다.	お話中、すみません。 오하나시츄- 스미마셍
수고스러울 거라고 생각하지만.	面倒だとは思うんだけど。 멘도-다토와 오모운다케도

02　부탁 받을 때

무슨 일이죠?	何でしょうか。 난데쇼-까
무슨 문제라도?	何か問題でも? 나니까 몬다이데모

○ Unit 08_ 부탁 · 제안

어떻게 된 겁니까?	どうしたんですか。 도-시딴데스까
물론이지.	もちろん。 모치론
문제없어.	わけないよ。 와케나이요
괜찮아.	大丈夫よ。 다이죠-부요
얘기해 봐.	話してみてよ。 하나시테 미테요
알았어!	了解! 료-카이 * 무선통신에서 유용한 짧은 표현. 일상회화에서도 재치 있게 들린다.
마음대로 하세요.	どうぞご自由に。 도-조 고지유-니 *여러 상황에서 쓸 수 있다.
기꺼이 도와줄게.	喜んで助けるよ。 요로콘데 타스케루요
말씀대로 하겠습니다.	おっしゃるとおりにします。 옷샤루토오리니 시마스

뭐든지 할게.	何でもするよ。	
	난데모 스루요	
먼저 하세요.	お先にどうぞ。	
	오사키니 도-조	
알겠습니다.	分かりました。	
	와까리마시따	

03 권유할 때

먼저 드시죠.	お先にどうぞ。	
	오사키니 도-조	
커피 한 잔 어때?	コーヒーでもどう?	
	코-히-데모 도-	
차라도 하실까요?	お茶でもいかがですか。	
	오챠데모 이카가데스까	
우리 집에 올래?	家に来ない?	
	우치니 코나이	
창문을 열까요?	窓を開けましょうか。	
	마도오 아케마쇼-까	

● Unit 08_ 부탁 · 제안

저랑 쇼핑 가실래요?	私と 買い物に 行きましょうか。 와타시토 카이모노니 이키마쇼-까
영화 보러 가지 않을래?	映画を 見に 行かない? 에-가오 미니 이카나이

04 제안할 때

들어 드릴까요?	お持ちしましょうか。 오모치 시마쇼-까
이건 어떠십니까?	これはいかがでしょうか。 코레와 이캉아데쇼-까
같이 하지 않을래?	一緒にやらない? 잇쇼니 야라나이
지름길로 가자.	近道にしよう。 치카미치니 시요-
터놓고 얘기합시다.	打ち明けて話しましょう。 우치아케테 하나시마쇼-
이제 그만합시다.	もう止めましょう。 모- 야메마쇼-

오늘은 이만합시다.	今日はこれくらいにしましょう。 쿄-와 코레쿠라이니 시마쇼-
이걸로 청산된 것으로 합시다.	これでチャラにしよう。 코레데 챠라니 시요- * 빚이나 신세진 것을 청산한다는 뜻.
커피 마시면서 얘기해요.	コーヒーでも飲みながら話しましょう。 코-히-데모 노미나가라 하나시마쇼-
일 끝나고 시간 있어?	仕事の後、あいてる? 시고토노 아토 아이테루
내일은 바빠?	明日は忙しい? 아시타와 이소가시이
함께 어때?	一緒にどう? 잇쇼니 도-
언제 한번 모이자.	そのうち集まろうよ。 소노우치 아쓰마로-요
노래방 가서 놀자.	カラオケへ行って遊ぼう。 카라오케에 잇테 아소보-

Unit 08_ 부탁 · 제안

05 재촉하기

서둘러 주시겠어요?	急いでくれますか。 이소이데 쿠레마스까
	急いでください。 이소이데 쿠다사이
빨리 해!	早くやって! 하야쿠 얏테
초긴급으로 해 주세요.	大至急やってください。 다이시큐- 얏테 쿠다사이
서둘러, 여유가 없어.	急いで! 余裕がないよ。 이소이데! 요유-가 나이요
빨리 일어나!	早く起きて! 하야쿠 오키테
서둘러서 미안해요.	せかしてすみません。 세카시테 스미마셍
어서 끝내자.	早く終えよう。 하야쿠 오에요-

06 재촉에 대한 응답

서두를 필요 없어요.	急ぐことないですよ。 이소구코토 나이데스요
서두르지 말고 하세요.	焦らず、やってください。 아세라즈 얏테 쿠다사이
너무 재촉하지 말아요.	あんまりせかさないでください。 암마리 세카사 나이데쿠다사이
그렇게 조급해 하지 마세요.	そんなにいらいらしないでください。 손나니 이라이라 시나이데 쿠다사이
서두른다고 빨리 끝나지는 않아요.	急いでも早く終わりません。 이소이데모 하야쿠 오와리마셍
나중에 해도 돼요.	後でもいいです。 아토데모 이-데스
천천히 해도 돼요.	ゆっくりやっても大丈夫よ。 육쿠리 얏테모 다이죠-부요

● Unit 08_ 부탁·제안

07 양해 구하기

여기서 담배를 피워도 됩니까?	ここでタバコを吸ってもいいですか。 코꼬데 타바코오 슷테모 이-데스까
안 됩니다. 여긴 금연 구역입니다.	だめです。こちらは禁煙区域です。 다메데스 코치라와 킹엔쿠이키데스
여기서 사진을 찍어도 될까요?	ここで写真を撮ってもいいですか。 코꼬데 샤싱오 톳테모 이-데스까
잠깐 실례해도 되겠습니까?	ちょっと失礼してもいいですか。 춋토 시쓰레-시테모 이-데스까
여기 앉아도 되겠습니까?	ここに座ってもいいですか。 코꼬니 스왓테모 이-데스까
여기에 주차를 해도 되겠습니까?	ここで駐車してもいいですか。 코꼬데 츄-샤시테모 이-데스까
잠깐 봐도 되겠어요?	ちょっと見てもいいですか。 춋토 미테모 이-데스까

Unit 09 승낙 · 거절

承諾・断り
しょうだく ことわ

'예스'를 말하긴 쉽지만 '노'라고 거절하기는 어렵다. 그러니까 상대방 마음을 배려하는 정중한 거절 방법이 필요하다. 残念ながら(안타깝지만)' 気の毒ですが(마음 아프지만) 이런 말을 깔아 두면 거절의 말이 뒤에 오는 것이다.

01 승낙할 때

물론이죠.	もちろん! 모치론
기꺼이 그러죠.	喜んで! 요로코 요로콘데
예, 그러시죠.	はい、どうぞ。 하이 도-조
	ええ、どうぞ。 에- 도-조
좋습니다!	いいですよ。 이-데스요
가능하면 무엇이든 할게.	出来れば何でもするよ。 데키레바 난데모 스루요

Unit 09_ 승낙·거절

맡겨 주세요.	任せてください。 마카세테 쿠다사이
내가 해 볼게요.	私に やらせてください。 와타시니 야라세테 쿠다사이
알았어. 다음은 내가 알아서 할게.	分かった。後は私に任せて。 와캇따 아토와 와타시니 마카세테
좋아, 결정났어! 약속한 거야.	よし、決まった！約束したよ。 요시 키맛타 야쿠소쿠시타요
설사 무슨 일이 있더라도 하겠습니다.	たとえ何があってもやります。 타토에 나니가 앗테모 야리마스
그런 거 쉽지.	そんなの簡単だよ。 손나노 칸딴다요
그런 건 식은죽 먹기야.	そんなの朝飯前だよ。 손나노 아사메시마에다요
뭐든지 좋아요.	何でもいいよ。 난데모 이이요
괜찮아요.	大丈夫ですよ。 다이죠-부데스요
괜찮고말고요.	いいですとも。 이-데스토모

147

네, 합시다.	ええ、しましょう。 에- 시마쇼-
네가 원하는대로 할게.	君の望みどおりにするよ。 키미노 노조미도-리니 스루요
너에게 달렸어.	君にかかっているんだ。 키미니 카캇떼이룬다
지장이 없다면.	差し支えなければ。 사시쓰카에 나케레바

02 거절할 때

미안하지만 도울 수 없어요.	お気の毒ですが、力になれません。 오키노도쿠데승아 치카라니 나레마셍
유감이지만, 급한 일이 들어와서요.	残念ながら、急用が入ってしまって。 잔넨나가라 큐-요-가 하잇테시맛테
안 되겠는데요.	ダメだと思うよ。 다메다토 오모우요

● Unit 09_ 승낙 · 거절

유감이지만 안 됩니다.	残念ながらダメです。 잔넨나가라 다메데스
그건 무리한 요구입니다.	それは無理な要求です。 소레와 무리나 요-큐-데스
도저히 무리입니다.	到底無理です。 토-테- 무리데스
그건 곤란합니다.	それは困ります。 소레와 코마리마스 * 거절하는 완곡한 표현
좀 봐 줘라!	勘弁してよ。 캄벤시테요 * 부탁 건으로 괴롭히지 말라는 얘기.
유감이지만, 오늘은 상황이 나빠요.	残念ですが、今日は都合が悪いんです。 잔넨데스가 쿄-와 쓰고-가 와루인데스
이번엔 도울 수가 없네요.	今回はお力になれません。 콘카이와 오치카라니 나레마센
미안하지만 지금 바빠요.	すみません、今急いでいるので。 스미마센 이마 이소이데이루노데

그럴 기분이 아니야.	そんな気分じゃないんだ。 손나 키분쟈 나인다
달리 급한 일이 있어서.	他に用事があるので。 호카니 요-지가 아루노데
그럴 수 있으면 좋겠지만.	そう出来ればいいんだけど。 소-데키레바 이인다케도
아니요, 괜찮습니다.	いいえ、結構です。 이-에 켁코-데스
필요없어.	要らないよ。 이라나이요
아냐, 안 돼!	いや、だめ！ 이야 다메
아직은 안 돼. 나중에.	まだだめだ、あとでね。 마다다메다, 아토데네 *조건부 거절 표현.
여기선 안 돼.	ここではダメだ。 코꼬데와 다메다
절대로 용서 못해!	絶対許さん！ 젯타이 유루상

Unit 10 자기 표현
自己表現

자기의 의견을 밝힐 때도 개인으로서의 의견인지 소속 단체의 입장인지 명확히 해줄 필요도 있다. 자기 의견의 타당성을 높이기 위해 일반론을 추가하는 것도 흔히 사용된다. 비밀 이야기는 秘密보다는 内緒話라는 말을 주로 쓴다.

01 자신의 견해를 밝힐 때

저로서는….	私としては…。 와타시토시테와
제 쪽에서는….	私の方では…。 와타시노 호-데와
저에 관해 말하자면….	私に関して言えば。 와타시니 칸시테 이에바
사실을 말씀드리면….	本当のことを言うと…。 혼또-노코토오 이우토
제 생각으로는….	私の考えでは…。 와타시노 캉가에데와
저는 그렇다고 생각합니다.	私はそうだと思います。 와타시와 소-다토 오모이마스

제 생각을 말씀드리겠습니다.	私の考えを言わせてください。 와타시노 캉가에오 이와세테 쿠다사이
제 의견을 말씀드리겠습니다.	私の意見を申し上げます。 와타시노 이켄오 모-시아게마스
이 문제에 관해 생각을 말씀드리겠습니다.	この問題に関して考えを述べさせていただきます。 코노 몬다이니 칸시테 캉가에오 노베사세테 이타다키마스
요컨대 제가 말하고 싶은 점은….	要するに私の言いたいことは…。 요-스루니 와타시노 이이타이코토와
일반적으로 말하면….	一般的に言って…。 입판테키니 잇테
내가 보는 한으론 A 쪽이 낫습니다.	私が見る限りではAの方がましです。 와타시가 미루카기리데와 에-노 호-가 마시데스
그것과는 다른 의견을 갖고 있습니다.	それとは異なる意見を持っています。 소레토와 코토나루 이켄오 못테 이마스
제겐 그게 타당하다고 생각됩니다.	私にはそれが妥当だと思われます。 와타시니와 소레가 다토-다토 오모와레마스

● Unit 10_ 자기 표현

02　비밀 털어놓기

사실을 말하면….	実を言うと、 지쓰오 이우토
아무한테도 말하지 마.	誰にも言わないでね。 다레니모 이와나이데네
클럽의 비밀을 털어놓겠습니다.	クラブの秘密をぶっちゃけます。 쿠라부노 히미쓰오 붓챠케마스
까놓고 말해 그녀를 좋아합니다.	ぶっちゃけ、彼女のことが好きです。 붓챠케 카노죠노코토가 스키데스
자백할 것이 있어.	白状することがあるんだ。 하쿠죠-스루 코토가 아룬다
너에게 고백할 것이 있어.	君に告白することがあるんだ。 키미니 코쿠하쿠스루 코토가 아룬다
모든 것을 말할게.	すべてを話すよ。 스베테오 하나스요
우리끼리만 이야기인데.	ここだけの話だけど。 코꼬다케노 하나시다케도

153

이거 비밀이야.	これ秘密なんだ。 코레 히미쓰난다
그는 입이 가벼워.	彼は口が軽い。 카레와 쿠치가 카루이
그만 말이 나와 버렸어.	つい口がすべってしまったよ。 쓰이 쿠치가 스벳테시맛타요 * 실언을 했거나 의도와 다르게 비밀을 누설한 경우.
솔직히 말할게.	素直に言うよ。 스나오니 이우요
내가 아는 것은 대개 이런 겁니다.	私の知っているのは大体こんなことです。 와타시노 싯테이루노와 다이타이 콘나코토데스
그에겐 절대 말하지 않을게.	彼には絶対言わない。 카레니와 젯타이 이와나이

03 의심할 때

농담이죠?	冗談でしょう? 죠-당데쇼-

● Unit 10_ 자기 표현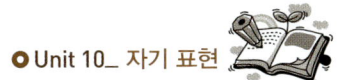

정말이야?	本当? 혼또- *회화에선 짧게 ほんと?라고 쓰는 일도 많다. 참고로 일본 여성들이 가장 남발하는 세 가지 표현으로 ほんと? 외에도 いや(싫어!), 可愛い(귀여워!)라는 말을 많이 쓴다.
수상한데.	怪しいぞ。 아야시-조
뭔가 수상한데.	なんか怪しいな。 낭카 아야시이나
그런 얘기는 못 믿어.	そんな話は信じないよ。 손나 하나시와 신지나이요
그녀가 진심으로 얘기하는 걸까?	彼女が本気で言ってるのかな。 카노죠가 홍키데 잇테루노카나
저 남자 말은 믿을 수 없어.	あの男の言うことは信用できない。 아노 오토코노 이우 코토와 싱요-데키나이

04 자기 의중 밝히기

그렇다면 좋겠네요.	そうだといいですね。 소-다토 이이데스네

그렇지 않을까요?	そうじゃないでしょうか。 소-쟈나이 데쇼-까
분명히 그렇겠죠.	きっとそうでしょう。 킷토 소-데쇼-
그런 것 같네요.	そのようですね。 소노요-데스네
그렇지 않으면 좋겠네요.	そうじゃないといいですね。 소-쟈나이토 이이데스네
곤란하다고 생각합니다.	まずいと思いますよ。 마즈이토 오모이마스요
괜찮을 것 같아요.	大丈夫だと思いますよ。 다이죠-부다토 오모이마스요

05 의견이 없을 때

이렇다 할 의견이 없을 때는 확실히 의견이 없다고 말하는 것이 다른 사람들을 위한 배려이기도 하다.

그 건에 관해서는 별로 의견이 없습니다.	その件に関しては別に意見がありません。 소노 켄니 칸시테와 베쓰니 이켄가 아리마센

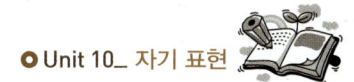

Unit 10_ 자기 표현

그 건에는 별로 관심이 없습니다.	その件には別に関心がありません。 소노 켄니와 베쓰니 칸신가 아리마셍
그 점에 분명한 의견은 없습니다.	その点に関してはっきりした意見はありません。 소노 텐니 칸시테 학키리시타 이켄와 아리마셍
그 건에 대해 발언할 입장은 아닙니다.	その件に関しては発言する立場にありません。 소노 켄니 칸시테와 하쓰겐스루 타치바니 아리마셍
그 건에 대해 아무 의견도 갖고 있지 않습니다.	その件に関しては何の意見も持っていません。 소노 켄니 칸시테와 난노 이켄모 못테 이마셍
거기에 대해 말할 게 없습니다.	それについて言うことはありません。 소레니 쓰이테 이우코토와 아리마셍
짐작이 가지 않습니다.	見当がつきません。 켄토-가 쓰키마셍

Unit 11 결정・확신하기

決定・確信
けってい・かくしん

직장에서 여럿이 뭔가 결정할 때 찬성한다는 의미로 "오케바리!"라고 하는데 이 말은 '오키마리(お決まり)'에서 유래한 것이라고 한다. 그리고 우리나라에서도 '~일 수 있습니다'라는 추측 표현이 유행하는데, 책임지기 싫어하는 느낌이 든다. 때로는 명확하게 표현하는 게 좋은 인상을 줄 수 있다.

01 결심하기

검토할 시간을 주세요.	検討する時間をください。 켄토-스루 지칸오 쿠다사이
잘 생각해 보겠습니다.	よく考えさせてください。 요쿠 캉가에사세테 쿠다사이
제 결정을 얘기하겠습니다.	私の決定を話します。 와타시노 켓테-오 하나시마스
그걸로 결정이 났습니다.	それで決まりました。 소레데 키마리마시따
그걸로 결정이다.	それで決まりだ。 소레데 키마리다
그걸로 전부 정리가 되겠네요.	それで全部片が付きますね。 소레데 젬부 카타가 쓰키마스네

● Unit 11_ 결정・확신하기

그것으로 좋을 겁니다.	それで良いでしょう。 소레데 요이데쇼-

02 결정하기

결정하셨습니까?	決定しましたか。 켓테-시마시따까
아직 결정을 못했습니다.	まだ決めておりません。 마다 키메테 오리마센
그것은 만장일치로 결정되었습니다.	それは満場一致で決まりました。 소레와 만죠-잇치데 키마리마시따
동전을 던져서 결정합시다.	小銭を投げて決めましょう。 코제니오 나게테 키메마쇼-
그건 당신이 결정할 일이에요.	それはあなたが決めることです。 소레와 아나따가 키메루코토데스
제 마음대로 결정할 수가 없습니다.	私が勝手に決めるわけにはいきません。 와타시가 캇테니 키메루와케니와 이키마센

159

어떻게 결정하셔도 저는 괜찮아요.	どう決めても私は結構です。 도-키메테모 와타시와 켁코-데스

03 확신하는 표현

당신이 옳다고 확신해요.	あなたが正しいと確信します。 아나따가 타다시이토 카쿠신시마스
내기를 해도 좋아요.	賭け事をしてもいいです。 카케고토오 시테모이-데스
그건 제가 보증합니다.	それは私が保証します。 소레와 와타시가 호쇼-시마스
맹세합니다.	誓います。 치카이마스
그건 의심의 여지가 없습니다.	それは疑いの余地がありません。 소레와 우타가이노 요치가 아리마센
무슨 근거로 그렇게 확신하죠?	何を根拠にそう確信できますか。 나니오 콩쿄니 소-카쿠신 데키마스까

● Unit 11_ 결정 · 확신하기

| 물론이죠! | 勿論_{もちろん}です。
모치론데스 |

04　당위성 표현

거기 가셔야 합니다.	そちらにおいでにならないといけません。 소치라니 오이데니 나라나이토 이케마센
그녀에게도 기회를 줘야 합니다.	彼女_{かのじょ}にもチャンスを与_{あた}えるべきです。 카노죠니모 챤스오 아타에루베키데스
그에게 말하지 않을 수가 없었어요.	彼_{かれ}に言_いわざるを得_えなかったです。 카레니 이와자루오 에나캇따데스
그걸 어떻게 말해야 될까요?	それをどういう風_{ふう}に話_{はな}せばいいでしょうか。 소레오 도-이우 후-니 하나세바 이-데쇼-까
오늘밤 야근을 해야 합니다.	今夜_{こんや}は残業_{ざんぎょう}をしなければいけません。 콩야와 장교-오 시나케레바 이케마센

161

우리는 효도를 해야 한다.	我々は親孝行をしないといけません。 와레와레와 오야코-코-오 시나이토 이케마셍
이 문제는 보류해야 합니다.	この問題は保留しておくべきです。 코노 몬다이와 호류-시테 오쿠베키데스

05　예상과 추측

그럴 줄 알았어!	案の定だ! 안노죠-다
당신 예측이 딱 맞았어요.	あなたの予測が当たりました。 아나따노 요소쿠가 아타리마시따
우리 예상대로 결과가 나왔어요.	結果は我々の予想通りです。 켁카와 와레와레노 요소-도-리데스
당신이 오리라고 전혀 예상도 못했어.	あなたが来るとは全然予想できなかった。 아나따가 쿠루토와 젠젠 요소-데키나캇따

● Unit 11_ 결정·확신하기

그건 전혀 의외의 상황이었어요.	それはまったく意外な状況でした。 소레와 맛타쿠 이가이나 죠-쿄-데시따
전혀 짐작도 안 가요.	全然見当が付きません。 젠젠 켄토-가 쓰키마셍
속단하지 마세요.	早とちりしないでください。 하야토치리 시나이데 쿠다사이

163

Unit 12 대화의 기술

会話の技術
かいわ ぎじゅつ

처음엔 언어 능력보다 오히려 말을 거는 용기가 더 요구된다. 첫 시도는 좀 바보 같은 얘기라도 상관없다. 대화를 이어나가면 되는 것이다. 상대의 말을 들을 때는 적당히 맞장구를 치는 것이 필요하다. 잘 듣고 있으니 계속하라는 격려인 셈이다.

01 말을 걸 때

날씨가 좋군요.	いい天気ですね。 이-텡키데스네 *날씨로 대화의 실마리를 여는 것은 만국 공통. 언어 능력보다 말을 거는 용기가 더 요구된다.
잠시 실례합니다.	ちょっとすみません。 촛토 스미마셍
저기, 있잖아요.	あのね。 아노네
여러분, 잠시 얘기를 들어주세요.	みなさん、ちょっと聞いてください。 미나상 촛토 키이테 쿠다사이
바쁘신데 실례합니다.	お忙しいところすみません。 오이소가시-토코로 스미마셍

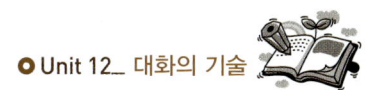

Unit 12_ 대화의 기술

전할 얘기가 있습니다.	話したいことがあります。 하나시타이 코토가 아리마스
저기, 이거 들었어?	ねえ、聞いた? 네- 키이타
무슨 얘기 중이었어?	何を話してるの? 나니오 하나시테루노
이 자리엔 누군가 있습니까?	この席はどなたかおられますか。 코노세키와 도나타카 오라레마스까
멀리까지 가십니까?	ご遠方までお出かけですか。 고엠포-마데 오데카케데스까
신문은 어떠세요?	新聞はいかがですか。 심붕와 이캉아데스까
일본어를 하십니까?	日本語をお話しになりますか。 니홍고오 오하나시니 나리마스까
여긴 처음이십니까?	こちらは初めてですか。 코치라와 하지메테데스까
여보세요.	もしもし。 모시모시
시간 좀 있으세요?	ちょっといいですか。 촛토 이-데스까

이야기 좀 할 수 있을까요?	ちょっとお話できますか。 촛토 오하나시 데키마스까
드릴 말씀이 있는데요.	申し上げることがありますが。 모-시아게루 코토가 아리마스가
잠깐 이야기를 나누고 싶은데요.	ちょっと話したいんですが。 촛토 하나시타인데스가
잠깐 이야기 좀 할까요?	ちょっと会話してもいいですか。 촛토 카이와시테모 이-데스까
당신에게 할 이야기가 좀 있습니다.	あなたにちょっとお話があります。 아나따니 촛토 하나시가 아리마스
금방 얘기하겠습니다.	ちょっとだけ話します。 촛토다케 하나시마스

02 맞장구치기

그렇군요.	なるほど。 나루호도

● Unit 12_ 대화의 기술

맞습니다.	その通りです。 소노토-리데스
그래서?	それで? 소레데
모르겠네.	わからないな。 와카라나이나
듣고 있어.	聞いているよ。 키이테이루요
그렇겠지.	そうだろうね。 소-다로-네
	だろうね。 (생략 표현) 다로-네
그거 심하네.	それはひどいね。 소레와 히도이네
예를 들면?	たとえば? 타토에바
안됐네.	それは気の毒だね。 소레와 키노도쿠다네
저런, 세상에.	それは残念だ。 소레와 잔넨다

167

역시 그렇군.	やっぱりね。 얏파리네
알아, 알아.	わかる、わかる。 와카루 와카루
알고 있었어요.	知ってましたよ。 싯테마시따요
그거 재밌네.	それは面白いね。 소레와 오모시로이네
놀랄 일이네.	それは驚きね。 소레와 오도로키네
그게 어쨌는데?	それがどうかしたの? 소레가 도-카시타노
그렇게 생각하세요?	そう思いますか。 소- 오모이마스까
저도 그렇게 생각해요.	私もそう思います。 와타시모 소-오모이마스
뭐, 그렇게 말할 수도 있겠네요.	まあ、そうも言えるでしょうね。 마- 소-모 이에루데쇼-네 * 이쯤 되면 동의할 의향은 거의 없는 수준.
그거 잘됐네.	それはよかった。 소레와 요캇타

● Unit 12_ 대화의 기술

03 대화 도중 끼어들 때

말씀 도중에 죄송합니다만….	お話の途中すみませんが。 오하나시노 토츄—데 스미마셍가
말씀 중에 잠깐 실례를 해도 될까요?	お話の途中ちょっと失礼してもいいですか。 오하나시노 토츄— 춋토 시쓰레—시테모 이—데스까
뭐 좀 얘기해도 될까요?	何かちょっと話してもいいでしょうか。 나니카 춋토 하나시테모 이—데쇼—까
좀 여쭙고 싶은 게 있는데요.	ちょっとお尋ねしたいことがあるのですが。 춋토 오타즈네시타이 코토가 아루노데스가
지금 바쁘세요?	今忙しいですか。 이마 이소가시—데스까
잠깐 괜찮을까?	ちょっといいかな。 춋토 이—카나
잠시 질문 드려도 될까요?	ちょっと質問してもよろしいですか。 춋토 시쓰몬시테모 요로시—데스까

169

잠시 실례할게요.	**ちょっとすみません。** 춋토 스미마셍 *이 말은 어떤 상황이든 잠시 실례의 양해를 구하는 경우에 사용할 수 있는 아주 편리한 표현이다.
말씀 도중인데 괜찮으세요?	**ちょっと途中ですが、よろしいですか。** 춋토 토츄-데승아 요로시-데스까
좀 기다리세요.	**ちょっと待っていてください。** 춋토 맛테이테 쿠다사이
거기서 좀 멈춰 주세요.	**そこでちょっとやめてください。** 소코데 춋토 야메테 쿠다사이
잠시 멈춰 주세요.	**ちょっと待ってください。** 춋토 맛테 쿠다사이 * 끼어드는 사람에게 할 말을 좀 나중에 하고 기다리라는 의미도 됨.
그 대목에서 한 말씀 드리겠습니다.	**そこで口をはさませてもらいたいです。** 소코데 쿠치오 하사마세테 모라이타이데스

● Unit 12_ 대화의 기술

04　말을 재촉할 때

빨리 말씀하세요.	早く言ってください。 하야쿠 잇테 쿠다사이
얘기해 봐.	話してよ。 하나시테요
얘기를 계속해 주세요.	話を続けてください。 하나시오 쓰즈케테 쿠다사이
어땠어?	どうだった? 도-닷타
어떻게 됐어?	どうなった? 도-낫타
인상은 어땠어?	印象はどうだった? 인쇼-와 도-닷타
마음에 들었어?	気に入った? 키니잇타
그 얘기 듣고 싶군.	その話、聞きたいな。 소노 하나시 키키타이나
뭔가 말해 봐.	何か言ってよ。 나니카 잇테요

171

할 말이 있으면 말해 봐요.	言いたいことがあったら言ってみなさい。 이-타이코토가 앗타라 잇테미나사이
이유를 말해 보세요.	理由を言ってみて。 리유-오 잇테미테
하고 싶은 말을 해 봐.	言いたいことを言って。 이-타이 코토오 잇테
그래서 당신은 뭐라고 했습니까?	それであなたは何と話しましたか。 소레데 아나따와 난토 하나시마시따까
더 자세히 말해 줘.	もっと詳しく話して。 못토 쿠와시쿠 하나시테

05 화제 전환하기

화제를 바꿔 볼까요?	話題を変えてみましょうか。 와다이오 카에테 미마쇼-까
그건 그렇다 치고….	それはさておき…。 소레와 사테오키

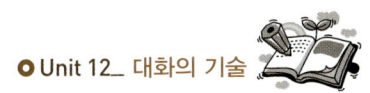
Unit 12_ 대화의 기술

얘기는 다르지만….	話は違うけど。 하나시와 치가우케도
그 얘긴 그만합시다.	その話はやめよう。 소노 하나시와 야메요-
그 얘긴 지금 말하고 싶지 않아.	そのことは今話したくないんだ。 소노코토와 이마 하나시타쿠나인다
그런데 말이죠.	ところでですね。 토코로데데스네
그 얘긴 나중에 다시 합시다.	その話は後にしましょう。 소노 하나시와 아토니 시마쇼
그건 다른 질문이잖아요.	それは違う質問でしょう。 소레와 치가우 시쯔몬데쇼-
이제 본론으로 들어갑시다.	さて、本題に入りましょう。 사테 혼다이니 하이리마쇼-
그건 그렇고, 다음 문제로 넘어갑시다.	さて、それでは次の問題に移りましょう。 사테 소레데와 쓰기노 몬다이니 우쓰리마쇼-
그런데 좀 쉴까요?	ところで、少し休みましょうか。 토코로데 스코시 야스미마쇼-까

173

이야기가 좀 빗나갔습니다만.	話(はなし)は少(すこ)しそれますが。 하나시와 스코시 소레마스가
처음 이야기로 돌아가면….	話(はなし)を元(もと)に戻(もど)しますと…。 하나시오 모토니 모도시마스토
그러고 보니….	そう言(い)えば…。 소−이에바

06　말문이 막힐 때

글쎄요.	さあ…。 사−
음….	え〜と…。 에−또
뭐랄까?	何(なん)だっけ? 난닥께
그니까….	だから…。 다까라
저기….	あの…。 아노−

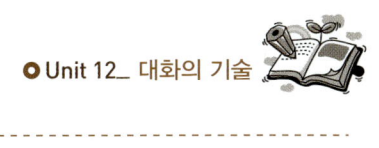

Unit 12_ 대화의 기술

말하자면,	つまり…。 쓰마리
적당한 말이 생각나진 않지만,	うまく言えないけど…。 우마쿠 이에나이케도
뭐라고 하면 좋을지….	何と言えばよいか…。 난토 이에바 요이카
내가 알기로는…	私の知る限りでは…。 와타시노 시루카기리데와
잘 기억이 나지 않지만….	よく覚えてないが。 요쿠 오보에테나이가
잘 모르겠습니다. 아마….	よく分かりませんが、多分…。 요쿠 와카리마셍가 타분
글쎄요….	そうですね…。 소-데스네
목에서 빙빙 도는데….	のどから出かかっているんだ。 노도까라 데카캇떼 이룬다

07　마무리하는 표현

그러니까.	だから。 다까라
하여간.	とにかく。 토니카쿠
어쨌든.	どっちにしろ。 돗치니시로
바꿔 말하면.	言い換えると。 이이카에루토
결국은.	結局は。 켁쿄쿠와
요컨대.	要するに。 요-스루니
말하자면.	言わば。 이와바

PART 04

주제별 화제
しゅだいべつ わだい
主題別 話題

다양한 화젯거리를 잘 얘기할 수 있으면 좋은 인상을 주고 문화적 배경이 다른 사람들이 모여 얘기할 때는 서로 다른 점을 어느 정도 알고 있어야 실례를 범하지 않을 것이다. 특히 한국인이 주의해야 할 점은, 처음 만난 자리에서 너무 개인적인 질문은 실례라고 생각해야 한다. 그리고 외모에 대한 부정적인 의견은 금물이다.

Unit 01 날씨 · 계절
天気・季節
てんき・きせつ

날씨 얘기로 대화의 실마리를 여는 것은 국적 불문이다. 일본은 우리나라보다 훨씬 긴 국토를 갖고 있고 바다가 가까워서 악천후가 많다. 특히 기온이 많이 내려가진 않지만 습기를 머금어 몹시 춥게 느껴진다. 뼛속까지 춥다는 느낌은 底冷え(そこびえ)라고 말한다.

01 날씨 표현

오늘 날씨 어때요?	今日の天気はいかがですか。 쿄-노 텡키와 이캉아데스까
날씨가 좋아요.	いい天気です。 이-텡키데스
흐린 날씨예요.	曇っています。 쿠못테 이마스
화창해요.	晴れてます。 하레테마스
아름다운 아침이네요.	美しい朝ですね。 우쓰쿠시- 아사데스네
이런 날씨가 지속되면 좋겠네요.	こんな天気が続くといいですね。 콘나 텡키가 쓰즈쿠토 이이데스네

● Unit 01_ 날씨 · 계절

기분 전환엔 딱 좋은 날씨네요.	気分転換には絶好の天気ですね。 키분텐칸니와 젝코-노 텡키데스네
날씨가 좋아서 기쁘다.	いい天気になって嬉しい。 이-텡키니 낫테 우레시-
그다지 날씨가 좋지 않네요.	あまり天気がよくないですね。 아마리 텡키가 요쿠나이데스네
또 비가 올 것 같네요.	また雨になりそうです。 마타 아메니 나리소-데스
상당히 따뜻하군요.	なかなか暖かいですね。 나카나카 아타타카이데스네
세찬 비군요.	ひどい雨ですね。 히도이 아메데스네
오후엔 갤 거야.	午後には晴れるよ。 고고니와 하레루요

02   일기예보

오늘은 날씨가 어때요?	今日はどんな天気ですか。 쿄-와 돈나 텡키데스까

179

오늘 일기예보는?	今日の天気予報は? 쿄-노 텡키요호-와
일기예보에 의하면 내일은 비가 온대요.	天気予報によると明日は雨だそうです。 텡키요호-니 요루토 아시타와 아메다소-데스
신문의 예보는 어떻게 되어 있어요?	新聞の予報はどうなっていますか。 심붕노 요호-와 도-낫테 이마스까
내일은 날씨가 좋아질까요?	明日はいい天気になるでしょうか。 아시타와 이-텡키니 나루데쇼-까
예보로는 맑고 때로 흐린답니다.	予報だと、晴れ時々曇りだそうです。 요호-다토 하레토키도키 쿠모리다소-데스
요즘 날씨가 변덕스럽지 않나요?	このところ天気が変わりやすいと思いませんか。 코노토코로 텡키가 카와리야스이토 오모이마셍까
점점 흐려지네요.	だんだん曇ってきましたよ。 당당 쿠못테 키마시따요

● Unit 01_ 날씨 · 계절

03 바람이 불 때

저녁엔 폭풍이 가라 앉겠지요.	夕方には嵐がおさまるでしょう。 유-가타니와 아라시가 오사마루데쇼-
제법 바람이 부는군요.	かなり風がありますね。 카나리 카제가 아리마스네
바람이 완전히 멎었습니다.	風がすっかりおさまりました。 카제가 슥카리 오사마리마시따
정말 기분이 좋은 바람이죠.	なんて気持ちのいい風でしょう。 난테 키모치노 이- 카제데쇼-
밖에는 바람이 세차겠죠?	外は風が強いでしょう。 소토와 카제가 쓰요이데쇼-
바람이 심하게 불고 있군요.	風がひどく吹いてますね。 카제가 히도쿠 후이테 마스네
날씨가 개었어요.	晴れてきましたよ。 하레테 키마시따요

181

04 눈비가 내릴 때

당장이라도 비가 내릴 것 같군요.	今にも雨が降りそうですね。 이마니모 아메가 후리소-데스네
비는 내리지 않을 겁니다.	雨にはならないと思います。 아메니와 나라나이토 오모이마스
이슬비가 내릴 것 같습니다.	霧雨が降りそうです。 키리사메가 후리소-데스
억수같이 쏟아질 것 같다.	土砂降りになりそうだ。 도샤부리니 나리소-다
그냥 지나가는 비예요.	たんなる通り雨ですよ。 탄나루 토-리아메데스요
만일을 위해 우산을 갖고 가세요.	念のため傘は持っていく方がいいですよ。 넨노타메 카사와 못테 이쿠호-가 이-데스요
제 우산 속으로 들어오시겠어요?	私の傘にお入りになりませんか。 와타시노 카사니 오하이리니 나리마셍카
우산을 빌려도 되겠습니까?	傘をお借りしていいですか。 카사오 오카리시테 이-데스까

● Unit 01_ 날씨 · 계절

이제 비가 그쳤습니까?	もう雨はやみましたか。 모- 아메와 야미마시따까
아직 내리고 있습니다.	まだ降っています。 마다 훗테 이마스
하지만 곧 그칠 겁니다.	でもすぐ止むと思いますよ。 데모 스구 야무토 오모이마스요
여기서 비를 피합시다.	ここで雨宿りしましょう。 코꼬데 아마야도리시마쇼-
이제 해가 나도 좋을 때군요.	そろそろ日が照ってもいい頃ですね。 소로소로 히가텟테모 이-코로데스네

05 따뜻한 날씨

따뜻한 봄을 좋아해요.	暖かい春が好きです。 아타타카이 하루가 스키데스
따뜻하니 기분이 좋네요.	暖かくて気持ちがいいですね。 아타타카쿠테 키모치가 이이데스네

날이 온화하군요.	温暖な日ですね。	
	온단나 히데스네	
오늘은 따뜻하네요.	今日は暖かいですね。	
	쿄-와 아타타카이데스네	
이 시기로선 제법 따뜻하네요.	この時期にしてはかなり暖かいですね。	
	코노 지키니시테와 카나리 아타타카이데스네	
점점 따뜻해지는군요.	だんだん暖かくなってきましたね。	
	단단 아타타카쿠낫테 키마시따네	
이제 곧 따뜻해지겠지요.	もうじき暖かくなるでしょう。	
	모-지키 아타타카쿠나루데쇼-	
덥군요.	暑いですね。	
	아쓰이데스네	
오늘은 상당히 덥네요.	今日はなかなか暑いですね。	
	쿄-와 나카나카 아쓰이데스네	
벌써 무척 덥네요.	もうすごく暑いですね。	
	모- 스고쿠 아쓰이데스네	
나른할 정도로 덥네요.	うだるように暑いですね。	
	우다루요-니 아쓰이데스네	

● Unit 01_ 날씨 · 계절

오늘도 또 더워질 것 같아요.	今日もまた暑くなりそうですよ。 쿄-모마타 아쓰쿠나리 소-데스요
무덥군요.	蒸し暑いですね。 무시아쓰이데스네
이런 더위는 견딜 수 없어요.	この暑さには耐えられません。 코노 아쓰사니와 타에라레마셍

06 서늘하거나 추운 날씨

시원해서 기분이 좋네요.	涼しくて気持ちがいいですね。 스즈시쿠테 키모치가 이이데스네
이 지방은 대체로 시원해서 쾌적하군요.	当地はだいたい涼しくて快適なんです。 토-치와 다이타이 스즈시쿠테 카이테키난데스
시원해졌네요.	涼しくなってきましたね。 스즈시쿠 낫테 키마시따네
좀 추워졌네요.	ちょっと冷え込んできましたね。 춋토 히에콘데 키마시따네

쌀쌀하군요.	冷え冷えしますね。 히에비에 시마스네
저는 추워 죽겠습니다.	私は寒くてたまりません。 와타시와 사무쿠테 타마리마셍
상당히 추워졌네요.	けっこう寒くなりましたね。 켁코- 사무쿠 나리마시따네

07 계절에 대한 화제

어느 계절을 제일 좋아하세요?	あなたの一番好きな季節は? 아나따노 이치방 스키나 키세쓰와
완전히 봄이군요.	すっかり春ですね。 슥카리 하루데스네
다시 봄이 돌아와 기쁘군요.	また春が戻ってきて嬉しいです。 마타 하루가 모돗테 키테 우레시-데스
벚꽃은 지금이 한창 때입니다.	桜は今が見ごろです。 사쿠라와 이마가 미고로데스
여름방학이 기다려집니다.	夏休みが楽しみです。 나쓰야스미가 타노시미데스

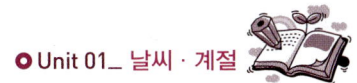

Unit 01_ 날씨·계절

장마에 진입했습니다.	梅雨に入っています. 바이우니 하잇테 이마스
장마가 끝나서 다행이군요.	梅雨が明けてよかったですね. 바이우가 아케테 요캇타데스네
오늘 불쾌지수는 얼마입니까?	今日の不快指数はいくつですか. 쿄-노 후카이시스-와 이쿠쓰데스까
가을 날씨는 변덕스러워요.	秋の天気は変わりやすいですよ. 아키노 텡키와 카와리야스이데스요
태풍이 다가오고 있습니다.	台風が近付いています. 타이후-가 치카즈이테 이마스
나뭇잎이 모조리 단풍 들었습니다.	木の葉はすっかり紅葉しました. 코노하와 슥카리 코-요-시마시따
밖에는 눈이 내리고 있어요.	外は雪が降っていますよ. 소토와 유키가 훗테 이마스요
어젯밤에는 서리가 내렸습니다.	昨夜は霜が降りました. 사쿠야와 시모가 후리마시따
봄기운이 느껴지지 않아요?	春めいてきていると思いませんか. 하루메이테 키테이루토 오모이마셍까

187

시간 · 날짜
時間・日付

일본어로 시간을 말할 때 어려운 점은 분이 세 가지(ふん、ぷん、ぶん) 발음으로 변한다는 것이다. 이것은 발음의 편의를 위해 달라지는 것이므로 억지로 외우려고 하지 말고 많이 듣고 발음해 보면 자연스럽게 익혀진다.

01 시간을 말할 때

지금 몇 시죠?	今、何時ですか。 이마 난지데스까
정확히 몇 시인가요?	正確に何時ですか。 세-카쿠니 난지데스까
8시 5분입니다.	8時5分です。 하치지 고훈데스
정각 9시입니다.	ちょうど9時です。 쵸-도 쿠지데스
금방 정오가 됩니다.	もうすぐ正午です。 모-스구 쇼-고데스
7시가 넘었어요.	7時過ぎです。 시치지 스기데스

Unit 02_ 시간·날짜

이미 11시 10분이 지났어요.	もう11時10分過ぎてます。 모- 쥬-이치지 쥽푼스기테마스
9시 10분 전입니다.	9時10分前です。 쿠지 쥽푼마에데스
2시가 조금 지났습니다.	2時がちょっとまわりました。 니지가 춋토 마와리마시따
시간은 3시 반입니다.	時間は3時半です。 지칸와 산지한데스
내 시계는 정확합니다.	私の時計は正確です。 와타시노 토케-와 세-카쿠데스
내 시계는 11시입니다.	私の時計では11時です。 와타시노 토케-데와 쥬-이치지데스
당신 시계는 좀 빠른 것 같습니다.	あなたのはちょっと進んでいると思います。 아나따노와 춋토 스슨데이루토 오모이마스
이 시계는 몇 초밖에 늦지 않습니다.	この時計は数秒しか遅れていません。 코노 토케-와 스-뵤-시카 오쿠레테이마셍
내 시계는 뭔가 이상한 것 같습니다.	私の時計は何か調子がおかしいようです。 와타시노 토케-와 나니카 쵸-시가 오카시-요데스

알람을 7시에 맞춰 놨는데 울리지 않았습니다.	目覚ましを7時にセットしたのに、鳴りませんでした。 메자마시오 시치지니 셋토시타노니 나리마센데시따
인터넷 쇼핑에서 구입한 시계입니다.	ネット通販で購入した時計です。 넷또 쓰-항데 코-뉴-시타 토케-데스
이제 슬슬 나갈 시간입니다.	そろそろ出かける時間です。 소로소로 데카케루 지칸데스
시간이 다 됐어.	もう時間だ。 모-지칸다
몇 시에 만나?	何時に会う? 난지니 아우
시간은 돈이다.	時は金なり。 토키와 카네나리

02 연월일을 말할 때

오늘이 무슨 요일이죠?	今日は何曜日ですか。 쿄-와 난요비데스까

● Unit 02_ 시간·날짜

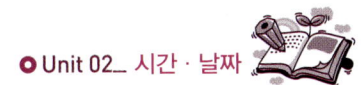

오늘이 몇월 며칠이죠?	今日は何月何日ですか。 쿄-와 낭가쓰난니치데스까
몇 년생이죠?	何年の生まれですか。 난넨노 우마레데스까
1968년생입니다.	1968年生まれです。 셴큐-햐쿠 로쿠쥬-하치넨 우마레데스
모레는 돌아오겠습니다.	明後日には帰ってきます。 아삿테니와 카엣테 키마스
시험은 언제부터입니까?	試験はいつからですか。 시켄와 이쓰카라데스까
1주일 후 목요일 20일입니다.	一週間後の木曜日、20日です。 잇슈-칸고노 모쿠요-비 하쓰카데스
마감은 6월 말입니다.	締め切りは六月末です。 시메키리와 로쿠가쓰마쓰데스
제 생일은 11월 30일입니다.	私の誕生日は11月30日です。 와타시노 탄죠-비와 쥬-이치가쓰 산쥬-니치데스
다음 모임은 7월 15일 화요일입니다.	次の集まりは7月15日火曜日です。 쓰기노 아쓰마리와 시치가쓰 쥬-고니치 카요-비데스

191

우리 휴가가 언제 시작이지?	うちの休暇はいつ始まる？ 우치노 큐-카와 이쓰 하지마루
보통 월요일에서 금요일까지 영업합니다.	普通月曜から金曜まで営業します。 후쓰- 게쓰요-카라 킹요-마데 에-교-시마스
8月 25일까지 끝낼 수 있으세요?	8月25日まで終えられますか。 하치가쓰 니쥬-고니치마데 오에라레마스까
월초엔 바쁩니다.	月末には忙しいです。 게쓰마쓰니와 이소가시-데스
이 표는 6일간 유효합니다.	この切符は6日間有効です。 코노 킵뿌와 무이카칸 유-코-데스

03 때를 말할 때

언제 가세요?	いつ行きますか。 이쓰 이키마스까
언제 거기 갔어요?	いつそちらへ行ったの？ 이쓰 소치라에 잇타노

● Unit 02_ 시간·날짜

언제 그걸 알았죠?	いつそれが分かったんですか。 이쓰 소레가 와캇탄데스까
언제 서울에 도착했습니까?	いつソウルに着きましたか。 이쓰 소우루니 쓰키마시따까
가장 편한 시간은 언제세요?	一番都合がいいのはいつですか。 이치반 쓰고-가 이-노와 이쓰데스까
세 시는 어때요?	三時はどうですか。 산지와 도-데스까
언제 그녀를 만날 겁니까?	いつ彼女に会いますか。 이쓰 카노죠니 아이마스까

04　장소 말하기

지금 어디에 있습니까?	今はどこにいますか。 이마와 도코니 이마스까
어디 갔었나요?	どこへ行ったんですか。 도코에 잇탄데스까
여기가 어딥니까?	ここはどこですか。 코꼬와 도코데스까

어디 사십니까?	どこで住んでいますか。 도코데 슨데 이마스까
어디 가고 싶어요?	どこへ行きたい？ 도코에 이키타이
어디에서 만날까요?	どこで会いましょうか。 도코데 아이마쇼-까
어디 가세요?	どちらへいらっしゃいますか。 도치라에 이랏샤이마스까
당신 회사는 어디입니까?	あなたの会社はどこですか。 아나따노 카이샤와 도코데스까
어디 출신이세요?	どこの出身ですか。 도코노 슛신데스까
출구는 어디입니까?	出口はどこですか。 데구치와 도코데스까
어제는 어디 있었어요?	昨日はどこにいましたか。 키노-와 도코니 이마시따까
그걸 어디서 샀어요?	それ、どこで買いましたか。 소레 도코데 카이마시따까
어디서 태어나셨어요?	どこの生まれですか。 도코노 우마레데스까

Unit 03 개인적인 화제
プライベートな話題(わだい)

문화적 배경이 다른 사람들이 모여 얘기할 때는 서로 다른 점을 어느 정도 알고 있어야 실례를 범하지 않을 것이다. 한국인끼리는 별거 아닌데 일본인에겐 나이, 결혼 여부, 자녀, 직업 등에 관해서는 조심해야 한다. 일본인 중에서도 편하게 얘기해 주는 경우도 있지만 주의가 필요하다.

01 가족에 대한 이야기

가족에 대해 말씀해 주시겠습니까?	家族(かぞく)のこと教(おし)えてくれますか。 카조쿠노 코토 오시에테 쿠레마스까
가족은 몇 분이나 됩니까?	何人(なんにん)家族(かぞく)ですか。 난닝 카조쿠데스까
형제는 몇 분이세요?	ご兄弟(きょうだい)は何人(なんにん)ですか。 고쿄-다이와 난닝데스까
저희는 대가족입니다.	うちは大家族(だいかぞく)です。 우치와 다이카조쿠데스
가족과 함께 자주 외출하십니까?	家族(かぞく)でよくお出(で)かけですか。 카조쿠데 요쿠 오데카케데스까
자녀는 있습니까?	お子(こ)さんはいますか。 오코상와 이마스까

부모님과 함께 사십니까?	ご両親と一緒に住んでいるんですか。 고료-신토 잇쇼니 슨데이룬데스까
결혼은 하셨습니까?	結婚していますか。 켁꼰시테 이마스까 * 結婚しています。 이 말은 당연히 '지금도 결혼이 유지되고 있습니다.'라는 의미. 우리말을 직역하여 '結婚しました'라고 하면, '전에 결혼했지만 지금은 이혼하여 혼자입니다'라는 뉘앙스.
아이는 없습니다.	子供はいません。 코도모와 이마센
초등학생 딸이 하나 있습니다.	小学生の娘が一人います。 쇼-가쿠세-노 무스메가 히토리 이마스
형제자매는 있으십니까?	兄弟姉妹はおありですか。 쿄-다이 시마이와 오아리데스까
남동생은 나이가 몇입니까?	弟さんはいくつですか。 오토-토상와 이쿠쓰데스까
여동생은 뭘 합니까?	妹さんは何をしていますか。 이모-토상와 나니오 시테 이마스까

● Unit 03_ 개인적인 화제

02 친구 관계

미츠우라는 제 절친한 친구입니다.	光浦は私の親友です。 미쓰우라와 와타시노 신유-데스
우리는 사이가 좋습니다.	我々は仲良しです。 와레와레와 나카요시데스
요시다는 당신 친구지요?	吉田はあなたの友だちでしょう? 요시다와 아나따노 토모다치데쇼-
아키코 양은 언제부터 아는 사이였습니까?	明子さんはいつからの知り合いですか。 아키코상와 이쓰카라노 시리아이데스까
이케다 씨는 제 동료입니다.	池田さんは 私の同僚です。 이케다상와 와타시노 도-료-데스
이 회사에서 제일 친한 사람은 누구입니까?	この会社でいちばん親しい人は誰ですか。 코노 카이샤데 이치방 시타시- 히토와 다레데스까
당신 이외에 외국인 친구가 없습니다.	あなた以外に外国人の友人がいないんです。 아나따 이가이니 가이코쿠징노 유-진가 이나인데스

03 출신지에 대하여

어디 출신이세요?	故郷はどこですか。 코쿄-와 도코데스까
저는 충남 출신입니다.	私はチュンナム出身です。 와타시와 춘나무 슛신데스
부여에서 태어나 서울에서 자랐습니다.	ブヨで生まれてソウルで育ちました。 부여데 우마레테 소우루데 소다치마시따
고교 시절까지 춘천에서 살았습니다.	高校までチュンチョンで住んでいました。 코-코-마데 츈천데 슨데이마시따
부모님은 아직 목포에 계십니다.	親はまだモクポにいます。 오야와 마다 모쿠포니 이마스
저희 집안은 원래 제주도 출신입니다.	家の家系は元々チェジュドの出身です。 우치노 카케-와 모토모토 제주도노 슛신데스
매년 고향에 조상님의 산소에 참배합니다.	毎年故郷でご先祖様の墓参りをします。 마이토시 코쿄-데 고센조사마노 하카마이리오 시마스

● Unit 03_ 개인적인 화제

04　거주지에 대하여

어디 사십니까?	どこにお住いですか。 도코니 오스마이데스까
어느 동네에 사십니까?	どこの町にお住いですか。 도코노 마치니 오스마이데스까
몇 번지에 사십니까?	何番地に住んでいますか。 남반치니 슨데이마스까
직장에서 얼마나 떨어져 있습니까?	お勤めからはどのくらい遠いですか。 오쓰토메카라와 도노쿠라이 토-이데스까
숲은 많지만 출퇴근에는 불편합니다.	緑は豊かですが、通勤には不便です。 미도리와 유타카데스가 쓰-킨니와 후벤데스
주택 단지에서 새로 생긴 빌딩으로 옮겼습니다.	住宅団地の新しくできたビルに移りました。 쥬-타쿠단치노 아타라시쿠 데키타 비루니 우쓰리마시따
여기에서 7년간 살고 있습니다.	ここで7年間住んでいます。 코꼬데 시치넨칸 슨데이마스

199

05 주거 환경에 대하여

독신자 전용연립에 살고 있습니다.	独身者専用アパートに住んでいます。 도쿠신샤 셍요- 아파-토니 슨데이마스 *일본에선 아파-토라고 하면 연립주택 (대개 2, 3층)을 말하고 고층 아파트는 만숀이라고 부른다.
좁아서 놀랐죠?	狭くて驚いたでしょう? 세마쿠테 오도로이타데쇼-
전형적인 원룸 맨션입니다.	典型的なワンルームマンションです。 텡케-테키나 완루-무만숀데스
주방, 욕실, 화장실은 있습니다.	キッチン、バス、トイレはあります。 킷친 바스 토이레와 아리마스
도회지 집세는 비싸서요.	都会の家賃は高いですから。 토카이노 야칭와 타카이데스까라
부모님도 아파트에 사십니다.	両親もマンションに住んでいます。 료-신모 만숀니 슨데이마스
셋집을 찾아야 합니다.	貸家を探さないといけません。 카시야오 사가사나이토 이케마셍

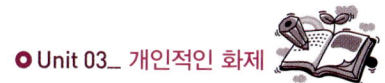

● Unit 03_ 개인적인 화제

댁은 어떤 집입니까?	お宅はどんな家ですか。 오타쿠와 돈나 이에데스까
2층 건물로 작은 방이 세 개 있습니다.	二階建てで小さな部屋が３つあります。 니카이다테데 치─사나 헤야가 밋쓰아리마스
양식입니까? 일본식입니까?	洋風ですか、和風ですか。 요─후─데스까, 와후─데스까
멋진 집이군요.	素晴らしいお宅ですね。 스바라시─ 오타쿠데스네
건축하는데 돈이 많이 들었겠어요.	建築にはずいぶんお金をかけたでしょう。 켄치쿠니와 즈이분 오카네오 카케타데쇼─
전부해서 방이 몇 개 있습니까?	全部で何部屋ありますか。 젬부데 난베야 아리마스까
1층에 거실과 식당이 있습니다.	一階に居間と食堂があります。 익카이니 이마토 쇼쿠도─가 아리마스
방 세 개는 일본식 다다미방입니다.	三つの部屋は和室です。 밋쓰노헤야와 와시쓰데스
이 방 넓이는 어때요?	この部屋の広さはいくら? 코노헤야노 히로사와 이쿠라

201

방의 넓이는 다다미 개수로 알 수 있습니다.	部屋の広さはたたみの数で分かります。 헤야노 히로사와 타타미노 카즈데 와카리마스
저기가 도코노마입니다.	あそこが床の間です。 아소코가 토코노마데스
이 방은 햇볕이 잘 듭니다.	この部屋はよく日が当たります。 코노 헤야와 요쿠 히가아타리마스
이것이 장지문입니다.	これが障子です。 코레가 쇼ー지데스
이 방엔 미닫이가 붙은 벽장이 두 개 있습니다.	この部屋にはふすまの付いた押入れが二つあります。 코노헤야니와 후스마노 쓰이타 오시이레가 후타쓰 아리마스

06　종교에 대하여

당신의 종교는 뭡니까?	あなたの宗教は何ですか。 아나따노 슈ー쿄ー와 난데스까
저는 무신론자입니다.	私は無神論者です。 와타시와 무신론샤데스

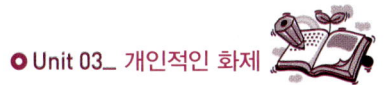

● Unit 03_ 개인적인 화제

저는 불교를 믿고 있습니다.	私は仏教を信じています。 와타시와 북쿄ー오 신지테 이마스
저는 이슬람교 신자입니다.	私はイスラム教の信者です。 와타시와 이스라무쿄ー노 신쟈데스
저는 기독교 신자입니다.	私はキリスト教の信者です。 와타시와 키리스토쿄ー노 신쟈데스
저는 천주교 신자입니다.	私はカトリックの信者です。 와타시와 카토릭쿠노 신쟈데스
신의 존재를 믿으세요?	神の存在を信じますか。 카미노 손자이오 신지마스까
종교는 싫습니다.	宗教は嫌いです。 슈ー쿄ー와 키라이데스
부처님을 믿어 보지 않을래요?	仏様を信じてみませんか。 호토케사마오 신지테미마셍카
예수님은 어떤 분이었나요?	イエス様はどんな方でしたか。 이에스사마와 돈나 카타데시따까
한국에선 종교를 갖고 있어도 차별은 없습니다.	韓国では宗教を持っていても差別はありません。 칸코쿠데와 슈ー쿄ー오 못테이테모 사베쓰와 아리마셍

203

종교가 다르다고 차별하는 나라도 있습니다.	宗教が違うと差別する国もあります。 슈-쿄-가 치가우토 사베쓰스루 쿠니모 아리마스
학교에서 종교를 가르치는 것은 안 됩니다.	学校で宗教を教えるといけません。 각코-데 슈-쿄-오 오시에루도 이케마센
종교 얘기는 그만두자.	宗教の話はやめよう。 슈-쿄-노 하나시와 야메요-

 학교 · 학력
学校・学歴
がっこう・がくれき

일본에선 중·고등학교에서 한국처럼 입시만을 위한 교육을 하진 않는다. 체력 단련이나 예능, 문예 등의 재능을 키울 수 있는 部活動를 매일 진행한다. 이런 활동이 나중에 대학에 진학하지 않더라도 진업 선택 시 중요한 역할을 할 수 있다.

01 학력에 관한 질문

어느 대학에 다니세요?	どちらの大学に行っていますか。 도치라노 다이가쿠니 잇테이마스까
비타민대학교에 다닙니다.	ビタミン大学へ行っています。 비타민 다이가쿠에 잇테 이마스
어느 대학을 나오셨나요?	どちらの大学を出ましたか。 도치라노 다이가쿠오 데마시따까
전공은 무엇입니까?	専攻は何ですか。 셍코-와 난데스까
대학은 이미 졸업했습니다.	大学はもう卒業しました。 다이가쿠와 모- 소쓰교-시마시따
어느 학교 출신입니까?	出身校はどちらですか。 슛신코-와 도치라데스까

205

도쿄대 출신입니다.	とうきょうだいがく しゅっしん 東京大学の出身です。 토-쿄-다이가쿠노 슛신데스 *우리는 'ㅇㅇ대학교'라고 부르지만 일본에선 'ㅇㅇ대학'이라고 한다.
무엇을 전공하셨습니까?	なに せんこう 何を専攻なさいましたか。 나니오 셍코-나사이마시따까
대학원에서 문학을 전공하고 석사학위를 땄습니다.	だいがくいん ぶんがく せんこう しゅうしがくい 大学院で文学を専攻して修士学位をとりました。 다이가쿠잉데 붕가쿠오 셍코-시테 슈-시가쿠이오 토리마시따
학부와 대학원에서 일본 문학을 전공했습니다.	がくぶ だいがくいん にほん ぶんがく せんこう 学部と大学院で日本の文学を専攻しました。 가쿠부토 다이가쿠인데 니혼노 붕가쿠오 셍코-시마시따
경제학을 전공합니다.	けいざいがく せんこう 経済学を専攻しています。 케-자이가쿠오 셍코-시테 이마스
서양 미술을 전공합니다.	せいようびじゅつ せんこう 西洋美術を専攻しています。 세-요-비쥬쓰오 셍코-시테 이마스
국제 정치를 전공합니다.	こくさいせいじ せんこう 国際政治を専攻しています。 코쿠사이세-지오 셍코-시테 이마스

● Unit 04_ 학교・학력

02　학교 생활

무슨 동아리에 들었어요?	何のクラブに入ってるんですか。 난노 쿠라부니 하잇테룬데스까
학창시절 무슨 동아리 활동을 했어요?	学生時代に何かクラブ活動をしましたか。 각세―지다이니 나니카 쿠라부카쓰도―오 시마시따까 *일본 고교에선 동아리 활동이 대단히 중요하다. 대체로 운동부와 문화부(운동 이외)로 나뉘는데 매일 연습을 하게 된다. 그래서 어떤 분야든 노력하면 상당한 실력을 쌓을 수가 있다. 운동부도 일반 학생과 똑같이 공부를 하게 된다.
어느 동아리에 소속되어 있습니까?	どのクラブに属していますか。 도노 쿠라부니 조쿠시테 이마스까
아르바이트는 하고 있니?	アルバイトはしているの? 아루바이토와 시테이루노
가정교사를 하고 있어요. 일주일에 세 번 가르칩니다.	家庭教師をしています。週に3回教えています。 카테―쿄―시오 시테이마스 슈―니 상카이 오시에테이마스
졸업하면 어떻게 할 건가요?	卒業したらどうするんですか。 소쓰교―시타라 도―스룬데스까
아직 정하지 않았습니다.	まだ決めていません。 마다키메테 이마센

207

03 학교와 학생

학생이세요?	学生さんですか。 각세-상데스까
몇 학년이세요?	何年生ですか。 난넨세-데스까
4학년입니다.	四年生です。 요넨세-데스
내년 졸업합니다.	来年卒業します。 라이넨 소쯔교-시마스
학교는 집에서 가까워요?	学校は家から近いですか。 각코-와 우치카라 치카이데스까
학교까지는 뭘로 통학하세요?	学校までは何で通学していますか。 각코-마데와 나니데 쓰-가쿠시테 이마스까
전철로 한 시간 정도 걸립니다.	電車で一時間ぐらいかかります。 덴샤데 이치지칸구라이 카카리마스
지금 다니는 학교는 어때요?	今通ってる学校はどうですか。 이마카욧테루 각코-와 도-데스까

● Unit 04_ 학교 · 학력

무척 만족합니다.	大変満足しています。 타이헨 만조쿠시테 이마스
캠퍼스는 넓고 조용해요.	キャンパスは広くて静かです。 캄파스와 히로쿠테 시즈카데스
이 학교는 남녀공학입니까?	この学校は男女共学ですか。 코노 각코-와 단죠쿄-가쿠데스까
저게 도서관입니까?	あれが図書館ですか。 아레가 토쇼칸데스까
식당도 있나요?	食堂もありますか。 쇼쿠도-모 아리마스까
운동장은 상당히 넓군요.	運動場はなかなか広いですね。 운도-죠-와 나카나카 히로이데스네

04 공부와 시험

언제부터 중간고사가 시작됩니까?	いつから中間テストが始まりますか。 이쓰카라 츄-칸테스토가 하지마리마스까

내일부터 기말고사입니다.	明日から期末試験です。 아시타카라 키마쓰시켄데스	
시험 공부는 했어요?	試験勉強はしましたか。 시켄벵쿄-와 시마시따까	
벼락치기로 공부할 수밖에 없어요.	一夜漬けしかありません。 이치야즈케시카 아리마센	
밤새 공부해야 해요.	徹夜で勉強しなければいけません。 테쓰야데 벵쿄-시나케레바 이케마센	
이번 시험은 어땠나요?	今回の試験はどうでしたか。 콘카이노 시켄와 도-데시따까	
상당히 어려웠어요.	なかなか難しかったよ。 나카나카 무즈카시캇따요	
예상 외로 쉬웠습니다.	予想以外にやさしかったです。 요소-이가이니 야사시캇따데스	
합격했습니다.	合格でした。 고-카쿠데시따	
불합격했어요.	不合格でした。 후고-카쿠데시따	

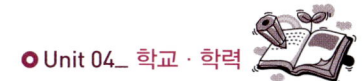
● Unit 04_ 학교·학력

그는 우수한 학생이었습니다.	彼は優秀な学生でした。 카레와 유-슈-나 가쿠세-데시따
학교 성적은 그리 좋지 않았어요.	学校の成績はあまりよくなかったんです。 각코-노 세-세키와 아마리 요쿠나캇딴데스
그는 반에서 한번도 1등을 한 적은 없어요.	彼はクラスで一度も一位になったことはありません。 카레와 쿠라스데 이치도모 이치이니 낫타코토와 아리마셍

05 교실에서 하는 말

칠판을 잘 보세요.	黒板をよく見てください。 코쿠방오 요쿠미테 쿠다사이
뭔가요? 얘기하세요.	何ですか。言ってください。 난데스까 잇테 쿠다사이
잘 읽고 나서 대답하세요.	よく読んでから答えてください。 요쿠 욘데카라 코타에테 쿠다사이
5쪽까지 읽으세요.	5ページまで読んでください。 고페-지마데 욘데쿠다사이

칠판의 글씨를 쓰세요.	黒板の字を書いてください。 코쿠방노 지오 카이테 쿠다사이
13페이지를 펴세요.	13ページを開けてください。 쥬-산페-지오 아케테 쿠다사이
책을 덮으세요.	本を閉じてください。 홍오 토지테 쿠다사이
여러분, 잘 들립니까?	みなさん、よく聞こえますか。 미나상 요쿠 키코에마스까
뒤에서도 잘 보입니까?	後ろからよく見えますか。 우시로카라 요쿠 미에마스까
알겠습니까?	分かりますか。 와카리마스까
질문은 없습니까?	質問はありませんか。 시쓰몬와 아리마셍까
잠깐 쉽시다.	ちょっと休みましょう。 춋토 야스미마쇼-
시작합시다.	はじめましょう。 하지메마쇼-

Unit 05 취미 · 취향
趣味・好み
しゅみ この

동성이든 이성이든 상대의 호감을 사고 친밀하게 다가가고 싶으면 같은 취미를 공유하는 것이 좋다. 그리고 상대가 좋아하는 취향도 중요하지만 싫어하는 취향을 알아두는 것은 더욱 중요하다.
좋아한다는 표현은 好きです, 강조하면 大好きです라고 한다. 취향뿐 아니라 직접 상대에게 애정을 고백하는 표현이 될 수도 있다.

01 취미를 말할 때

뭔가 취미를 갖고 있으세요?	何か趣味を持っていますか。 나니카 슈미오 못테이마스까
재즈를 좋아하세요?	ジャズが好きですか。 쟈즈가 스키데스까
나는 낚시를 아주 좋아합니다.	私は釣りが大好きです。 와타시와 쓰리가 다이스키데스
골동품 수집에 관심이 있습니다.	骨董品の収集に興味があります。 콧토-힌노 슈-슈-니 쿄-미가 아리마스
노래를 잘하시네요.	歌が上手いですね。 우타가 우마이데스네

저는 음치입니다.	私は音痴です。 와타시와 온치데스
내 취미는 플라모델 만들기입니다.	私の趣味はプラモデル作りです。 와타시노 슈미와 푸라모데루즈쿠리데스

02 취향 - 좋아함

좋아해.	好きです。 스키데스
마음에 들어.	気に入ってる。 키니잇테루
피자를 무척 좋아해.	ピザが大好き。 피자가 다이스키
이 옷, 마음에 들어.	この服、気に入ってるの。 코노후쿠 키니잇테루노
새 차는 마음에 들었니?	新しい車は気に入った? 아타라시- 쿠루마와 키니잇타
와인보다 맥주를 좋아합니다.	ワインよりビールが好きです。 와인요리 비-루가 스키데스

● Unit 05_ 취미 · 취향

초밥을 좋아하게 됐어.	すしが好きになった。 스시가 스키니 낫따	
점점 그녀가 좋아졌어.	だんだん彼女が好きになってきた。 당당 카노죠가 스키니 낫테키타	
야구에 관심을 갖게 되었어.	野球に興味を持つようになったよ。 야큐-니 쿄-미오 모쯔요-니 낫타요 * 우리 말로는 관심이라 하는데 일어에선 興味라는 말을 즐겨 쓴다.	
이거 재미있을 거 같아.	これ面白そうだ。 코레 오모시로소-다	
이건 정말 재미있어.	これは本当に面白いね。 코레와 혼또-니 오모시로이네	
관심 있어.	興味あるよ。 쿄-미아루요	
매운 카레가 좋아졌어.	辛いカレーが好きになった。 카라이 카레-가 스키니 낫따	
만족이야.	満足だ。 만조쿠다	

03　취향 - 싫어함

이거 마음에 안 들어.	これ、気に入らないな。 코레 키니이라나이나
그건 별로 안 좋아해.	それはあんまり好きじゃないよ。 소레와 암마리 스키쟈나이요
나는 안 좋아해.	僕は好きじゃないな。 보쿠와 스키쟈나이나
그와는 만나고 싶지도 않아.	彼には会いたくもない。 카레니와 아이타쿠모나이
마음에 안 드는 것은 네 태도야.	気に入らないのは君の態度だ。 키니이라나이노와 키미노 타이도다
아주 싫어!	大嫌い！ 다이키라이
이거 싫은데.	これ、嫌だな。 코레 이야다나

Unit 06 스포츠 화제
スポーツの話題(わだい)

스포츠를 잘하면 영웅(英雄) 대접을 받는 시대인데, 아마추어(アマチュア)로서 스포츠를 즐기는 방법도 다양하다. 누구라도 마음 먹으면 동아리에 들어가 단체 운동을 할 수가 있다. 직접 하는 것이 싫으면 축구나 야구를 보러 함께 가는 것도 친목을 높이는 방법이다.

01 스포츠 화제

어떤 운동을 하십니까?	どんなスポーツをやりますか。 돈나 스포-쓰오 야리마스까
시간이 있으면 뭔가 운동을 합니다.	時間(じかん)があれば何(なに)かしらスポーツをやっています。 지칸가 아레바 나니카시라 스포-쓰오 얏테 이마스
스포츠라면 뭐든지 합니다.	スポーツなら何(なん)でもやります。 스포-쓰나라 난데모야리마스
골프와 야구를 합니다.	ゴルフと野球(やきゅう)をやります。 고루후토 야큐-오 야리마스
유도와 가라테를 합니다.	柔道(じゅうどう)と空手(からて)をやります。 쥬-도-토 카라테오 야리마스
요즘 스쿼시를 시작했습니다.	最近(さいきん)スカッシュを始(はじ)めました。 사이킨 스캇슈오 하지메마시따

여름엔 수영하러, 겨울엔 스키나 스케이트를 타러 갑니다.	夏は水泳に、冬はスキーやスケートに行きます。	
	なつ すいえい ふゆ い	
	나쓰와 스이에-니 후유와 스키-야 스케-토니 이키마스	
실내 스포츠가 좋다고 생각합니다.	室内スポーツがいいと思います。	
	しつない おも	
	시쓰나이스포-쓰가 이-토 오모이마스	
가족과 배드민턴을 치는 게 즐겁습니다.	家族とバドミントンをするのが楽しいです。	
	かぞく たの	
	카조쿠토 바도민톤오 스루노가 타노시-데스	
팀으로 하는 운동을 좋아합니다.	チームでやるスポーツが好きです。	
	す	
	치-무데 야루 스포-쓰가 스키데스	
전에는 볼링을 좋아했습니다.	以前はボーリングが好きでした。	
	いぜん す	
	이젠와 보-링구가 스키데시따	
어릴 때부터 등산을 좋아했습니다.	子供の頃から登山が好きでした。	
	こども ころ とざん す	
	코도모노 코로카라 토장가 스키데시따	
지금은 등산에 빠져 있습니다.	今は登山にはまっています。	
	いま とざん	
	이마와 토장니 하맛테 이마스	
볼링 같은 개인으로 하는 스포츠를 좋아합니다.	ボーリングのような個人でやるスポーツが好きです。	
	こじん す	
	보-링구노 요-나 코진 스포-쓰가 스키데스	

● Unit 06_ 스포츠 화제

사이클과 승마를 좋아합니다.	サイクルと乗馬が好きです。 사이크루토 죠-바가 스키데스
스포츠엔 관심이 없습니다.	スポーツには興味ありません。 스포-쓰니와 쿄-미 아리마셍
저는 운동을 잘 못합니다.	私はスポーツが下手です。 와타시와 스포-쓰가 헤타데스
팀으로 하는 스포츠는 별로 하지 않습니다.	チームでやるスポーツはあまりやりません。 치-무데 야루 스포-쓰와 아마리 야리마셍
걷기는 건강에 좋습니다.	歩くのは健康にいいです。 아루쿠노와 켕코-니 이-데스
탁구 칠 줄 아세요?	卓球は出来ますか。 탁큐-와 데키마스까

02 골프장에서

골프 예약을 할 수 있습니까?	ゴルフ場の予約は出来ますか。 고루후죠-노 요야쿠와 데키마스까

물론입니다. 언제 오시겠습니까?	もちろんです。いついらっしゃいますか。 모치론데스 이쓰 이랏샤이마스까
10시에 시작하신다면 가능합니다.	10時に始めるなら可能です。 쥬-지니 하지메루나라 카노-데스
장비를 빌릴 수 있습니까?	装備を借りられますか。 소-비오 카리라레마스까
1인당 얼마입니까?	一人当たりいくらですか。 히토리아타리 이쿠라데스까
그 외에 요금은 있습니까?	その他に料金はありますか。 소노 호카니 료-킨와 아리마스까
카트 한 대 비용은 1만 엔입니다.	カート一台の費用は1万円です。 카-토이치다이노 히요-와 이치망엔데스

03 스포츠 관전

이번 주말 도쿄돔에 가지 않을래요?	今週末に東京ドームへ行きませんか。 콘슈-마쓰니 토-쿄-도-무에 이키마셍까

● Unit 06_ 스포츠 화제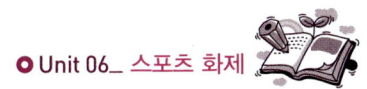

어디와 어디의 시합입니까?	どことどこの試合ですか。 도코토 도코노 시아이데스까
복싱 시합 보는 거 좋아합니까?	ボクシングの試合を見るのは好きですか。 보쿠싱구노 시아이오 미루노와 스키데스까
전 TV로 프로야구 중계 보는 걸 좋아합니다.	僕はテレビでプロ野球の中継を見るのが好きです。 보쿠와 데레비데 푸로야큐-노 츄-케-오 미루노가 스키데스
어느 팀이 이길 것 같습니까?	どっちが勝つと思いますか。 돗치가 카쓰토 오모이마스까
지금 점수는 어떻게 됐어요?	今得点は何点ですか。 이마 토쿠텐와 난텐데스까
누가 이기고 있죠?	どっちが勝っていますか。 돗치가 캇테 이마스까
자이언츠는 누가 등판할까?	ジャイアンツは誰が登板するのかな。 쟈이안쓰와 다레가 토-방스루노카나
잘 맞추셨네요.	いい当たりですね。 이-아타리데스네

221

그 경기는 무승부로 끝났어요.	あの試合は引き分けで終わりました。 아노 시아이와 히키와케데 오와리마시따
이거 재미있어지는군요.	これは面白くなってきましたね。 코레와 오모시로쿠 낫테키마시따네
9회말이 되었습니다.	9回の裏になりました。 큐-카이노 우라니 나리마시따
만루입니다.	満塁です。 만루이데스
매우 접전이었어요.	とても接戦でした。 토테모 셋센데시따
타이거즈에 기회가 왔군요.	タイガーズにチャンス到来ですね。 타이가-즈니 찬스 토-라이데스네
타자는 누구입니까?	打者は誰ですか。 다샤와 다레데스까
다음 시합은 어느 팀입니까?	次の取り組みはどっちですか。 쓰기노 토리쿠미와 돗치데스까
야구는 투수가 제일 중요합니다.	野球は投手が一番重要です。 야큐-와 토-슈가 이치방 쥬-요-데스

● Unit 06_ 스포츠 화제

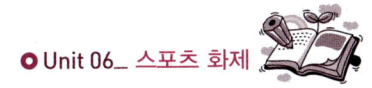

야구는 시합 시간이 너무 길다.	野球は試合時間が長すぎる。 야큐-와 시아이지칸가 나가스기루
4번 이기면 우승입니다.	4回勝てば優勝です。 용카이 카테바 유-쇼-데스
오늘은 홈런을 보고 싶어.	今日はホームランが見たい。 쿄-와 호-무란가 미타이

04 여러 가지 스포츠 경기

스모를 보신 적이 있습니까?	相撲をご覧になったことがありますか。 스모-오 고란니 낫타코토가 아리마스까
영국에선 야구를 하지 않습니다.	イギリスでは野球をやりません。 이기리스데와 야큐-오 야리마센
야구는 가장 인기 있는 스포츠입니다.	野球は最も盛んなスポーツです。 야큐-와 못토모 사칸나 스포-쓰데스

223

기숙사 룸메이트가 아이스하키 선수입니다.	寮のルームメイトがアイスホッケーの選手です。 료-노 루-무메이토가 아이스혹케-노 센슈데스
요즘엔 축구에 관심이 있습니다.	最近はサッカーに興味があります。 사이킨와 삭카-니 쿄-미가 아리마스
스키 같은 겨울 스포츠를 좋아합니다.	スキーのような冬のスポーツが好きです。 스키-노 요-나 후유노스포-쓰가 스키데스
2002년 월드컵으로 축구를 좋아하게 되었습니다.	2002年ワールドカップでサッカーが好きになりました。 니셴니넨 와-루도캅푸데 삭카-가 스키니 나리마시따
여름에는 다이빙, 요트 등을 하러 갑니다.	夏にはダイビング、ヨットなどに出かけます。 나쓰니와 다이빙구 욧토나도니 데카케마스

Unit 07 여가 활동
レジャー活動(かつどう)

일본에는 한국보다 높은 산이 많고 악천후가 자주 벌어지므로 산행을 할 때는 매우 조심해야 한다. 어떤 여가활동을 하든 자기에게 맞고 의미 있는 것을 택하여 꾸준히 하다보면 새로운 인간관계가 넓어지고 인생을 배우게 된다. 또 이런저런 얘기를 하다 보면 스트레스도 풀리고 고민을 잊을 수도 있다.

01 바둑 게임

한 게임 하시겠어요?	１局(いっきょく)打(う)ちましょうか。 익쿄쿠 우치마쇼-까
기력이 어떻게 되시죠?	棋力(きりょく)はどれくらいですか。 키료쿠와 도레쿠라이데스까
저는 5급입니다.	私(わたし)は５級(ごきゅう)です。 와타시와 고큐-데스
그럼 호선으로 두는 거죠?	では互(たが)い先(せん)で打(う)ちますね? 데와 타가이센데 우치마스네
세점 접바둑입니다.	３点(さんてん)の置(お)き碁(ご)です。 산텐노 오키고데스
여기가 급소라는 걸 아셨나요?	ここが急所(きゅうしょ)だと気付(きづ)きましたか。 코꼬가 큐-쇼다토 키즈키마시따까

바둑은 초등학생들에게 인기가 있습니다.	囲碁は小学生に人気があります。 이고와 쇼-가쿠세-니 닝키가 아리마스
그 수는 무리수다.	その手は無理だ。 소노테와 무리다

02　낚시하기

이 근처에선 뭐가 낚입니까?	この辺りでは何が釣れますか? 코노아타리데와 나니가 쓰레마스카
성과는 어땠어요?	釣果はどうでした? 쵸-카와 도-데시따
이 낚싯대는 아주 편리하네.	この釣り竿はとても便利だね。 코노 쓰리자오와 토테모 벤리다네
어서 릴을 감아!	早くリールを巻いて! 하야쿠 리-루오 마이테
아이고! 낚싯줄이 끊어졌어.	しまった!釣り糸が切れてしまった。 시맛타! 쓰리이토가 키레테 시맛타

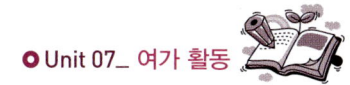
● Unit 07_ 여가 활동

끊어지지 않도록 줄을 풀었다가 감았다 밀당이 필요해.	切れないように糸を出したり巻いたりのやり取りが必要だ。 키레나이요-니 이토오 다시타리 마이타리노 야리토리가 히쓰요-다
낚싯줄은 어떻게 그렇게 튼튼한가요?	釣り糸ってどうしてあんなに丈夫なんですか? 쓰리이톳떼 도-시테 안나니 죠-부난데스까

03 등산하기

등산은 멋진 취미입니다.	登山は素敵な趣味です。 토장와 스테키나 슈미데스
등산을 위해 등산화와 옷을 샀어요.	登山のために登山靴と服を買いました。 토장노 타메니 토장구쓰토 후쿠오 카이마시따
등산을 하니까 체력이 좋아졌어요.	登山をしていたら体力がよくなりました。 토장오 시테이타라 타이료쿠가 요쿠나리마시따
한달에 한 번 같이 올라가자.	一ヶ月に一度は一緒に登ろう。 익카게쓰니 이치도와 잇쇼니 노보로-

정상까지는 30분 남았어.	頂上まで後30分だ。	쵸-죠-마데 아토산쥼푼다
정상에서 바라보는 경치는 환상적이야.	頂上で眺める景色は幻想的だ。	쵸-죠-데 나가메루 케시키와 겐소-테키다
정상에서는 뭐든지 맛있어.	頂上では何でもおいしい。	쵸-죠-데와 난데모 오이시-
산의 날씨는 변덕이 심해.	山の天気は変わりやすい。	야마노 텡키와 카와리야스이
안개가 개고 있어.	霧が晴れている。	키리가 하레테이루
후지산에 오르려면 이틀 걸려.	富士山に登るには2日かかる。	후지산니 노보루니와 후쓰카 카까루
체력에 맞게 천천히 오르는 것이 안전해.	体力に合わせてゆっくり登るのが安全だ。	타이료쿠니 아와세테 육쿠리 노보루노가 안젠다
산을 얕보면 큰일 나.	山をなめると大変だ。	야마오 나메루토 타이헨다
산에서 눈이 오면 아주 위험해.	山で雪が降るととても危険だ。	야마데 유키가 후루토 토테모 키켄다

● Unit 07_ 여가 활동

| 어느 산에 오르고 싶니? | どこの山に登りたいの?
도코노 야마니 노보리타이노 |

04 신문과 잡지

무슨 신문을 구독하십니까?	新聞は何をとってますか。 심붕와 나니오 톳테마스까
일본 신문 중 어느 게 제일 좋다고 생각합니까?	日本の新聞のうち, どれが一番よいと思いますか。 니혼노 심붕노 우치 도레가 이치방 요이토 오모이마스까
아사히 신문을 구독하고 있습니다.	朝日新聞を購読しています。 아사히심붕오 코-도쿠시테 이마스
광고와 만화를 대충 보고 사설을 읽습니다.	広告と漫画に目を通してから社説を読みます。 코-코쿠토 망가니 메오 토-시테카라 샤세쓰오 요미마스
어떤 잡지를 좋아합니까?	どんな雑誌が好きですか。 돈나 잣시가 스키데스까

신문은 헤드라인만 읽습니다.	新聞は見出しだけ読みます。 심붕와 미다시다케 요미마스
재미있는 잡지를 소개해 주시겠습니까?	面白い雑誌を紹介してくれますか。 오모시로이 잣시오 쇼-카이시테 쿠레마스까

05 TV 시청

텔레비전을 자주 보세요?	テレビはよく見ますか。 테레비와 요쿠미마스까
집에 오면 먼저 TV를 켭니다.	家に帰るとまずテレビをつけます。 우치니 카에루토 마즈 테레비오 쓰케마스
미국 드라마를 좋아합니다.	アメリカのドラマが好きです。 아메리카노 도라마가 스키데스
예약 녹화는 좀 복잡하네.	予約録画の操作は複雑ですね。 요야쿠 로쿠가노 소-사와 후쿠자쓰데스네
이 프로는 도움이 돼요.	この番組はためになります。 코노 방구미와 타메니 나리마스

Unit 07_ 여가 활동

뉴스 프로만 봐요.	ニュース番組だけ見ます。 뉴-스 방구미다케 미마스
이런 프로는 시간 낭비야.	こんな番組は時間の無駄だ。 콘나 방구미와 지칸노 무다다
나는 TV를 전혀 안 봐.	僕はテレビなんか絶対見ないよ。 보쿠와 테레비 낭카 젯타이 미나이요
어떤 TV 프로그램을 좋아하십니까?	どんなテレビ番組がお好きですか。 돈나 테레비 방구미가 오스키데스까
그게 언제 방송되죠?	それはいつ放送されますか。 소레와 이쯔 호-소-사레마스까
TV를 켜주실래요?	テレビをつけてくれますか。 테레비오 쯔케테 쿠레마스까
지금 텔레비전에서 무엇을 하죠?	テレビで今何をやっていますか。 테레비데 이마 나니오 얏테이마스까
다음 프로가 뭐죠?	次の番組は何ですか。 쯔기노 방구미와 난데스까
연속극을 좋아합니다.	連ドラが好きです。 렌도라가 스키데스

231

리모콘이 어디 있죠?	リモコンはどこにある? 리모콘와 도코니 아루
채널을 바꾸자.	チャンネルを変えよう。 찬네루오 카에요-
리모콘 좀 줘 봐.	リモコンをちょっとくれる? 리모콘오 춋토 쿠레루
TV를 끌까요?	テレビを消しましょうか。 테레비오 케시마쇼-까
볼륨 좀 낮춰 봐.	ボリュームを下げてください。 보류-무오 사게테 쿠다사이
이게 재미있니?	これが面白いの? 코레가 오모시로이노
이 연속극이 젊은 여성에게 인기가 있어요.	この連続ドラマは若い女性に人気があるんですよ。 코노 렌조쿠도라마와 와카이 죠세-니 닝키가 아룬데스요

Unit 08 문화생활
文化生活 ぶんかせいかつ

영화나 음악은 일반인들이 손쉽게 즐길 수 있고 깊이 있는 지식을 쌓기에도 좋은 취미가 된다. 국적을 초월하여 누구와도 대화할 수 있는 소재이므로 좋아하는 음악가나 영화를 일본어로 알아두면 좋겠다. 또한 일본 소설을 읽어 두면 일본인과의 대화에 좋은 소재가 되며 훌륭한 어학 교재로도 활용할 수 있다. 중고서적을 파는 체인점 북오프(ブックオフ)에 가면 좋은 책을 저렴하게 구입할 수 있다.

01 영화 이야기

어떤 영화를 좋아하세요?	どんな映画がお好きですか。 돈나 에-가가 오스키데스까
그 영화는 어땠습니까?	その映画はどうでした? 소노 에-가와 도-데시따
액션 영화를 좋아합니다.	アクション映画が好きです。 아쿠숀에-가가 스키데스
영화를 자주 보러 갑니까?	映画にはよく行きますか。 에-가니와 요쿠 이키마스까
지금 어떤 영화를 하고 있나요?	今どんな映画をやってますか。 이마 돈나 에-가오 얏테마스까

영화 보러 거의 가지 않아요.	映画はほとんど見に行きません。 에-가와 호톤도 미니 이키마셍
저는 영화광입니다.	私は映画マニアです。 와타시와 에-가마니아데스
가장 좋아하는 영화 배우는 누구예요?	一番好きな映画俳優は誰ですか。 이치방 스키나 에-가하이유-와 다레데스까 *남자배우: 男優　여배우: 女優
그 영화의 주연은 누구입니까?	その映画の主役は誰ですか。 소노 에-가노 슈야쿠와 다레데스까
최근에 본 영화는 무엇입니까?	最近見た映画は何ですか。 사이킨 미타 에-가와 난데스까
주말에 영화관에 가실래요?	週末に映画館へ行きませんか。 슈-마쓰니 에-가칸에 이키마셍까
《쇼생크 탈출》 감독은 누구죠?	「ショーシャンクの空に」の監督は誰ですか。 쇼-샹크노 소라니노 칸토쿠와 다레데스까
그 영화는 자막이 있나요?	その映画は字幕がありますか。 소노 에-가와 지마쿠가 아리마스까
좌석이 매진되었어요.	座席が売切れです。 자세키가 우리키레데스

● Unit 08_ 문화생활

02　음악 이야기

어떤 음악을 좋아하세요?	どんな音楽がお好きですか。 돈나 옹가쿠가 오스키데스까
클래식을 좋아합니다.	クラシックが好きです。 크라식크가 스키데스
현대 음악은 도무지 모르겠습니다.	現代音楽はさっぱり分かりません。 겐다이 옹가쿠와 삽파리 와카리마셍
기타 곡이라면 아무거나 좋아합니다.	ギター曲なら何でも好きです。 기타-쿄쿠나라 난데모 스키데스
실내악보다 관현악을 좋아합니다.	室内楽より管弦楽が好きです。 시쓰나이가쿠요리 캉겐가쿠가 스키데스
비틀즈 노래 중 몇 개를 아주 좋아합니다.	ビートルズの歌のいくつかが大好きです。 비-토르즈노 우타노 이쿠쓰카가 다이스키데스
취미는 음악감상입니다.	趣味は音楽鑑賞です。 슈미와 옹가쿠칸쇼-데스
드보르작의 신세계를 대단히 좋아합니다.	ドボルザークの新世界が大好きです。 도보르자-쿠노 신세카이가 다이스키데스

뭔가 음악을 켤까요?	何か音楽をかけましょうか。	
	なにか おんがくお 카케마쇼ー까	
오늘밤 리사이틀은 몇 시부터입니까?	今晩のリサイタルは何時からですか。	
	콤방노 리사이타루와 난지카라데스까	
한국 민요를 한 곡 불러 주시겠습니까?	韓国の民謡を一曲歌ってくれますか。	
	캉코쿠노 밍요ー오 익쿄쿠 우탓테 쿠레마스까	
저는 음치라서요.	私は音痴なものですから。	
	와타시와 온치나모노데스까라	
뭔가 악기를 연주하세요?	何か楽器を弾きますか。	
	나니카 각키오 히키마스까	
피아노는 조금 칠 줄 압니다.	ピアノはちょっと出来ます。	
	피아노와 쫏토 데키마스	
제일 좋아하는 가수가 누구예요?	一番好きな歌手は誰ですか。	
	이치방스키나 카슈와 다레데스까	
쿠와타 케스케를 아주 좋아합니다.	桑田佳祐が大好きです。	
	쿠와타 케ー스케가 다이스키데스	
재즈 CD를 상당히 수집했습니다.	ジャズのCDをずいぶん集めました。	
	쟈즈노시디오 즈이분 아쓰메마시따	

● Unit 08_ 문화생활

제일 좋아하는 가수는 비욘세입니다.	一番好きな歌手はビヨンセです。 이치방스키나 카슈와 비욘세데스
다양한 음악을 듣습니다.	色んな音楽を聴きます。 이론나 옹가쿠오 키키마스
30년간 이이지마 마리의 노래를 듣고 있습니다.	30年間飯島真理の歌を聞いています。 산쥬-넹깐 이이지마 마리노 우타오 키이테 이마스
카토 이즈미의 목소리는 달빛 같은 느낌입니다.	加藤いづみの声は月の光のような感じです。 카토 이즈미노 코에와 쓰키노 히카리노 요-나 칸지데스

03 미술 이야기

그림 그리기를 매우 좋아합니다.	絵を描くのが大好きです。 에오 카쿠노가 다이스키데스
미술관에 자주 갑니다.	美術館にちょくちょく行きます。 비쥬쓰칸니 쵸쿠쵸쿠 이키마스

이번 주엔 뭔가 좋은 미술전을 하고 있습니까?	今週は何かいい美術展をやってますか。	콘슈-와 낭카 이- 비쥬쓰텐오 얏테마스까
이 그림 한번 보세요.	この絵を見てください。	코노 에오 미테 쿠다사이
그건 누구 작품이죠?	それは誰の作品ですか。	소레와 다레노 사쿠힌데스까
유화와 수채화를 즐깁니다.	油絵と水彩画をやります。	아부라에토 스이사이가오 야리마스
연필만으로 그리기를 좋아합니다.	鉛筆だけで描くのが好きです。	엠피쓰다케데 카쿠노가 스키데스
어떻게 그림을 그리게 되셨습니까?	どういう風に絵を描くようになりましたか。	도-이우 후-니 에오 카쿠요-니 나리마시따까
좋아하는 화가는 누군가요?	好きな画家は誰ですか。	스키나 가카와 다레데스까
르느와르를 좋아합니다.	ルノワールが好きです。	르노와-루가 스키데스
그림을 아주 잘 그리시는군요.	絵がお上手ですね。	에가 오죠-즈데스네

● Unit 08_ 문화생활

취미 중 하나는 조각을 감상하는 겁니다.	趣味の一つは彫刻を鑑賞することです。 슈미노 히토쓰와 쵸-코쿠오 칸쇼-스루코토데스
가끔 골동품점에 들를 때가 있습니다.	時おり骨董屋に立ち寄ることがあります。 토키오리 콧토-야니 타치요루 코토가 아리마스
제가 모은 장식품이나 소품을 보여 드리죠.	私が集めた装飾品とか小物を見せましょう。 와타시가 아쓰메타 소-쇼쿠힌토카 코모노오 미세마쇼-

04 독서에 대하여

어떤 책을 읽으십니까?	どんな本を読みますか。 돈나 홍오 요미마스까
한 달에 책을 몇 권 정도 읽습니까?	一ヶ月に何冊くらいの本を読みますか。 익카게쓰니 난사쓰쿠라이노 홍오 요미마스까
바빠서 천천히 독서할 시간이 없습니다.	忙しくてゆっくり読書する時間がありません。 이소가시쿠테 육쿠리 도쿠쇼스루 지칸가 아리마셍

239

책을 많이 읽으세요?	本をたくさん読みますか。	홍오 타쿠상 요미마스까
대중 문학을 좋아합니다.	大衆文学が好きです。	타이슈−붕가쿠가 스키데스
한국 작가의 소설을 읽은 적이 있습니까?	韓国の作家の小説を読んだことがありますか。	캉코쿠노 삭카노 쇼−세쓰오 욘다코토가 아리마스까
책은 어떻게 고르십니까?	どんな本の選び方をなさってますか。	돈나 혼노 에라비카타오 나삿테마스까
이 책은 재미없어요.	この本は面白くないです。	코노 홍와 오모시로쿠 나이데스
이 책은 지루해요.	この本は退屈です。	코노 홍와 타이쿠쓰데스
이걸 읽고 감동했습니다.	これを読んで感動しました。	코레오 욘데 칸도−시마시따
한번 훑어봤어요.	一度目を通しました。	이치도 메오 토−시마시따
그녀는 책벌레입니다.	彼女は本の虫です。	카노죠와 혼노무시데스

● Unit 08_ 문화생활

좋아하는 작가는 누구입니까?	一番好きな作家は誰ですか。 이치방 스키나 삭카와 다레데스까
제일 좋아하는 작가는 무라카미 하루키입니다.	一番好きな作家は村上春樹です。 이치방 스키나 삭카와 무라카미 하루키데스
요즘 베스트셀러는 무엇입니까?	最近のベストセラーは何ですか。 사이킨노 베스토세라ー와 난데스까

05 강습 받기

뭔가 배우고 있나요?	何か習い事をしていますか。 나니카 나라이고토오 시테이마스까
다도를 배우고 있습니다.	茶道を習っています。 사도ー오 나랏테 이마스
서예 교실에 다니기 시작했습니다.	習字の教室へ行ってます。 슈ー지노 쿄ー시쓰에 잇테마스
수영 교실에 다니기로 결정했습니다.	水泳教室に通うことを決めました。 스이에ー 쿄ー시쓰니 카요우코토오 키메마시따

몰랐던 것을 배우는 것은 재미있습니다.	知らなかったことを覚えるのは楽しいです。 시라나캇따 코토오 오보에루노와 타노시-데스
바둑 교실에 다니기로 했습니다.	囲碁教室へ通っています。 이고쿄-시쓰에 카욧테 이마스 * 바둑은 서구에서 go(고우)라고 부른다. 일본어의 ご(碁)인데 일본이 오래 전부터 서구에 바둑을 보급한 영향이다.
일주일에 한 번 강습을 받습니다.	週に一度、講習を受けます。 슈-니 이치도 코-슈-오 우케마스
아직 초보자입니다.	まだ初心者です。 마다 쇼신샤데스
3년 했더니 이제 상급이 되었습니다.	3年やったらもう上級になりました。 산넹 얏타라 모- 죠-큐-니 나리마시따
더 일찍 시작해야 했어요.	もっと早く始めるべきでした。 못토 하야쿠 하지메루베키데시따
어떻게 하면 되죠?	どうすればいいですか。 도-스레바 이-데스까
그건 이렇게 하는 거야.	それはこうしてやるんだ。 소레와 코-시테 야룬다

Unit 08_ 문화생활

이렇게 하면 잘 돼.	こうすればうまくいくよ。 코-스레바 우마쿠이쿠요
이 방법이 간단해.	この方が簡単だよ。 코노호-가 칸딴다요
내가 하는 법을 보여 줄게.	私がやり方を見せてあげるよ。 와타시가 야리카타오 미세테아게루요
제 나름대로 해 볼 게요.	自分なりのやり方でやってみます。 지분나리노 야리카타데 얏테미마스
이런 식으로?	こんな風に? 콘나 후-니
깜짝 놀랄만큼 쉬워.	びっくりするほど簡単だ。 빅쿠리스루호도 칸딴다
이런 식으로 하면 간단해.	こんな風にやれば簡単だよ。 콘나후-니 야레바 칸딴다요
좀 어렵네.	ちょっと難しいな。 촛토 무즈카시-나

Unit 09 성격
せいかく
性格

여기에서는 성격이나 사람됨을 얘기한다. 전체적인 평가를 얘기하는 것이기에 훌륭한 칭찬도 있고 부정적인 평가도 있는데 男, 女라는 표현은 약간 속어 느낌이 있다. 야쓰(놈, 녀석)란 말도 비난이 아닌 친근감을 가지고 말하기도 한다. 그래도 정중하게 표현하려면 方라고 한다.

01 성격 말하기

자기 성격이 어떻다고 생각합니까?	自分の性格はどんなだと思いますか。 지분노 세-카쿠와 돈나다토 오모이마스까
그는 어떤 사람입니까?	彼はどんな人ですか。 카레와 돈나 히토데스까
무척 마음이 따뜻한 남자입니다.	とても心の温かい男ですよ。 토테모 코꼬로노 아타타카이 오토코데스요
성실한 사원입니다.	まじめな社員です。 마지메나 샤잉데스
동료들은 좀 특이하지만 좋은 녀석들입니다.	連中はちょっと変わっているけど、いいやつらですよ。 렌츄-와 촛토 카왓테이루케도 이-야쓰라데스요 *連中、やつら는 친근한 사람에게만 쓸 수 있는 말이다.

Unit 09_ 성격

무슨 일에도 낙천적입니다.	何事につけても楽天的です。 나니고토니 쓰케테모 라쿠텐테키데스
소극적인 편입니다.	引っ込み思案の方です。 힉코미지안노 호-데스
친구는 쉽게 사귀는 편입니까?	友だちはすぐできる方ですか。 토모다치와 스구 데키루호-데스까
모르는 사람에게도 말을 잘 거는 편입니다.	知らない人にも話しかけるのはうまい方です。 시라나이 히토니모 하나시카케루노와 우마이호-데스
그다지 사교적인 건 아닙니다.	あまり社交的ではありません。 아마리 샤코-테키데와 아리마셍
내 성격은 언니와 전혀 다릅니다.	私の性格は姉とはまるで違います。 와타시노 세-카쿠와 아네토와 마루데 치가이마스
그녀를 어떻게 생각합니까?	彼女のこと、どう思いますか。 카노죠노 코토 도- 오모이마스까
눈치가 빠르다고 할 순 없지만 대단히 부지런한 사람입니다.	気が利くとは言えませんが、きわめて勤勉な人です。 키가키쿠토와 이에마셍가 키와메테 킴벤나 히토데스

245

| 좀 지루한 사람입니다. | 少し退屈な人です。
스코시 타이쿠쯔나 히토데스 |

02　긍정적인 성격

그는 예의바르다.	彼は礼儀正しい。 카레와 레-기타다시-
그의 장점은 유머 센스라고 생각합니다.	彼の長所はユーモアのセンスだと思います。 카레노 쵸-쇼와 유-모아노 센스다토 오모이마스
나는 붙임성이 있다고 생각합니다.	自分は愛想のいい方だと思っています。 지분와 아이소-노 이-호-다토 오못테 이마스
그는 남을 잘 웃깁니다.	彼は笑わせるのが得意です。 카레와 와라와세루노가 토쿠이데스
나는 누구와도 협력할 수 있습니다.	私は誰とでも協力できます。 와타시와 다레토데모 쿄-료쿠 데키마스

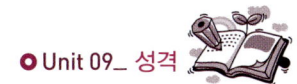
Unit 09_ 성격

친구는 나를 성격이 밝다고 얘기해 줍니다.	友だちは私のことを明るいと言ってくれます。 토모다치와 와타시노코토오 아카루이토 잇테쿠레마스
우호적이고 배려가 있다는 얘기를 들어요.	友好的で思いやりがあると言われます。 유-코-테키데 오모이야리가 아루토 이와레마스
섬세하고 동시에 대범하다고 생각합니다.	繊細であるし、大らかでもあると思っています。 센사이데 아루시 오-라카데모 아루토 오못테 이마스
인기 있는 사람입니다.	人気者です。 닝키모노데스
매력적입니다.	魅力的です。 미료쿠테키데스
대범한 성격입니다.	大らかな性格です。 오-라카나 세-카쿠데스
붙임성이 좋아요.	愛想がいいです。 아이소-가 이-데스
머리가 잘 돌아가요.	頭が切れるんだ。 아타마가 키레룬다

믿음직한 사람입니다.	頼りになる人です。 타요리니 나루히토데스	

03　부정적인 성격

건망증이 심합니다.	忘れっぽいんです。 와스렙포인데스
말주변이 없다고 생각합니다.	口下手だと思います。 쿠치베타다토 오모이마스
가끔 너무 말을 많이 하는 경우도 있습니다.	時々しゃべりすぎることもあります。 토키도키 샤베리스기루 코토모 아리마스
저는 성격이 급한 편입니다.	私は気が短い方です。 와타시와 키가 미지카이 호-데스
좀 장난기가 있습니다.	ちょっといたずらっ気があります。 춋토 이타즈락케가 아리마스
그는 장난꾸러기입니다.	彼はわんぱく坊主です。 카레와 왐파쿠보-즈데스

● Unit 09_ 성격

그녀는 말괄량이입니다.	彼女はおてんばです。 카노죠와 오템바데스
심술궂은 편입니다.	意地悪な方です。 이지와루나 호-데스
따분한 사람입니다.	退屈な人です。 타이쿠쓰나 히토데스
우유부단한 남자입니다.	優柔不断な男です。 유-쥬-후단나 오토코데스
아주 뻔뻔스러워.	とてもずうずうしいよ。 토테모 즈-즈-시-요
상식이 부족한 여자예요.	常識が欠けている女です。 죠-시키가 카케테이루 온나데스
그 여자는 제멋대로예요.	彼女はわがままです。 카노죠와 와가마마데스
너무 수다스러워서 시끄러워.	とてもおしゃべりで煩いよ。 토테모 오샤베리데 우루사이요

249

Unit 10 외모
見かけ

이성을 보면 외모가 가장 관심이 가고 여러 가지 물어보게 되는데, 일본인이나 외국인에겐 좀더 주의하여 질문을 해야 한다. 특히 처음 만난 자리에서 너무 개인적인 질문은 실례라고 생각해야 한다. 그리고 외모에 대한 부정적인 의견은 금기 사항이다.

01 신체 특징

그는 어떤 분입니까?	彼はどんな風な方ですか。 카레와 돈나후-나 카타데스까
그는 어깨가 넓고 다부집니다.	彼は肩幅が広くてがっしりしています。 카레와 카타하바가 히로쿠테 갓시리시테 이마스
키가 어느 정도입니까?	背はどのくらいありますか。 세와 도노쿠라이 아리마스까
키가 큰 편입니다.	背は高いほうです。 세와 타카이 호-데스
그의 키는 174센티미터입니다.	彼の背は174センチあります。 카레노 세와 햐쿠나나쥬- 욘센치 아리마스 *도량형을 말할 때 あります라고 표현하는 걸 기억해 둔다.

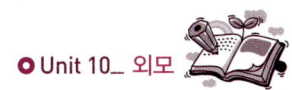
● Unit 10_ 외모

그녀는 키가 크고 날씬합니다.	彼女は背が高く、すらっとしています。 카노죠와 세가 타카쿠 스랏토시테 이마스
저 사람은 키와 체중이 표준입니다.	あの人は中肉中背です。 아노 히토와 츄-니쿠 츄-제-데스
체중은 어느 정도입니까?	体重はどのくらいですか。 타이쥬-와 도노쿠라이데스까
내 몸무게는 65킬로그램입니다.	私の体重は65キロです。 와타시노 타이쥬-와 로쿠쥬-고키로데스
어느 정도 체중이 늘었어요.	いくらか体重が増えました。 이쿠라카 타이쥬-가 후에마시따
약간 살이 쪘습니다.	ちょっと太りました。 춋토 후토리마시따
3킬로 줄었습니다.	3キロ減りました。 상키로 헤리마시따
약간 야위셨군요.	ちょっとお痩せになりましたね。 춋토 오야세니 나리마시따네
운동 부족으로 약간 살이 쪘습니다.	運動不足で少々太りました。 운도-부소쿠데 쇼-쇼- 후토리마시따 *少々는 ちょっと보다 정중한 표현.

약간 비만이 된 것 같습니다.	ちょっと太りすぎてるようです。 춋토 후토리스기테루요-데스
그녀는 허리선이 아름답습니다.	彼女は腰の線が美しいです。 카노죠와 코시노센가 우쓰쿠시-데스
나는 허리가 날씬한 여자를 좋아합니다.	私は腰のほっそりした女性が好きです。 와타시와 코시노 홋소리시타 죠세-가 스키데스
나는 왼손잡이입니다.	私は左利きです。 와타시와 히다리키끼데스
그녀는 손발이 작은 편입니다.	彼女は手足が小さいほうです。 카노죠와 테아시가 치-사이호-데스
나는 팔이 꽤 긴 편입니다.	私の腕はかなり長いほうです。 와타시노 우데와 카나리 나가이호-데스

02 외모에 대하여

그는 미남입니다.	彼は美男子です。 카레와 비난시데스

○ Unit 10_ 외모

그녀는 매력적인 여성입니다.	彼女は魅力的な女性です。 카노죠와 미료쿠테키나 죠세―데스
저 아가씨는 귀엽네.	あの娘は可愛いね。 아노무스메와 카와이―네
그녀는 늘 짙은 화장을 합니다.	彼女はいつも厚化粧をしています。 카노죠와 이쓰모 아쓰게쇼―오 시테 이마스
그녀는 얼굴이 하얗습니다.	彼女は顔色が白いです。 카노죠와 카오이로가 시로이데스
그는 얼굴이 큽니다.	彼は顔が広いです。 카레와 카오가 히로이데스
나는 단발머리를 하고 있어요.	私はおかっぱにしています。 와타시와 오캅파니 시테이마스
헤어스타일을 바꿨습니다.	ヘアスタイルを変えてみました。 헤아스타이루오 카에테 미마시따
큰 키에 수염이 있는 저 신사는 누구입니까?	あの背の高いひげの紳士は誰ですか。 아노세노 타카이 히게노 신시와 다레데스까

당신은 어머니를 닮았나요? 아니면 아버지를 닮았나요?	あなたは母親に似ていますか、それとも父親ですか。 아나따와 하하오야니 니테이마스카 소레토모 치치오야데스까
아무도 닮지 않았어요.	誰にも似ていません。 다레니모 니테이마셍
여동생은 입 모양이 엄마와 판박이에요.	妹は口元が母とそっくりです。 이모－토와 쿠치모토가 하하토 속쿠리데스
저는 아버지를 많이 닮았어요.	私は父によく似ています。 와타시와 치치니 요쿠니테 이마스

03　패션에 대하여

멋쟁이로 보이고 싶어요.	おしゃれに見せたいです。 오샤레니 미세타이데스
틈만 있으면 패션 잡지를 보고 있어요.	暇さえあればファッション雑誌を見ています。 히마사에아레바 홧숀잣시오 미테 이마스

Unit 10_ 외모

옷에 까다로운 편이에요.	着る物には煩いです。 키루모노니와 우루사이데스
심플하고 적당한 가격의 옷을 사는 게 득이죠.	シンプルで手ごろな値段の服を買うのが得です。 심뿌루데 테고로나 네당노 후쿠오 카우노가 토쿠데스
비싼 옷은 그만큼 가치가 있습니다.	高い服はそれだけの価値があります。 타카이 후쿠와 소레다케노 카치가 아리마스
이 스커트 너무 화려한가?	このスカート、派手すぎる? 코노스카-토 하데스기루
촌스럽게 보이진 않을까.	ださく見えないのかな。 다사쿠 미에나이노카나

255

Unit 11 병원·약국
病院・薬屋
びょういん・くすりや

몸이 아플 때처럼 괴로운 일은 없다. 일반적인 통증 증상을 일어로 익혀두어 만일에 대비하자. 일본은 우리보다 앞서 의약분업이 이루어져서 처방전 없이 약을 구입할 수 없다. 하지만 마츠모토키요시(マツモトキヨシ)라는 드럭스토어 체인점은 일본 어디에나 있어서 편리하다. 창업자의 이름을 그대로 간판 이름으로 내건 것이다. 짧게 마츠키요(マツキヨ)라고도 부른다.

01 진찰 예약할 때

외래 입구는 어디입니까?	外来の入り口はどこでしょうか。 가이라이노 이리구치와 도코데쇼-까
접수는 어디입니까?	受付はどちらでしょうか。 우케쓰케와 도치라데쇼-까
오늘이 처음입니다.	今日が初めてです。 쿄-가 하지메테데스
접수 용지는 어디 있습니까?	受付用紙はどこにありますか。 우케쓰케요-시와 도코니 아리마스까
의료보험증입니다.	健康保険証です。 켕코-호켄쇼-데스

● Unit 11_ 병원·약국

보험증은 여기 제출합니까?	保険証はこちらへ出すのですか。 호켄쇼-와 코치라에 다스노데스까
아까 전화로 예약한 이마무라입니다.	先ほど予約の電話をした今村ですが。 사키호도 요야쿠노 뎅와오 시타 이마무라데스가
다무라 선생님은 진료 중이십니까?	田村先生は診療中ですか。 타무라센세-와 신료-츄-데스까
이 병원은 몇 시부터 몇 시까지입니까?	この病院は何時から何時までですか。 코노뵤-잉와 난지카라 난지마데데스까
안과는 어디 있습니까?	眼科はどちらでしょうか。 강카와 도치라데쇼-까
신경과는 있습니까?	神経科はありますか。 싱케-카와 아리마스까
진찰실은 어디 있습니까?	診察室はどこですか。 신료-시쓰와 도코데스까
약만 받을 수 있습니까?	薬だけいただけますか。 쿠스리다케 이타다께마스까
근처에 병원이 있습니까?	近くに病院がありますか。 치카쿠니 뵤-잉가 아리마스까

02 외상을 입었을 때

| 발가락이 부었습니다. | 足の指が腫れています。
아시노유비가 하레테 이마스
*足라고 쓰면 발이고 脚라고 쓰면 다리라는 의미인데 둘 다 あし라고 읽는다. |

| 발에 화상을 입었습니다. | 足に火傷をしました。
아시니 야케도오 시마시따 |

| 오른발에 물집이 생겼습니다. | 右足に水ぶくれができました。
미기아시니 미즈부쿠레가 데키마시따 |

| 발목을 삐었습니다. | 足首を捻挫しました。
아시쿠비오 넨자시마시따 |

| 무릎이 까졌습니다. | 膝を擦りむきました。
히자오 스리무키마시따 |

| 개한테 물렸어요. | 犬にかまれました。
이누니 카마레마시따 |

| 햇볕에 타서 아픕니다. | 日焼けして痛いんです。
히야케시테 이타인데스 |

| 부딪친 곳이 아직 아파요. | 打ったところがまだ痛いんです。
웃타토코로가 마다 이타인데스 |

03　증상 말하기

어디가 아프십니까?	どうなさいましたか。 도-나사이마시따까
항상 피로감을 느끼고 잠도 못 잡니다.	いつも疲れている感じでよく眠れません。 이쓰모 쓰카레테이루 칸지데 요쿠 네무레마셍
어깨가 결립니다.	肩が凝っています。 카타가 콧테이마스
식욕이 없습니다.	食欲がありません。 쇼쿠요쿠가 아리마셍
배탈이 났습니다.	おなかを壊しています。 오나카오 코와시테 이마스
설사를 합니다.	下痢をしています。 게리오 시테 이마스
변비가 있습니다.	便秘しています。 벰피시테 이마스
소화불량으로 고생하고 있습니다.	消化不良に悩んでいます。 쇼-카후료-니 나얀데이마스

열이 있습니다.	熱があります。 네쓰가 아리마스
감기에 걸렸습니다.	風邪を引きました。 카제오 히키마시따
금방 숨이 찹니다.	すぐ息切れがします。 스구 이키기레가 시마스
구역질이 납니다.	吐き気がします。 하키케가 시마스
계속 기침이 나옵니다.	ずっと咳が出ます。 즛토 세키가 데마스
가려워서 미치겠어요.	痒くて我慢できません。 카유쿠테 가만데키마센
가끔 현기증이 납니다.	時々目眩がします。 토키도키 메마이가 시마스
빈혈로 고생하고 있습니다.	貧血に悩んでいます。 힝케쓰니 나얀데이마스
꽃가루 알레르기가 있습니다.	花粉アレルギーがあります。 카훈아레루기-가 아리마스

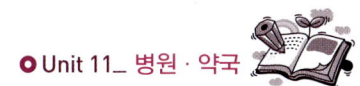
Unit 11_ 병원·약국

살이 빠졌어요.	痩せてきています。 야세테 키테 이마스
머리가 지끈지끈 아픕니다.	頭ががんがん痛みます。 아타마가 강강 이타미마스
등이 무지끈하게 아픕니다.	背中に鈍痛がします。 세나카니 돈쓰-가 시마스
아랫배가 살살 아픕니다.	下腹がしくしく痛みます。 시타하라가 시쿠시쿠 이타미마스
눈이 따끔따끔 아픕니다.	目がちくちく痛みます。 메가 치쿠치쿠 이타미마스
위가 너무 쓰려서 참을 수 없습니다.	胃の痛みがひどくて我慢できません。 이노이타미가 히도쿠테 가망데키마셍
허리 둘레가 아픕니다.	腰のまわりが痛みます。 코시노 마와리가 이타미마스
여기가 아픕니다.	ここが痛いのです。 코꼬가 이타이노데스
숨을 쉬면 가슴이 아픕니다.	息をすると胸が痛いのです。 이키오 스루토 무네가 이타이노데스

261

약간 붓기만 했는데 아픕니다.	ちょっと腫れただけなのに痛いです。 춋토 하레타다케나노니 이타이데스
누르면 아픕니다.	押すと痛いんです。 오수토 이타인데스
관절이 가끔 아픕니다.	関節が時々痛むんです。 칸세쓰가 토키도키 이타문데스
걸으면 발목 쪽이 아픕니다.	歩くと足の付け根が痛いのです。 아루쿠토 아시노쓰케네가 이타이노데스
이제 아프지 않아요.	もう痛くないです。 모-이타쿠 나이데스

04 의사와의 대화

제 몸이 어디가 나쁜 거죠?	僕のどこが悪いんですか。 보쿠노 도코가 와루인데스까
치료는 어떻게 하면 되나요?	治療はどうすればいいですか。 치료-와 도-스레바 이-데스까

○ Unit 11_ 병원·약국

소변검사를 받아야 합니까?	尿の検査を受けないといけませんか。 뇨-노 켄사오 우케나이토 이케마셍까
검사 결과를 알려 주시겠어요?	検査の結果を教えていただけますか。 켄사노 켁카오 오시에테 이타다께마스까
혈압이 오른 것 같은데요.	血圧が上っていると思いますが。 케쓰아쓰가 아갓테 이루토 오모이마스가
건강을 위해 뭔가 하십니까?	健康のために何かなさいますか。 켕코-노타메니 나니카나사이마스까
컨디션이 어떠세요?	体調はどうですか。 타이쵸-와 도-데스까
체온을 재겠습니다.	体温を測ります。 타이옹오 하카리마스
주사를 놔드리겠습니다.	注射を打ってあげます。 츄-샤오 웃테아게마스
진단서를 써 주시겠어요?	診断書を書いていただけますか。 신단쇼오 카이테 이타다케마스까
예정대로 여행을 해도 괜찮겠습니까?	予定通り旅行してもいいですか。 요테-도-리 료코-시테모 이-데스까

입원을 하셔야 합니다.	入院しなければいけません。 뉴-인 시나케레바 이케마셍
다음엔 언제 오면 될까요?	今度はいつ来たらいいでしょうか。 콘도와 이쓰키타라 이-데쇼-까
몇 번 통원해야 합니까?	何回通院しないといけませんか。 낭카이 쓰-인시나이토 이케마셍까
진찰해 주셔서 감사합니다.	ご診察ありがとうございます。 고신사쓰 아리가또- 고자이마스
지시하신 말씀대로 따르겠습니다.	ご指示にはきちんと従います。 고시지니와 키친토 시타가이마스
오늘 진료비는 얼마입니까?	今日の診療費はいくらですか。 쿄-노 신료-히와 이쿠라데스까
지불은 어떻게 하면 될까요?	支払いはどうすればいいですか。 시하라이와 도-스레바 이-데스까
내일 또 와야 합니까?	明日また来なければなりませんか。 아시타마타 코나케레바 나리마셍까

● Unit 11_ 병원 · 약국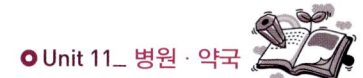

| 선생님, 감사합니다. | 先生、ありがとうございます。
센세- 아리가또- 고자이마스
*우리말로는 적당한 2인칭 대명사가 없어서 "선생님, 사장님"이라고 하는 경우가 많은데 일본에서 先生는 존경의 대명사이므로 '정치인, 국회의원, 의사, 교수, 교사'같은 경우에만 쓴다. |

05 약국에서

여기에서 조제해 주십니까?	こちらで調剤してもらえますか。 코치라데 쵸-자이시테 모라에마스까
이 처방전 약을 주세요.	この処方箋で調剤してください。 코노쇼호-센데 쵸-자이시테 쿠다사이
몇 번 복용하면 되나요?	何回くらい服用するのですか。 낭카이쿠라이 후쿠요-스루노데스까
한 번에 몇 알 먹으면 되나요?	一回に何錠飲めばいいですか。 익카이니 난죠-노메바 이-데스까
이 캡슐은 어떤 약효가 있나요?	このカプセルは何に効くのですか。 코노 카푸세루와 나니니 키쿠노데스까
진통제는 들어 있습니까?	痛み止めは入っていますか。 이타미도메와 하잇테이마스까

265

말씀대로 하겠습니다.	おっしゃるとおりにします。 옷샤루토-리니 시마스
감기약은 있습니까?	風邪薬はありますか。 카제구스리와 아리마스까
변비엔 뭐가 좋습니까?	便秘には何がいいでしょうか。 벤피니와 나니가 이-데쇼-까
이 정제는 몇 알 들어 있습니까?	この錠剤は何錠入りですか。 코노 죠-자이와 난죠-이리데스까
피로엔 무엇이 잘 듣습니까?	疲れ目には何が効きますか。 쓰카레메니와 나니가 키키마스까
어린이에게도 괜찮습니까?	子供にもいいですか。 코도모니모 이이데스까
바르는 약이 필요합니다.	塗り薬がほしいですが。 누리구스리가 호시-데스가
안약이 필요합니다.	目薬がほしいですが。 메구스리가 호시-데스가
붕대와 탈지면을 주세요.	包帯と脱脂綿をください。 호-타이토 닷시멘오 쿠다사이

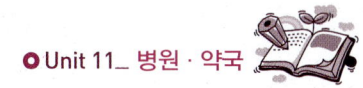

Unit 11_ 병원·약국

거즈와 반창고를 주세요.	ガーゼと絆創膏をください。 가-제토 반소-코-오 쿠다사이
이 약은 내게 듣지 않습니다.	この薬は私には効きません。 코노 쿠스리와 와타시니와 키키마셍
작은 구급상자를 주세요.	小型の救急箱をください。 코가타노 큐-큐-바코오 쿠다사이
부작용은 없습니까?	副作用はありませんか。 후쿠사요-와 아리마셍까
하루 세 번 복용하세요.	一日三回服用してください。 이치니치 상카이 후쿠요-시테 쿠다사이
매 식후와 자기 전에 먹으세요.	毎食後と寝る前に飲んでください。 마이쇼쿠고토 네루마에니 논데 쿠다사이

267

Unit 12 건 강
健康(けんこう)

최근엔 건강에 관한 다양한 지식도 아주 일반화되었다. 건강을 유지하는 것이 무엇보다 중요한데, 상대의 안색을 보고 건강을 걱정해 주면 좋은 인상을 줄 수 있다. 컨디션을 물어볼 때는 体調(たいちょう) 또는 気分(きぶん)はいかがですか。라고 말한다. 특히 気分은 우리말과 의미가 비슷하게 쓰이기도 하지만, 이렇게 다르게도 사용되므로 주의가 필요하다.

01 컨디션 표현

오늘 컨디션은 어때요?	今日(きょう)のご気分(きぶん)は? 쿄-노 고키붕와
기운이 없어 보인다.	元気(げんき)がないようね。 겡키가 나이요-네
괜찮아요?	大丈夫(だいじょうぶ)ですか。 다이죠-부데스까
어디 편찮으세요?	ご気分(きぶん)でも悪(わる)いんですか。 고키분데모 와루인데스까
안색이 좋지 않네요.	顔色(かおいろ)がすぐれないようですね。 카오이로가 스그레나이요-데스네

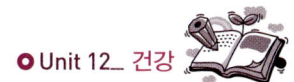
Unit 12_ 건강

어디가 아프세요?	どこが悪いんですか。 도코가 와루인데스까
얼굴이 빨갛네요.	お顔が赤いですよ。 오카오가 아카이데스요
발은 어떻게 된 거죠?	足をどうしましたか。 아시오 도- 시마시따까
의사에게 진찰을 받도록 할까요?	医者に見てもらうようにしましょうか。 이샤니 미테모라우요-니 시마쇼-까
오늘은 좀 좋아졌어요?	今日はちょっとよくなりましたか。 쿄-와 춋토 요쿠 나리마시따까
완전히 나았습니까?	完全に治りましたか。 칸젠니 나오리마시따까
아무 이상도 없습니다.	どこもおかしくありません。 도코모 오카시쿠 아리마센
괜찮아요. 걱정 마세요.	大丈夫です。ご心配なく。 다이죠-부데스 고심파이나쿠
컨디션은 좋습니다.	体調はいいです。 타이쵸-와 이-데스

269

02　건강 어드바이스

잠시 누워 쉬는 게 좋아요.	しばらく横になった方がいいですよ。 시바라쿠 요코니 낫타호-가 이-데스요
좀 쉬는 게 어때요?	少し休んだらどうです? 스코시 야슨다라 도-데스
몸조심하세요.	どうぞお大事に。 도-조 오다이지니
몸을 따뜻하게 하세요.	お体を温かくしてください。 오카라다오 아타타카쿠 시테 쿠다사이
빨리 회복하시길 빕니다.	早くよくなるといいですね。 하야쿠 요쿠나루또 이이데스네
약은 먹었어?	薬は飲んだ? 쿠스리와 논다 *우리말로는 약을 먹는다고 하는데 일어에선 飲む라고 한다.
몸이 안 좋아서 힘들겠네요.	具合が悪くて大変ですね。 구아이가 와루쿠테 타이헨데스네

● Unit 12_ 건강

03 건강 표현

매일 조금이라도 운동하려고 마음 먹고 있습니다.	毎日少しでも運動するよう心がけています。 마이니치 스코시데모 운도-스루요- 코꼬로가케테 이마스
운동은 건강과 장수의 열쇠입니다.	運動は健康と長生きの鍵です。 운도-와 켕코-토 나가이키노 카기데스
매일 운동을 하십니까?	毎日運動をなさいますか。 마이니치 운도-오 나사이마스까
매일 걷기를 합니다.	毎日歩きます。 마이니치 아루키마스
걷기보다 좋은 운동은 없습니다.	歩きよりいい運動はありません。 아루키요리 이-운도-와 아리마셍
계단을 오르면 숨이 차.	階段を上ると息切れする。 카이당오 아가루토 이키기레스루
담배를 끊으려고 노력 중이야.	タバコをやめようと努力中だよ。 타바코오 야메요-토 도료쿠쥬-다요
일찍 자고 일찍 일어나는 것은 건강의 비결입니다.	早寝早起きは健康の元です。 하야네하야오키와 켕코-노 모토데스

운전하지 말고 전철로 출근하는 게 좋습니다.	運転しないで電車で出勤した方がいいです。 운텐시나이데 덴샤데 슉켕시타 호-가이-데스
밤늦게 컴퓨터나 스마트폰을 보면 잠이 안 옵니다.	夜遅くパソコンやスマホを見ていると眠れません。 요루오소쿠 파소콩야 스마호오 미테이루토 네무레마셍
당신은 다이어트해 본 적이 있습니까?	あなたはダイエットをしたことがありますか。 아나따와 다이엣토오 시타코토가 아리마스까
커피보다는 녹차가 좋습니다.	コーヒーよりは緑茶がいいです。 코-히요리와 료쿠챠가 이-데스
일요일엔 등산을 갑시다.	日曜には山登りに行きましょう。 니치요-니와 야마노보리니 이키마쇼-
손을 자주 씻읍시다.	手をまめに洗いましょう。 테오 마메니 아라이마쇼-

PART 05

사 교
しゃこう
社交

사교 과정은 사람과 사람이 친밀한 관계를 맺고 유지하는 것이다. 외국어를 빨리 마스터하는 방법 중 첫 번째는 그 나라에 가서 생활하는 것이고, 두 번째는 그 나라 사람과 연애나 우정을 맺는 것이다. 연애 상대가 없다면 드라마나 영화를 관심 있게 보면서 미리 준비(?)를 해두자. 드라마는 문화나 습성 등을 알 수 있는 좋은 교재가 될 것이다.

Unit 01 초대하기
招待 (しょうたい)

우리나라도 자기 집에 낯선 사람을 초대하는 일이 드물어졌는데 산업화가 일찍 이루어진 일본은 특히 더 그렇다. 일본인의 초대를 받으면 상당히 친밀해졌다고 생각해도 된다. 남의 집에 갈 때는 특히 염두에 둬야 할 것이 바로 선물이다. 비싸지 않아도 뭔가 선물을 받으면 누구나 기뻐하는 법. 처음 가는 집이라면 과자나 음식 선물이 무난한 것 같다.

01 초대 제안

저희 집에 식사하러 오시겠습니까?	私(わたし)の家(うち)に食事(しょくじ)に来(き)ませんか。 와타시노 우치니 쇼쿠지니 키마셍까
우리 집에 오시겠습니까?	私(わたし)の家(うち)に来(き)ませんか。 와타시노 우치니 키마셍까
언제 놀러 와 주세요.	いつか遊(あそ)びに来(き)てください。 이쓰카 아소비니 키테 쿠다사이
당신을 초대하고 싶습니다.	あなたを招待(しょうたい)したいです。 아나따오 쇼―타이시타이데스
이번 토요일 저녁 식사하러 오시지 않겠습니까?	今度(こんど)の土曜(どよう)の夕方(ゆうがた)、お食事(しょくじ)にいらっしゃいませんか。 콘도노 도요―노 유―가타 오쇼쿠지니 이랏샤이마셍까

● Unit 01_ 초대하기

오늘밤에 나와 식사는 어때?	今晩、わたしと食事はどう? 곰방, 와타시토 쇼쿠지와 도-
함께 식사하러 나가시겠습니까?	一緒に外へ食事に行きませんか。 잇쇼니 소토에 쇼쿠지니 이키마셍까
생일 파티에 와 줘.	誕生日のパーティーに来てね。 탄죠-비노 파-티-니 키테네
우리 집에 올래?	うちに来ない? 우치니 코나이
선생님을 집에 초대하고 싶습니다.	先生を家にお招きしたいのですが。 센세-오 우치니 오마네키 시타이노데스가
역까지 마중 나가겠습니다.	駅まで迎えに行きます。 에키마데 무카에니 이키마스
역에 도착하면 전화해.	駅に着いたら電話してね。 에키니 쓰이타라 뎅와시테네
7시에 와 줄래?	7時に来てくれる? 시치지니 키테쿠레루
유미도 올 거야.	由美も来るよ。 유미모 쿠루요

사정을 알려 주세요.	ご都合をお知らせください。 고쓰고-오 오시라세 쿠다사이

02　약속 시간

날짜는 언제가 좋으세요?	日にちはいつがいいですか。 히니치와 이쓰가 이-데스까
언제가 가장 시간이 좋습니까?	いつがいちばん都合がいいですか。 이쓰가 이치방 쓰고-가 이-데스까
이번 주말 예정은?	今週末の豫定は? 곤슈-마쓰노 요테-와
다음 주 중에 뵐 수 있을까요?	来週のうちにお目にかかれますか。 라이슈-노 우치니 오메니 카까레마스까
다음 주라면 괜찮습니다.	来週ならいいです。 라이슈-나라 이-데스
이르면 이를수록 좋습니다.	早ければ早いほどいいです。 하야케레바 하야이호도 이-데스

Unit 01_ 초대하기

언제라도 좋습니다.	いつでもいいです。 이쓰데모 이-데스
몇 시가 좋으십니까?	何時がいいですか。 난지가 이-데스까
토요일 오후 3시는 어때요?	土曜の午後3時はどうです? 도요-노 고고 산지와 도-데스
3시 30분이 괜찮습니까?	3時30分がよろしいですか。 산지 산쥬푼가 요로시-데스까

03 약속 장소

어디서 만날까요?	どこで会いましょうか。 도코데 아이마쇼-까
어디가 제일 좋은 장소일까요?	どこが一番都合がいいですか。 도코가 이치방 쓰고-가 이-데스까
일이 끝나면 6시에 사무실 앞에서 만날까요?	仕事が終わったら6時に事務所の前で会いましょうか。 시고토가 오왓타라 로쿠지니 지무쇼노 마에데 아이마쇼-까

정문 밖은 어떻습니까?	正門の外はどうですか。 세-몬노 소토와 도-데스까
그 커피숍은 어떻습니까?	あの喫茶店はどうですか。 아노 킷사텐와 도-데스까
포메인에서 기다리겠습니다.	フォメインでお待ちします。 휘메인데 오마치시마스
알겠습니다. 근데 어디 근처죠?	分かりました。でもどのあたりでしょう? 와까리마시따 데모 도노아타리데쇼-

04 초대 승낙

기꺼이 가겠습니다.	喜んでうかがいます。 요로콘데 우카가이마스
물론 가겠습니다.	もちろん行きます。 모치론 이키마스
반드시 가겠습니다.	きっと行きます。 킷토 이키마스

● Unit 01_ 초대하기

초대해 줘서 고마워.	招いてくれてありがとう。 마네이테 쿠레테 아리가또-
좋지요.	いいですね。 이이데스네
좋고말고요.	いいですとも。 이-데스토모
좋아요. 그럼 그때 만납시다.	いいですよ。じゃ、その時に会いましょう。 이-데스요 쟈 소노 토키니 아이마쇼-
그게 좋겠습니다.	それで好都合です。 소레데 코-쓰고-데스
저도 그때가 좋겠습니다.	私もそれで都合がいいです。 와타시모 소레데 쓰고-가 이-데스
언제든지 좋으실 때 하십시오.	いつでもお好きな時にどうぞ。 이쓰데모 오스키나 토키니 도-조
저는 어디든지 좋아요. 당신은요?	私はどちらでもいいです。あなたは? 와타시와 도치라데모 이-데스 아나따와
그럼 그 시간에 기다리겠습니다.	では、その時間にお待ちします。 데와 소노 지칸니 오마치시마스

279

그때 뵙기를 기대하겠습니다.	その時、お目にかかるのを楽しみにしています。 소노 토키 오메니 카카루노오 타노시미니 시테 이마스
나 말고 누가 오니?	私のほかに誰が来るの? 와타시노 호카니 다레가 쿠루노

05 초대 거절

유감스럽지만 갈 수 없습니다.	残念ながら行けません。 잔넨나가라 이케마셍
미안하지만 그날은 안 됩니다.	すまないけど、その日はだめです。 스마나이케도 소노히와 다메데스
가고 싶은 마음은 굴뚝 같은데.	行きたいのはやまやまですが。 이키타이노와 야마야마데스가
그날은 선약이 있어서요.	その日は先約がありますので。 소노히와 셍야쿠가 아리마스노데
고맙지만 지금은 너무 바빠서 말이야.	ありがたいけど、今のところ手が離せないんだ。 아리가타이케도 이마노토코로 테가 하나세나인다

Unit 01_ 초대하기

언제 다른 날로 하는 게 좋을 것 같군요.	いつか別の日のほうがよさそうですね。 이쓰카 베쓰노히노호-가 요사소-데스네
다시 권유해 주세요.	また誘ってください。 마타 사솟테 쿠다사이
낮엔 손님이 오기로 돼 있어요. 저녁엔 어때요?	昼はお客が見えるんです。夕方はどうですか。 히루와 오캬쿠가 미에룬데스 유-가타와 도-데스까
미안하지만 오늘은 하루 종일 바쁩니다.	すみませんが、今日は一日中忙しいのです。 스미마셍가 쿄-와 이치니치쥬- 이소가시-노데스
정말 죄송하지만 이번 주는 시간이 없어요.	本当にすまないけど、今週は時間がないんです。 혼또-니 스마나이케도 콘슈-와 지칸가 나인데스
공교롭게도 약속이 있습니다.	あいにくと約束があります。 아이니쿠토 야쿠소쿠가 아리마스
지금은 바빠요. 낮엔 어때요?	今は忙しい。昼はどう? 이마와 이소가시- 히루와 도-

281

오늘은 곤란한데 내일은 어때요?	今日はまずいけど、明日はどうです？ 쿄-와 마즈이케도 아시타와 도-데스
다른 날로 정하면 어떨까요?	別の日にしていただけないでしょうか。 베쓰노히니시테 이타다케나이데쇼-까

방문
ほうもん
訪問

우리나라엔 남의 집에 방문할 때 정해진 인사말이 없지만, 일본인은 남의 집이나 차에 올라탈 때 반드시 인사를 건넵니다. 즉, お邪魔します。라는 말은 꼭 알아두었다가 건네면 설사 발음이 안 좋더라도 그 성의가 전달되어 좋은 인상을 주게 됩니다.

01 손님맞이

마나베 씨 댁이 여기입니까?	真鍋さんのお宅はこちらでしょうか。 마나베상노 오타쿠와 코치라데쇼-까
요시다 씨는 댁에 계십니까?	吉田さんはご在宅ですか。 요시다상와 고자이타쿠데스까
이입니다. 야마자키 씨를 뵙고 싶습니다.	李です。山崎さんにお目にかかりたいんですが。 이데스 야마자키상니 오메니카카리타인데스가
마나베 씨와 세 시에 약속을 했습니다.	真鍋さんと3時に約束してありますが。 마나베상토 산지니 야쿠소쿠시테 아리마스가

지나가다가 잠시 들렀습니다.	通^{とお}りかかったので、ちょっとお立^たち寄^よりしました。 토-리카캇타노데 춋토 오타치요리 시마시따
제가 왔다고 전해 주십시오.	私^{わたし}が来^きたとお伝^{つた}えください。 와타시가 키타토 오쓰타에 쿠다사이
그럼 전화번호를 두고 가겠습니다.	では電話番号^{でんわばんごう}を置^おいてまいります。 데와 뎅와방고-오 오이테마이리마스
실례합니다. (남의 집에 들어갈 때의 인사)	お邪魔^{じゃま}します。 오쟈마시마스
어서 들어오십시오.	いらっしゃい、どうぞ。 이랏샤이 도-조
와 주셔서 기쁩니다.	来^きてくれて嬉^{うれ}しいです。 키테쿠레테 우레시-데스
이 집은 금방 찾을 수 있었어?	この家^{いえ}はすぐに見^みつけられた? 코노 이에와 스구니 미쓰케라레타
윗도리는 여기 거세요.	上着^{うわぎ}はここにかけてください。 우와기와 코꼬니 카케테 쿠다사이
초대해 주셔서 기쁩니다.	お招^{まね}きありがとうございます。 오마네키 아리가또- 고자이마스

Unit 02_ 방문

제가 좀 일찍 도착했나요?	わたしがちょっと来るのが早すぎましたか。 와타시가 춋토 쿠루노가 하야스기마시따까
제가 빨리 왔나요?	私が早すぎましたか。 와타시가 하야스기 마시타카
늦어서 죄송합니다.	遅くなってすみません。 오소쿠낫테 스미마셍
그렇게 늦진 않았습니다.	それほど遅れていません。 소레호도 오쿠레테이마셍
저에 대해서는 신경쓰지 않으셔도 됩니다.	どうぞ私のことはおかまいなく。 도-조 와타시노코토와 오카마이나쿠
일하시는 데 방해가 되지 않으면 좋겠네요.	お仕事の邪魔にならなければいいのですが。 오시고토노 쟈마니 나라나케레바 이-노데스가
자, 편안히 계세요.	どうぞお楽に。 도-조 오라쿠니
들어와 저기에 앉으세요.	どうぞ、あちらにおかけください。 도-조, 아치라니 오카케 쿠다사이
고마워요. 편안히 하고 있습니다.	どうも。もうくつろいでいます。 도-모 모-쿠쓰로이데 이마스

285

좋은 데서 사시네요.	いいお住いですね。 이-오스마이데스네
앉으시죠.	お座りください。 오스와리 쿠다사이
밝고 멋진 집이군요.	明るくて素敵なお住いですね。 아카루쿠테 스테키나 오스마이데스네
여기는 상당히 살기 좋아 보이는군요.	ここはなかなか住み心地がよさそうじゃないですか。 코꼬와 나카나카 스미 고코치가 요사 소-쟈나이데스까
조용한 환경이군요.	静かな環境ですね。 시즈카나 캉쿄-데스네
이 방은 아늑하군요.	この部屋は居心地がいいですね。 코노 헤야와 이고코치가 이이데스네
담배를 피워도 되겠습니까?	タバコを吸ってもいいでしょうか。 타바코오 슷테모 이-데쇼-까
실례지만 화장실은요?	失礼ですが、お手洗いは? 시쯔레-데스가 오테아라이와

● Unit 02_ 방문

02 주인이 하는 인사

누구십니까?	どちら様でしょうか。 도치라사마데쇼-까
잠깐 기다려 주세요.	少々お待ちください。 쇼-쇼- 오마치 쿠다사이
지금 손님이 계십니다. 잠시만 기다려 주시겠습니까?	ただいま来客中です。少々お待ちいただけますか。 타다이마 라이캬쿠츄-데스 쇼-쇼- 오마치이타다케마스까
나가이 사장님이 곧 오십니다.	永井社長はすぐ参ります。 나가이샤쵸-와 스구마이리마스
기다려 주시면 기꺼이 뵙겠다고 합니다.	お待ちいただければ、喜んでお目にかかるそうです。 오마치 이타다케레바 요로콘데 오메니 카까루 소-데스
죄송하지만 지금 외출 중입니다.	申し訳ありませんが、ただいま外出中でございます。 모-시와케아리마셍가 타다이마 가이슈쓰츄-데 고자이마스
전하실 말씀은 없습니까?	伝言がございますか。 뎅공가 고자이마스까

287

잘 오셨습니다.	ようこそいらっしゃいました。 요-코소 이랏샤이마시따
어라, 마나베 씨. 오랜만이에요.	まあ、真鍋(まなべ)さん！しばらくですね。 마- 마나베상 시바라쿠데스네
어서 오세요. 기대하며 기다리고 있었습니다.	ようこそ。楽(たの)しみにお待(ま)ちしていました。 요-코소 타노시미니 오마치시테 이마시따
자, 들어오시지요.	どうぞお入(はい)りください。 도-조 오하이리 쿠다사이
이쪽으로 오십시오.	こちらへどうぞ。 코치라에 도-조
이런 건 갖고 오시지 않아도 되는데. 고마워요.	そんなことなさらなくてもよかったのに。ありがとう。 손나코토 나사라나쿠테모 요캇타노니 아리가또-
집안을 안내해 드릴까요?	家(うち)の中(なか)をご案内(あんない)しましょうか。 우치노나카오 고안나이시마쇼-까
집을 구경시켜 드릴게요.	家(うち)をごらんに入(い)れます。 이에오 고란니 이레마스

○ Unit 02_ 방문

03 선물 증정

이거 받으세요. (선물 주기)	これをどうぞ。 코레오 도-조
이거 선물입니다.	これ、お土産です。 코레 오미야게데스
선물, 무척 고마워요.	プレゼントをどうもありがとう。 푸레젠토오 도-모 아리가또-
뜻밖입니다. 정말 고마워요.	思いがけないことです。どうもありがとう。 오모이가케나이코토데스 도-모 아리가또-
이거 정말 고마워요.	それはどうもありがとう。 소레와 도-모 아리가또-
저한테 주시는 겁니까? 감사합니다.	私にくださるのですか。どうもありがとうございます。 와타시니 쿠다사루노데스까 도-모 아리가또- 고자이마스
이런 것을 전부터 갖고 싶었습니다.	こういう物を前からほしいと思っていました。 코-이우모노오 마에카라 호시-또 오못테 이마시다

289

고마워요. 그런 거 갖고 오지 않으셔도 되는데.	ありがとう。そんなこと、なさらなくてもよかったのに。 아리가또ー 손나코토 나사라나쿠테모 요캇타노니
우와, 기뻐요! 정말 고마워요.	うわあ、うれしい！本当(ほんとう)にありがとう。 우와ー 우레시ー 혼또ー니 아리가또ー
마음에 드신다니 기쁩니다.	気(き)に入(い)ってもらえて嬉(うれ)しいです。 키니 잇테 모라에테 우레시ー데스
이런 거 제가 갖고 싶었던 거예요.	こんなの、ほしいと思(おも)っていたんです。 콘나노 호시ー토 오못테 이탄데스

Unit 03 접대 せったい 接待

초대를 받아 남의 집에 가면 대개 식사 대접을 받게 된다. 테이블 매너는 나라마다 차이가 있는데, 일본인은 상대와 젓가락끼리 만나게 하지 않는다. 그러니까 젓가락으로 음식을 집어 공중(?)에서 전달하면 안 된다. 화장(火葬) 후 뼈를 수습하는 것을 연상시킨다고 하여 꺼리는 것이다.

01 객실에서의 접대

거실로 가시지요.	居間の方へどうぞ。 이마노호-에 도-조
이쪽으로 앉으십시오.	こちらへおかけください。 코치라에 오카케 쿠다사이 *かける는 의자나 소파에 앉는 것, 바닥에 앉는 것은 すわる.
자, 편히 하십시오.	どうぞごゆっくり。 도-조 고육쿠리
잠깐 실례할게요. 곧 돌아오겠습니다.	ちょっと失礼。すぐ戻ります。 촛토 시쯔레- 스구 모도리마스
다른 분들은 거실에 계세요.	ほかの方はリビングにいます。 호카노 카타와 리빈구니 이마스

02 음식 권유

커피를 드시겠습니까?	コーヒーをいかがですか。 코ー히ー오 이캉아데스까
차와 커피 중 어느 쪽을 원하십니까?	お茶とコーヒーと、どちらがいいでしょうか。 오챠토 코ー히ー토 도치라가 이ー데쇼ー까
저녁식사 준비가 되었습니다.	夕食が出来ました。 유ー쇼쿠가 데키마시따
일본의 가정 요리는 좋아하십니까?	日本の家庭料理はお好きですか。 니혼노 카테ー료ー리와 오스키데스까
이건 보통 일본의 가정 요리입니다.	これは普通の日本の家庭料理です。 코레와 후쓰ー노 니혼노 카테ー료ー리데스
마음껏 드십시오.	どうぞご自由に召し上がってください。 도ー조 고지유ー니 메시앙앗테 쿠다사이
충분히 드셨습니까?	十分召し上がりましたか。 쥬ー분 메시앙아리마시따까

● Unit 03_ 접대

좀 더 드실래요?	もう少しいかが? 모-스코시 이캉아
매우 맛있는 식사였습니다.	とても美味しい食事でした。 토테모 오이시- 쇼쿠지데시따

03 파티 모임

저희 집 마당에서 바비큐 파티를 할 거예요.	家の庭でバーベキューパーティーをします。 우치노 니와데 바-베큐-파-티-오 시마스
그냥 조촐한 모임이에요.	ちょっとした集まりですよ。 촛토시따 아쓰마리데스요
평상복을 입으셔도 돼요.	普段着でオーケーです。 후당기데 오-케-데스
각자 음식을 가져오는 파티예요.	持ち寄り制のパーティーです。 모치요리세-노 파-티-데스
뭔가 특별히 가져왔으면 하는 게 있어요?	何か特に持ってきて欲しいものはありますか? 나니카 토쿠니 못테키테 호시-모노와 아리마스카

음료는 마음껏 드세요.	飲み物は自由に取ってください。 노미모노와 지유―니 톳테 쿠다사이
얘기에 끼어도 될까요?	話に入れてもらえますか。 하나시니 이레테 모라에마스까
파티를 마음껏 즐기시길 바라요.	パーティーを思い切り楽しんでください。 파―티―오 오모이키리 타노신데 쿠다사이

Unit 04 작별
別れ

헤어질 때는 그 자리에 없는 다른 가족이나 지인에게 안부 전해 달라고 인사를 건넵니다. ～さんによろしくお伝えください。 자기에게 뭔가 잘해 준 사람에겐 お世話になりました。라고 감사의 마음을 전달하면 좋다. 가볍게 인사하고 싶으면 じゃあね、また。라고 하면 된다.

01 자리에서 일어날 때

슬슬 가 봐야겠습니다.	そろそろおいとまします。 소로소로 오이토마시마스
아뇨, 이제 됐습니다.	いや、もう結構です。 이야 모- 켁코- 데스
이제 슬슬 가야 할 시간이라서요.	ぼちぼちおいとまする時間ですから。 보치보치 오이토마스루 지칸데스까라
이제 시간이 늦어서요.	もう時間が遅いですから。 모- 지칸가 오소이데스까라
이렇게 늦은 줄은 몰랐습니다.	こんなに遅くなったとは知りませんでした。 콘나니 오소쿠낫타토와 시리마센데시따

그만 너무 오래 있었습니다.	つい長居をしてしまいました。 쓰이 나가이오 시떼시마이마시따
일하러 돌아갈 시간이라서요.	仕事に戻る時間ですので。 시고토니 모도루 지칸데스노데
아쉽지만 더 폐를 끼칠 수는 없습니다.	残念ですが、これ以上お邪魔していられません。 쟌넨데스가 코레이죠- 오쟈마시테 이라레마센
더 있고 싶습니다만, 볼일이 있어서요.	もっといたいのですが、用事がありますので。 못토 이타이노데스가 요-지가 아리마스노데
무척 즐거웠어. 고마워.	とても楽しかった。ありがとう。 토테모 타노시캇따. 아리가또-
맛있는 식사와 멋진 밤을 보내게 해줘서 고마워.	おいしい食事と素晴らしい夜をありがとう。 오이시- 쇼쿠지토 스바라시- 요루오 아리가또-
정말로 즐겁게 말씀 나누었습니다.	本当に楽しくお話できました。 혼또-니 타노시쿠 오하나시 데키마시따
오늘은 만나서 즐거웠습니다.	今日は会えて嬉しかったです。 쿄-와 아에테 우레시캇따데스

296

○ Unit 04_ 작별

친절한 대접을 해 주셔서 감사합니다.	親切なおもてなしをありがとうございました。 신세쓰나 오모테나시오 아리가또- 고자이마시따
저희 집에도 꼭 오십시오.	私の方にもぜひ来てください。 와타시노 호-니모 제히 키테 쿠다사이

02 헤어질 때 주인 인사

벌써 가시게요?	もうお帰りですか。 모-오카에리데스까
차 마실 시간은 괜찮잖아요.	お茶の時間までいいじゃありませんか。 오챠노 지칸마데 이-쟈아리마셍까
저녁이라도 드시고 가시겠어요?	夕食を召し上がって行きませんか。 유-쇼쿠오 메시아갓테 이키마셍까
저는 괜찮습니다.	私の方はかまわないんですよ。 와타시노호-와 카마와나인데스요

아무 때나 들러주세요.	それじゃ、お引き留めはいたしません。 소레쟈 오히키토메와 이타시마셍
와 주셔서 저야말로 즐거웠습니다.	来ていただいて、こちらこそ楽しかったです。 키테이타다이테 코치라코소 타노시캇타데스
가까운 시일 내에 또 오십시오.	又近いうちにどうぞ。 마타치카이 우치니 도-조

Unit 05 사랑
恋 こい

사교 과정은 사람과 사람이 친밀한 관계를 맺고 유지하는 것이다. 외국어를 빨리 마스터하는 첫 번째는 그 나라에 가서 사는 것이고 두 번째는 그 나라 사람과 연애나 우정을 맺는 것이다. 연애 상대가 없다면 드라마나 영화를 관심 있게 보면서 미리 준비(?)를 해두자. 드라마는 문화나 습성 등을 알 수 있는 좋은 교재가 될 것이다.

01 이성 관계

이성 친구는 있습니까?	異性の友達はいますか。 이세-노 토모다치와 이마스까
하야시 씨는 여자 친구가 있습니까?	林さんはガール・フレンドがいますか。 하야시상와 걸-프후렌도가 이마스까
사귀는 사람 있어요?	つき合っている人、いますか。 쓰키앗테이루 히토 이마스카?
누군가와 특별히 사귀고 있습니까?	誰かと特別に付き合っていますか。 다레카토 토쿠베쓰니 쓰키앗테 이마스까
아니요, 만나는 사람은 없어요.	いいえ、つき合っている人はいません。 이-에, 쓰키앗테이루 히토와 이마셍

특별히 교제하는 여자는 없습니다.	特別に交際してる女性はおりません。 토쿠베쓰니 코-사이시테루 죠세-와 오리마셍
그녀는 그냥 친구예요.	彼女はほんの友だちです。 카노죠와 혼노 토모다치데스
이번 일요일에 그녀와 데이트합니다.	今度の日曜に彼女とデートします。 콘도노 니치요-니 카노죠토 데-또 시마스

02　연애 이야기

그녀와 연애 중입니다.	彼女と恋愛中です。 카노죠토 렝아이츄-데스
미즈노는 내 여동생에게 첫눈에 반해버렸어.	水野は僕の妹に一目ぼれしてしまいました。 미즈노와 보쿠노 이모-토니 히토메보레 시테시마이마시따
와다는 요시무라 애인에게 홀딱 반했어.	和田は吉村の恋人に首っ丈なんだ。 와다와 요시무라노 코이비토니 쿠빗타케난다
어울리는 커플이야.	お似合いのカップルだ。 오니아이노 캅푸루다

Unit 05_ 사랑

우리는 사이좋게 지내고 있습니다.	私たちはうまく行っています。 와타시타치와 우마쿠 잇테 이마스
첫사랑은 17세 때였습니다.	初恋は17歳の時でした。 하쓰코이와 쥬ー나나사이노 토키데시따
마츠모토 씨와는 아직 사귀니?	松本さんとはまだ付き合ってるの? 마쓰모토상토와 마다 쓰키앗테루노

03 이상형 표현

어떤 남자가 좋으세요?	どんな男性が好きですか。 돈나 단세ー가 스키데스까
어떤 사람과 결혼하고 싶으세요?	どんな人と結婚したいですか。 돈나 히토또 켁꼰시타이데스까
눈이 크고 머리가 긴 여성이 좋습니다.	目が大きくて髪の長い女性が好きです。 메가 오ー키쿠테 카미노 나가이 죠세ー가 스키데스
얌전한 여자가 좋아요.	女らしい人がいいですね。 온나라시ー 히토가 이이데스네

301

키가 크고 잘생긴 사람이 좋아요.	背が高くてハンサムな人がいいわ。 세가 타카쿠테 한사무나 히토가 이이와
피부가 까맣고 남성적인 사람이 좋아요.	色が黒くて男性的な人が好きよ。 이로가 쿠로쿠테 단세-테키나 히토가 스키요
대머리만 아니라면 아무 남자라도 괜찮아요.	はげじゃなければどんな男性でもいいです。 하게쟈나케레바 돈나 단세-데모 이-데스
미인이라면 괜찮지요.	美人ならいいでしょう。 비진나라 이-데쇼-
스포츠 좋아하고 나를 지켜줄 것 같은 남자가 좋아요.	スポーツ好きで私を守ってくれそうな男性が好きですわ。 스포-쓰즈키데 와타시오 마못테쿠레 소-나 단세-가 스키데스와
유머가 있는 사람이 좋아요.	ユーモアのある人が好きなの。 유-모아노 아루 히토가 스키나노
로맨틱하고 야심적인 남자를 좋아해요.	ロマンチックで野心的な男性が好きです。 로만칙쿠데 야신테키나 단세-가 스키데스
포용력 있고 융통성 있는 남자가 좋아요.	包容力があって融通のきく人が好きです。 호요-료쿠가 앗테 유-즈-노 키쿠 히토가 스키데스

● Unit 05_ 사랑

온화한 사람과 있으면 가장 마음 편해.	穏やかな人といると一番ほっとするの。 오다야카나 히토또 이루또 이치방 홋토스루노
그녀는 내 타입이 아냐.	彼女は私のタイプじゃない。 카노죠와 와타시노 타이푸쟈나이
직업이 안정된 사람과 결혼하고 싶어.	仕事が安定してる人と結婚したいわ。 시고토가 안테－시테루 히토또 켁꼰시타이와

04　상대에게 반했을 때

그녀에게 홀딱 반하고 말았어요.	彼女に一目ぼれしてしまいました。 카노죠니 히토메보레시테 시마이마시따
목소리가 귀여워서 반해 버렸어요.	声が可愛くてほれてしまいました。 코에가 카와이쿠테 호레테시마이마시따
그녀의 미소는 말로 표현할 수 없어요.	彼女の笑顔は言葉では表現できません。 카노죠노 에가오와 코토바데와 효－겐데키마셍

303

그는 부자니까 마음이 놓여요.	彼は金持ちだから安心できます。 카레와 카네모치다카라 안신데키마스
그녀를 꼬시려고 해요.	彼女を口説こうとします。 카노죠오 쿠도코-토 시마스
이런 기분은 처음입니다.	こんな気持ちは初めてです。 콘나키모치와 하지메테데스
성실하고 정직한 점이 아주 좋습니다.	真面目で正直なところが大好きです。 마지메데 쇼-지키나 토코로가 다이스키데스
미인보다 나은 건 없지요.	美人に越したものはありません。 비진니 코시타모노와 아리마센
눈이 아름답습니다.	目が美しいです。 메가 우쓰쿠시-데스
날씬한 다리가 매력적입니다.	すんなりした脚が魅力的です。 슨나리시타 아시가 미료쿠테키데스
손이 예쁘고 피부가 희니까 좋습니다.	手が奇麗で肌も白いからいいです。 테가 키레-데 하다모 시로이카라 이-데스
미인이라면 다른 건 아무래도 괜찮습니다.	美人ならば他のことはどうでもいいです。 비진나라 호카노코토와 도-데모 이-데스

● Unit 05_ 사랑

그녀와 얘기하면 재미있어.	彼女と会話すると面白いよ。 카노죠토 카이와스루토 오모시로이요
성격이 가장 중요합니다.	性格が一番大事です。 세-카쿠가 이치방 다이지데스

 데이트・고백하기
デート・告白する

'이성에게 인기가 있다'라는 말은 もてる라고 한다. '인기절정이다'라는 말은 モテモテ라고 한다. '남녀 사이가 열애 중이다'는 ラブラブ, 相思相愛라고 한다. 최근 생긴 말로 '심쿵'이란 말이 있는데 일본어 胸キュン의 변형인 듯하다. 이성에게 고백할 때는 あなたのことが好きです。付き合ってください。(당신을 좋아해요. 사귀어 주세요.)라고 하면 100% 마음을 전달한 것이다.

01 데이트 신청

사귀는 사람이 있으세요?	付き合ってる人はいますか。 쓰키앗테루 히토와 이마스까
춘자는 그냥 직장 동료일 뿐이에요.	チュンジャはただの同僚です。 춘자와 타다노 도-료-데스
오늘밤 시간 있어?	今夜時間ある？ 콘야 지칸 아루
당신에게 데이트 신청해도 될까요?	あなたをデートに誘ってもいいですか。 아나따오 데-토니 사솟테모 이-데스까
말씀(데이트 신청)해 주셔서 고마워요.	誘ってくれてありがとう。 사솟테 쿠레테 아리가또-

Unit 06_ 데이트·고백하기

저와 함께 영화 보러 갈래요?	僕と映画見に行かない？ 보쿠토 에-가 미니 이카나이
당신 손을 잡아도 될까요?	あなたの手を繋いでもいいですか。 아나따노 테오 쓰나이데모 이-데스까
미안해, 내가 늦었지.	ごめん、私遅かったね。 고멘 와타시 오소캇따네
그 소리를 들으니 좀 다행스럽군요.	その話聞いて、ほっとしました。 소노 하나시 키이테 홋토시마시따
나를 여자로서 어떻게 생각해요?	私を女としてどう思いますか。 와타시오 온나토시테 도-오모이마스까
당신과 또 데이트하고 싶어요.	あなたとまたデートしたいです。 아나따토 마타 데-토시타이데스
김씨와 사귀고 싶어요.	金さんと付き合いたいです。 키무상토 쓰키아이타이데스
맛있는 불고기 사드릴게요.	美味しい焼肉をおごってあげます。 오이시- 야키니쿠오 오곳테 아게마스
둘이서만 만나고 싶어요.	二人だけで会いたいんです。 후타리다케데 아이타인데스

307

02 감정 표현

행복합니다.	幸せです。 시아와세데스
기분이 아주 좋다.	すごく気持ちいい。 스고쿠 키모치이-
꽤 흥분된다.	結構興奮してる。 켁코- 코-훈시테루
매우 기쁘다.	とても嬉しいよ。 토테모 우레시-요
기분이 나쁘다.	気持ち悪い。 키모치 와루이
매우 슬픕니다.	悲しいです。 카나시-데스
미칠 것 같다.	気が狂いそう。 키가 쿠루이 소-

Unit 06_ 데이트 · 고백하기

03 사랑 고백

좋아해요.	好きです。 스키데스 *이 표현도 훌륭한 사랑 고백이다. 일본인들은 개인마다 차이도 있겠지만 사랑한다는 표현을 꺼리는 경우가 많다. 우리 나라도 예전엔 사랑한다는 표현을 쑥스러워서 말 못했는데 비슷하다고 보면 된다.
사랑해요.	愛しています。 아이시테 이마스
당신 없이는 살 수가 없어.	あなたなしでは生きていけない。 아나따나시데와 이키테 이케나이
당신의 모든 걸 사랑합니다.	あなたのすべてを愛しています。 아나따노 스베테오 아이시테이마스
결혼해 주실래요?	結婚してくれますか。 켁꼰시테 쿠레마스까
우리 부모님은 부자입니다.	家の親は金持ちです。 우치노 오야와 카네모치데스
이런 느낌은 처음이에요.	こんな感じは初めてです。 콘나 칸지와 하지메테데스

저는 밤낮 당신 생각만 해요.	僕はいつもあなたのことばかり思っています。 보쿠와 이쓰모 아나따노코토 바카리 오못테 이마스
사랑에 빠졌어요.	恋に落ちました。 코이니 오치마시따
밤하늘의 달이라도 따줄게.	夜空の月でも取って上げます。 요조라노 쓰키데모 톳테 아게마스
당신을 위해서라면 뭐든지 할게요.	あなたのためなら何でもします。 아나따노타메나라 난데모 시마스
당신이 해주는 요리를 먹고 싶어.	あなたがやってくれる料理を食べてみたい。 아나따가 얏테쿠레루 료-리오 타베테미타이

Unit 07 결혼 생활
けっこんせいかつ
結婚生活

결혼하기 위해 이런저런 노력을 하는 것을 婚活라고 한다. 결혼이 정해지면 우리와 달리 일본에선 꼭 와줬으면 하는 사람만 소수 초대한다. 따라서 행사 중 집중도가 높아지고, 결혼식과 피로연(披露宴)은 같은 자리에서 진행이 된다. 보통 당사자들의 친구들이 축하 메시지를 낭독하거나 옛날 사진을 큰 화면으로 보여주기도 한다.

01 결혼 생활

결혼하셨습니까? 독신입니까?	結婚していますか、独身ですか。 켁꼰시테 이마스까 도쿠신데스까
여동생은 지난 토요일에 결혼했습니다.	妹は先週の土曜日結婚しました。 이모ー토와 센슈ー 도요ー비 켁꼰시마시따
마나베와 결혼하니?	真鍋と結婚するの? 마나베토 켁꼰스루노
몇 살에 결혼하고 싶어요?	いくつで結婚したいと思いますか。 이쿠쓰데 켁꼰시타이토 오모이마스까
신혼부부이시군요.	新婚さんですね。 싱꼰상데스네

311

멋진 사람을 찾아서 내키면 결혼하겠습니다.	素敵な人を見つけて、その気になったら結婚します。 스테키나 히토오 미쓰케테 소노키니 낫타라 켁꼰시마스
결혼 축하해. 근데 상대는 누구야?	ご結婚おめでとう。で、お相手は誰? 켁꼰 오메데또- 데 오아이테와 다레
맞선이란 말을 들어본 적이 있습니까?	お見合いって聞いたことがありますか。 오미아잇떼 키이타코토가 아리마스까
중매 결혼은 중매쟁이가 주선합니다.	見合い結婚は仲人さんが整えます。 미아이켁꼰와 나코우도상가 토또노에마스
당신은 맞선 보고 결혼할 생각입니까?	あなたはお見合いで結婚するつもりですか。 아나따와 오미아이데 켁꼰스루 쓰모리데스까
신도식(일본 전통식) 결혼식을 합니까?	神式の結婚式をやりますか。 신시키노 켁꼰시키오 야리마스까
피로연은 호텔에서 합니까?	披露宴はホテルでやりますか。 히로-엔와 호테루데 야리마스까 *일본에서 결혼 피로연은 보통 3시간 가까이 진행되며 결혼식 자체도 아주 가까운 사람만 초대한다.

● Unit 07_ 결혼 생활

신혼여행은 괌에 갑니다.	新婚旅行はグアムへ行きます。 싱콘료코-와 구아무에 이키마스
남편 가족과 함께 삽니다.	夫の家族と同居します。 옷또노 카조쿠또 도-쿄시마스

02 출산 이야기

아내가 곧 아이를 낳습니다.	妻が近い内に子供を生みます。 쓰마가 치카이우치니 코도모오 우미마스
예정일은 언제입니까?	予定日はいつですか。 요테-비와 이쓰데스까
그녀는 임신 3개월입니다.	彼女は妊娠３ヶ月です。 카노죠와 닌싱 상카게쓰데스
축하할 일이 생겼다면서요?	おめでただそうですね。 오메데타다 소-데스네
자녀는 몇 명 갖고 싶으세요?	お子さんは何人ほしいですか。 오코상와 난닝 호시-데스까

그녀는 화요일에 여아를 낳았습니다.	彼女は火曜日に女の子を産みました。 카노죠와 카요-비니 온나노코오 우미마시따
오늘밤 아내와 함께 아기 출생을 축하합니다.	今晩妻と私で赤ちゃんの誕生祝いをします。 콘방 쓰마토 와타시데 아까짱노 탄죠-이와이오 시마스 *우리말로 탄생이라고 하면 위대한 인물에 한해 말하지만 일본에선 그냥 생일을 誕生日라고 한다.

08 결별
お詫び

결별은 누구에게나 가슴 아픈 일인데 결별을 먼저 결심한 사람이 상대에게 성의 없이 연락을 끊거나 도망치는 식으로 결별을 하는 것은 상대를 두 번 죽이는 일이다. 진심으로 헤어질 수밖에 없는 이유를 설명하는 것이 최선이고 그나마 상대에게 상처를 최소화하는 길이다.

01 사랑이 잘 안 될 때

우리 사이도 이걸로 끝이군.	私たちの仲もこれで終りね。 와타시타치노 나카모 코레데 오와리네
두 사람은 요즘 헤어졌나 봐.	二人は最近別れたらしいよ。 후타리와 사이킨 와카레타라시-요
그 사람과는 인연을 끊었어요.	あの人とは縁を切りました。 아노 히토또와 엔오키리마시따
마나베와 헤어졌다니 정말이야?	真鍋と別れたって、ほんと？ 마나베또 와카레탓떼 혼또
이제 안 만나는 게 좋겠어.	もう会わない方がいいね。 모- 아와나이 호-가 이-네

315

그녀는 너에게 전혀 관심이 없어.	彼女、君にはまったく気がありませんよ。 카노죠 키미니와 맛타쿠 키가 아리마센요
나는 지금 실연 중이야.	僕は今失恋中だよ。 보쿠와 이마 시쓰렌쮸―다요

02 결별을 통보할 때

우린 끝났어.	我々はおしまいだ。 와레와레와 오시마이다
이제 연락하지 마세요.	もう連絡しないでください。 모― 렌라쿠시나이데 쿠다사이
우리 헤어져요.	もう別れましょう。 모― 와카레마쇼―
우린 너무나 달라.	うちらはあまりにも違う。 우치라와 아마리니모 치가우
당신에게 실망했습니다.	あなたに失望しました。 아나따니 시쓰보―시마시따

● Unit 08_ 결별

더 이상 당신을 사랑하지 않아요.	もうあなたのことを愛していません。 모- 아나따노코토오 아이시테이마셍
당신이 싫어요.	あなたが嫌いです。 아나타가 키라이데스
관계를 끝내고 싶어요.	関係を終えたいです。 캉케-오 오에타이데스
당분간 혼자 지내고 싶어.	当分のあいだ一人で過したい。 토-분노 아이다 히토리데 스고시타이
다시 생각해 봐요.	もう一度考えてみてください。 모- 이치도 간가에테 미테 쿠다사이
처음부터 다시 시작해요.	初めからやり直しましょう。 하지메카라 야리나오시마쇼-

03 이혼에 대한 화제

우린 자주 싸워요.	私たちはよくけんかする。 와타시타치와 요쿠 켕까스루

부부 싸움을 했어요.	夫婦喧嘩をしました。 후-후겐카오 시마시타
아내가 바람을 피워.	僕の妻は浮気しているんだ。 보쿠노 쓰마와 우와키시테 이룬다
이제 아내를 사랑하지 않아.	もう妻を愛していないんだ。 모- 쓰마오 아이시테 이나인다
우리 사이는 틀어지기 시작했어.	僕らは仲たがいし始めた。 보쿠라와 나카타가이 시하지메타
너는 변했어.	君は変わったよ。 키미와 카왓따요
지금 아내와 별거 중이야.	今妻と別居しているんだ。 이마 쓰마또 벡쿄-시테이룬다
이혼하자.	離婚しよう。 리콘시요-
우린 지난 겨울에 헤어졌습니다.	彼とは半年前に別れました。 카레토와 한토시마에니 와카레마시따
그는 최근에 재혼했습니다.	彼は最近再婚しました。 카레와 사이킨 사이콘시마시따

● Unit 08_ 결별

아내와 헤어지고 너와 재출발하고 싶어.	妻と別れて君と再出発したい。 쓰마토 와카레테 키미토 사이슙빠쓰시타이
이혼하고 나서 금방 후회하는 사람도 있습니다.	離婚してからすぐ後悔する人もいます。 리콘시테까라 스구 코ー카이스루 히토모 이마스
결혼도 이혼도 행복해지기 위해서입니다.	結婚も離婚も幸せになるためです。 켁꼰모 리콘모 시아와세니 나루타메데스
가벼운 싸움은 오히려 좋은 일입니다.	軽い喧嘩はむしろいいことです。 카루이 켕카와 무시로 이ー코토데스
전혀 싸우지 않는 것이 위험합니다.	全然喧嘩しないのが危ないです。 젠젠 켕카시나이노가 아부나이데스
이혼하니 기분이 후련합니다.	離婚したら気持ちが清々します。 리콘시타라 키모치가 세ー세ー시마스
나는 이혼하고 나서 후회한 적은 없습니다.	私は離婚してから後悔したことはありません。 와타시와 리콘시테카라 코ー카이시타코토와 아리마셍
아이가 있으면 이혼이 어려워집니다.	子供がいると離婚が難しくなります。 코도모가 이루토 리콘가 무즈카시쿠 나리마스

319

매달 양육비를 보내고 있습니다.	毎月養育費を送っています。 마이쓰키 요-이쿠히오 오쿳테 이마스
혼자가 되니까 오히려 저축을 하게 되었습니다.	一人になってむしろ貯金するようになりました。 히토리니 낫테 무시로 쵸킨스루요-니 나리마시따
역시 이혼은 괴롭습니다.	やっぱり離婚は辛いです。 얍빠리 리콘와 쓰라이데스
한국은 이혼율이 높답니다.	韓国は離婚率が高いそうです。 캉코쿠와 리콘리쓰가 타카이소-데스

PART 06

해외여행
かいがいりょこう
海外旅行

해외여행이 흔해진 요즘이지만 해외여행을 떠나기 전엔 누구나 유쾌한 설렘을 경험한다. 그런데 현지에 가면 한정된 시간 때문에 시간이 정신없이 지나가게 마련이다.
그래서 여러모로 세심하게 계획을 세우고 준비를 해둬야 한다. 특히 외국에선 언어 소통이 큰 문제이므로 여러 가지 표현을 잘 익혀두는 게 좋다.

Unit 01 항공편
こうくうびん
航空便

최근 엔화 약세로 특히나 일본 여행을 즐기는 분들이 늘어났다. 항공권은 1개월 이상 여유를 두고 예약해야 저렴하게 구매할 수 있다. 신용카드를 잘 안 받는 일본이기 때문에 당연히 환전도 해둬야 하는데 미리 시중 은행에서 해둬야 한다. 다급하게 당일 공항 내 은행에서 환전하게 되면 상당히 손해를 보게 되기 때문이다.

01 항공편 예약

항공편을 예약하고 싶습니다.	航空便を予約したいんです。 코-쿠-빙오 요야쿠시타인데스
항공편을 변경하고 싶습니다.	航空便を変更したいんです。 코-쿠-빙오 헹코-시타인데스
오전 비행기로 변경하고 싶습니다.	午前の便に変更したいんです。 고젠노 빙니 헹코-시타인데스
예약을 취소하고 싶습니다.	予約を取り消したいんです。 요야쿠오 토리케시타인데스
대기자 명단에 넣어 주시겠습니까?	キャンセル待ちのリストに入れてもらえますか。 캰세루마치노 리스토니 이레테 모라에마스까

● Unit 01_ 항공편

가능하면 빨리 가고 싶습니다.	出来れば早く行きたいんです。 데키레바 하야쿠 이키타인데스
직행 편입니까?	直行便ですか。 쵹코-빙데스까
비즈니스 클래스로 부탁합니다.	ビジネスクラスをお願いします。 비지네스쿠라스오 오넹아이시마스

02 환전하기

환전하는 곳은 어디입니까?	両替するところはどこですか。 료-가에스루 토코로와 도코데스까
여기서 환전할 수 있습니까?	ここで換金できますか。 코꼬데 캉킨데키마스까
원을 엔으로 환전하고 싶습니다.	ウォンを円に換金したいんです。 원오 엔니 캉킨시타인데스
계산이 틀린 거 아닙니까?	計算が違っていませんか。 케-상가 치갓테 이마셍까
오늘 환율은 얼마입니까?	今日の為替レートはいくらですか。 쿄-노 카와세레-토와 이쿠라데스까

수수료는 얼마입니까?	手数料はいくらですか。 테스-료-와 이쿠라데스까
이 지폐를 잔돈으로 바꿔 주실래요?	この紙幣を小銭に崩してくれますか。 코노 시헤-오 코제니니 쿠즈시테 쿠레마스까

03 탑승 수속

여기서 체크인할 수 있습니까?	ここでチェックインできますか。 코꼬데 첵쿠인데키마스까
체크인은 몇 시부터입니까?	チェックインは何時からですか。 첵쿠인와 난지까라데스까
탑승 시간은 언제입니까?	搭乗時間は何時ですか。 토-죠-지칸와 난지데스까
정각에 출발합니까?	定刻に出発しますか。 테-코쿠니 슙파쓰시마스까
이 가방은 기내로 갖고 갈 수 있습니까?	このカバンは機内へ持ち込めますか。 코노 카방와 키나이에 모치코메마스까

○ Unit 01_ 항공편

칸사이에서 갈아타려고 합니다.	関西で乗り継ぐのですが。 칸사이데 노리쓰구노데스가
이 짐을 부치겠습니다.	この荷物を預けます。 코노 니모쓰오 아즈케마스

04　기내에서

탑승권을 보여 주시겠습니까?	搭乗券を見せてください。 토-죠-켄오 미세테 쿠다사이
미안합니다. 지나가도 될까요?	すみません。ちょっと通してください。 스미마셍 춋토 토오시테 쿠다사이
등받이를 기울여도 될까요? (뒷사람에게)	シートを倒してもいいですか。 시-토오 타오시테모 이-데스까
음료는 뭐가 있나요?	どんな飲み物がありますか。 돈나 노미모노가 아리마스까
모포를 주십시오.	毛布をください。 모-후오 쿠다사이

325

화장실은 어디 있습니까?	トイレはどこですか。 토이레와 도코데스까
비행기는 정각에 도착합니까?	このフライトは定刻に着きますか。 코노 후라이토와 테-코쿠니 쯔키마스까
이 가방은 짐 선반에 들어가지 않습니다.	このカバンは荷物棚に入りません。 코노카방와 니모쯔다나니 하이리마센
예, 둘 곳을 찾아보겠습니다.	はい、置ける場所を探します。 하이 오케루 바쇼오 사가시마스
자리를 바꿔도 될까요?	席を替わってもいいですか。 세키오 카왓테모 이-데스까
이 헤드폰은 들리지 않습니다.	このヘッドホンは聴こえません。 코노 헷도혼와 키코에마센
한국 신문은 있습니까?	韓国の新聞はありますか。 캉코쿠노 심붕와 아리마스까
홋카이도는 앞으로 얼마 후에 도착합니까?	北海道は後どれくらいで到着しますか。 혹카이도-와 아토도레쿠라이데 토-챠쿠시마스까

공항에서
空港で

일본 공항에 도착하면 입국관리소를 통과하게 되는데 기내에서 입국신고서를 작성해 두면 당황하지 않고 통과할 수 있다. 필요한 것은 항공편번호, 일본 내 체류지(호텔, 지인의 집) 주소와 전화번호, 본인 여권번호 등을 메모해 두자. 그리고 통과 시 양손 집게손가락 지문을 전자 장치에 올려 재취받는다.

01 환승하기

이 공항에서 얼마나 머뭅니까?	この空港にはどのくらいとまりますか。 코노 쿠-코-니와 도노쿠라이 토마리마스까
모두 내립니까?	みんな下りますか。 민나 오리마스까
저는 뉴욕으로 가는 환승객입니다.	私はニューヨークへ行く乗り継ぎ客です。 와타시와 뉴-요-쿠에 이쿠 노리쓰기캬쿠데스
대기실에 면세점은 있습니까?	待合室に免税店はありますか。 마치아이시쓰니 멘제-텐와 아리마스까
일본 항공으로 갈아 탑니다.	日本航空に乗り継ぎます。 니홍코-쿠-니 노리쓰기마스

수하물 부치는 곳은 어디인가요?	手荷物を預けるところはどこですか。 테니모쓰오 아즈케루토코로와 도코데스까
제 비행 편은 예정대로입니까?	私のフライトは予定通りですか。 와타시노 후라이토와 요테-도-리데스까

02　입국 절차

이제 곧 도착이다.	もうすぐ到着だよ。 모-스구 토-챠쿠다요
입국카드를 보여 주시겠어요?	入国カードを見せてくれますか。 뉴-코쿠카-도오 미세테쿠레마스까
여권 좀 보여 주시겠습니까?	パスポートを見せてください。 파스포-토오 미세테 쿠다사이
여기 있습니다.	はい、これです。 하이 코레데스
방문 목적은 무엇입니까?	訪問の目的は何ですか。 호-몬노 모쿠테키와 난데스까

● Unit 02_ 공항에서

관광[유학]입니다.	観光[留学]に来ました。 캉코ー[류ー가쿠]니 키마시따
며칠간 체류합니까?	何日間、滞在しますか。 난니치칸 타이자이시마스까

03 세관 통과

신고서를 주세요.	申告書をください。 싱코쿠쇼오 쿠다사이
가방을 열어 주십시오.	カバンを開けてください。 카방오 아케테 쿠다사이
뭔가 신고할 것을 가지고 있습니까?	何か申告するものはありますか。 나니카 싱코쿠스루 모노와 아리마스까
신고할 것은 없습니다.	申告する物はありません。 싱코쿠스루 모노와 아리마센
이것은 친구에게 줄 선물입니다.	これは友人へのおみやげです。 코레와 유ー진에노 오미야게데스

329

이건 제가 쓸 것입니다.	これは自分用です。 코레와 지분요-데스
와인 두 병 갖고 있습니다.	ワイン2本持っています。 와인 니홍 못테 이마스

04　공항에서 질문

카트는 있습니까?	カートはどこにありますか。 카-토와 도코니 아리마스까
호텔로 가는 버스가 있습니까?	ホテルへ行くバスがありますか。 호테루에 이쿠 바스가 아리마스까
짐은 어디에서 찾나요?	荷物はどこで引き取りますか。 니모쓰와 도코데 히키토리마스까
짐이 안 나왔습니다.	荷物が出て来ないんです。 니모쓰가 데테코나인데스
제 호텔은 여기입니다.	私のホテルはここです。 와타시노 호테루와 코꼬데스

Unit 02_ 공항에서

내용물은 무엇입니까?	中身は何ですか。 나카미와 난데스까
이것은 과세가 됩니다.	これは課税となります。 코레와 카제-토 나리마스

공항에서 볼 수 있는 단어

便名 빔메- 항공편명
航空券 코-쿠-켄 항공권
搭乗券 토-죠-켄 탑승권
税関 제-칸 세관
出発ロビー 슛파쓰로비- 출발 로비
搭乗ゲート 토-죠-게-또 탑승 게이트
免税店 멘제-텐 면세점
両替所 료-가에죠 환전소
定刻に 테-코쿠니 정각에
出入国審査 슈쓰뉴-코쿠신사 입국 관리
セキュリティ 세큐리티 security 보안검색

出発時間 슛파쓰지칸 출발 시간
到着時間 토-챠쿠지칸 도착 시간
国内線 코쿠나이센 국내선
国際線 코쿠사이센 국제선

Unit 03 교통
こうつう 交通

최근에는 한국과 일본, 중국이 상호 관광 편의를 위해 전철 역, 버스 내 음성 안내 등 한국어 안내가 친절하게 되어 있어서 편리해졌다. 그래도 뭔가 물어볼 때는 외국어 능력도 중요하지만, 내 용건을 말하기 전에 실례한다는 양해의 한 마디가 상대방으로 하여금 뭐든 가르쳐주고 싶은 기분이 들게 한다.

01 길 묻기

미안합니다. 역은 어떻게 갈 수 있습니까?	すみません。駅へはどう行ったらよいでしょうか。 스미마셍 에키에와 도- 잇타라 요이데쇼-까
걸어서 몇 분 걸립니까?	歩いて何分かかりますか。 아루이테 난뿐 카까리마스까
프린스 호텔로 가는 길을 가르쳐 주시겠어요?	プリンスホテルへ行く道を教えてくれますか。 푸린스호테루에 이쿠미치오 오시에테 쿠레마스까
여기에서 가깝습[멉]니까?	ここから近い[遠い]ですか。 코꼬까라 치카이[토-이]데스까
거기까지 걸어서 갈 수 있습니까?	そこまで歩いて行けますか。 소꼬마데 아루이테 이케마스까

● Unit 03_ 교통

서점을 찾고 있는데 이 주변에 있습니까?	本屋を探しているんですが、この辺にありますか。 혼야오 사가시테 이룬데스가 코노헨니 아리마스까
우에노 공원은 이 길로 가면 됩니까?	上野公園はこの道でいいんですか。 우에노코-엔와 코노 미찌데 이인데스까
저는 길치입니다.	私は方向音痴ばんです。 와타시와 호-코-온치난데스 *음치는 우리와 마찬가지로 音痴라고 하는데 기계를 다루는데 서툰 사람인 기계치는 機械音痴라고 하고 방향 감각이 없어 길을 못 찾는 사람은 方向音痴라고 한다.
어떻게 가면 될까요?	どうやって行けばいいのですか。 도-얏테 이케바 이이노데스까
편의점을 찾고 있습니다.	コンビニを探しているのですが。 콤비니오 사가시테이루노데스가
이 근처에 있습니까?	この近くにありますか。 코노 치카쿠니 아리마스까
길을 잃고 말았습니다.	道に迷ってしまいました。 미치니 마욧테 시마이마시따
버스를 타는 게 좋을까요?	バスに乗ったほうがいいですか。 바스니 놋타호-가 이-데스까

333

거기 가는 버스는 없습니다.	そこへ行くバスはありません。 소코에 이쿠 바스와 아리마셍 *일본은 세계에서 철도가 가장 발달한 나라이지만 버스의 역할이 약한 편이다. 철도만 이용해도 못 가는 곳이 없다시피 하니까 시내버스 노선은 짧다.

02 길 안내하기

꽤 멀어요.	結構遠いです。 켁코- 토-이데스
다음 모퉁이에서 우측으로 도세요.	次の角で右側に廻ってください。 쓰기노 카도데 미기가와니 마왓테 쿠다사이
두 번째 모퉁이에서 왼쪽으로 도세요.	二つ目の角で左に曲がってください。 후타쓰메노 카도데 히다리니 마갓테 쿠다사이
직진하세요.	まっすぐ行ってください。 맛스구 잇테 쿠다사이
이 길을 쭉 가면 됩니다.	この道をずっと行けばいいです。 코노 미치오 즛토 이케바 이-데스

Unit 03_ 교통

되돌아가세요.	戻って行ってください。 모돗테 잇테 쿠다사이
저도 같은 방향입니다.	私も同じ方向です。 와타시모 오나지 호-코-데스
동행해 드리죠.	お連れしましょう。 오쓰레시마쇼-
여기서 걸어서 5분 정도입니다.	ここから歩いて5分ほどです。 코꼬까라 아루이테 고훈 호도데스
약도를 그려 드릴게요.	略図を描いてあげます。 랴쿠즈오 카이테 아게마스
현재 위치는 지도에서 여깁니다.	現在地は地図の中でここです。 겐자이치와 치즈노나카데 코꼬데스
버스를 타는 게 좋아요.	バスに乗った方がいいです。 바스니 놋타호-가 이-데스
저도 여기는 처음이라서요.	私もここは初めてなものですから。 와타시모 코꼬와 하지메테나 모노데스까라

335

03 길을 잃었을 때

길을 잃었어요.	道に迷いました。 미치니 마요이마시따
실례합니다! 여기는 어디입니까?	すみません。ここはどこですか。 스미마셍 코꼬와 도코데스까
저도 잘 몰라요.	私もよく分かりません。 와타시모 요쿠 와카리마셍
이 지도에서 여기가 어디인가요?	この地図の中でここはどこですか。 코노 치즈노나카데 코꼬와 도코데스까
이 지도에 표시해 주시겠어요?	この地図に印をしてください。 코노 치즈니 시루시오 시테 쿠다사이
여긴 처음입니다.	こちらは初めてです。 코치라와 하지메테데스
저는 길눈이 어둡습니다.	私は方向音痴です。 와타시와 호-코-온치데스

Unit 04 대중교통
こうつうびん
交通便

일본 택시는 자동문이라 우리처럼 손으로 닫으면 안 된다. 그냥 자리에 앉으면 기사가 닫아 준다. 버스도 정류장의 정해진 위치에 1m 어김도 없이 멈춰 선다. 일본 버스의 특징은 대단히 얌전히 달린다는 것이다. 그래서 한국 버스를 처음 타본 일본인은 모두 크게 놀라며 롤러코스터를 탄 것 같다고 말한다.

01 택시 이용하기

택시를 불러 주시겠습니까?	タクシーを呼んでくれますか。 타쿠시오 욘데 쿠레마스까
어디까지 가십니까?	どちらまでいらっしゃいますか。 도치라마데 이랏샤이마스까
근처에 택시 승강장이 있습니까?	近くにタクシー乗り場はありますか。 치카쿠니 타쿠시-노리바와 아리마스까
어디서 기다리고 있으면 됩니까?	どこで待っていればいいですか。 도코데 맛테이레바 이-데스까
나리타 공항까지 부탁합니다.	成田空港までお願いします。 나리타쿠-코-마데 오넹아이 시마스
오사카성까지 가 주세요.	大阪城まで行ってください。 오-사카죠-마데 잇테 쿠다사이

공항까지 대략 얼마입니까?	空港までおよそいくらですか。 쿠-코-마데 오요소 이쿠라데스까
곧바로 가 주세요.	真っ直ぐ行ってください。 맛스구 잇테 쿠다사이
우리 모두 탈 수 있습니까?	我々みんな乗れますか。 와레와레 민나 노레마스까
트렁크를 열어 주시겠어요?	トランクを開けてくれますか。 토랑쿠오 아케테 쿠레마스까
이 주소로 좀 데려다 주시겠습니까?	この住所まで行ってください。 코노 쥬-쇼마데 잇테 쿠다사이
서둘러 주시겠어요?	急いでください。 이소이데 쿠다사이
가장 가까운 길로 가 주세요.	近道にしてください。 치카미치니 시테 쿠다사이
여기서 세워 주세요.	ここで止めてください。 코꼬데 토메테 쿠다사이
요금은 얼마입니까?	料金はいくらですか。 료-킹와 이쿠라데스까

Unit 04_ 대중교통

거스름돈은 그냥 두세요.	おつりは結構です。 오쓰리와 켁꼬-데스
여기서 기다려 주시겠어요?	ここで待っていてくれますか。 코꼬데 맛테이테 쿠레마스까
빈차가 좀처럼 안 오네.	空車がなかなか来ないね。 쿠-샤가 나카나카 코나이네
15분 기다려서 겨우 택시를 잡았어요.	15分待ってやっとタクシーを拾いました。 쥬-고훈 맛테 얏토 타쿠시-오 히로이마시따
여기는 전화로 택시를 부르는 게 편해요.	ここは電話でタクシーを呼んだ方が楽です。 코꼬와 뎅와데 타쿠시-오 욘다 호-가 라쿠데스

02　버스 이용하기

버스 정류소는 어디에 있습니까?	バス停はどこですか。 바스테-와 도코데스까

339

이 버스는 공항에 갑니까?	このバスは<ruby>空港<rt>くうこう</rt></ruby>へ<ruby>行<rt>い</rt></ruby>きますか。 코노 바스와 쿠-코-에 이키마스까
60번 버스를 타세요.	<ruby>60番<rt>ろくじゅうばん</rt></ruby>バスにお<ruby>乗<rt>の</rt></ruby>りください。 로쿠쥬-방 바스니 오노리쿠다사이
버스를 잘못 탔습니다.	バスを<ruby>乗<rt>の</rt></ruby>り<ruby>間違<rt>まちが</rt></ruby>えました。 바스오 노리마치가에마시따
미안합니다. 내릴 곳을 지나쳤습니다.	すみません、<ruby>乗<rt>の</rt></ruby>り<ruby>過<rt>すご</rt></ruby>しました。 스미마셍 노리스고시마시따
마지막 버스는 몇 시입니까?	<ruby>最後<rt>さいご</rt></ruby>のバスは<ruby>何時<rt>なんじ</rt></ruby>ですか。 사이고노 바스와 난지데스까
이 버스는 어디 행입니까?	このバスはどこ<ruby>行<rt>い</rt></ruby>きですか。 코노 바스와 도코이키데스까
우에노를 지나갑니까?	<ruby>上野<rt>うえの</rt></ruby>を<ruby>通<rt>とお</rt></ruby>りますか。 우에노오 토오리마스까
여기에서 몇 번째입니까?	ここからいくつ<ruby>目<rt>め</rt></ruby>ですか。 코꼬까라 이쿠쓰메데스까
도착하면 알려주시겠습니까?	<ruby>着<rt>つ</rt></ruby>いたら<ruby>知<rt>し</rt></ruby>らせてもらえますか。 쓰이타라 시라세테 모라에마스까

Unit 04_ 대중교통

이케부쿠로에 도착하면 내려주세요.	池袋に着いたら降ろしてください。 이케부쿠로니 쓰이타라 오로시테 쿠다사이
여기에 요금을 넣으면 됩니까?	ここに料金を入れればいいんですか。 코꼬니 료-킨오 이레레바 이인데스까
죄송합니다. 이 자리에 누가 있습니까?	すみません、この席に誰かいますか。 스미마셍 코노 세키니 다레카 이마스까
다음 버스는 몇 시에 옵니까?	次のバスは何時に来ますか。 쓰기노 바스와 난지니 키마스까
미술관에 갑니까?	美術館へ行きますか。 비주쓰칸에 이키마스까
여기에서 내릴게요.	ここで下ります。 코꼬데 오리마스
도중에 내릴 수 있습니까?	途中下車、できますか。 토츄-게샤 데키마스까
일본 버스는 안전 운전을 합니다.	日本のバスは安全運転をします。 니혼노 바스와 안젠운텐오 시마스

한국어 안내방송을 하니까 편리하다.	韓国語(かんこくご)の案内(あんない)アナウンスをするから便利(べんり)だ。 캉코쿠고노 안나이 아나운스오 스루까라 벤리다

03 페리에서

출항은 몇 시입니까?	出港(しゅっこう)は何時(なんじ)ですか。 슉코-와 난지데스까
선편 여행은 좋아하십니까?	船旅(ふなたび)はお好(す)きですか。 후나타비와 오스키데스까
선편 여행은 이번이 처음입니다.	船旅(ふなたび)はこれが初(はじ)めてです。 후나타비와 코레가 하지메테데스
뱃멀미로 속이 불편합니다.	船酔(ふなよ)いで気分(きぶん)が悪(わる)いです。 후나요이데 키붕가 와루이데스
승선 시간은 몇 시입니까?	乗船時間(じょうせんじかん)は何時(なんじ)ですか。 죠-센지칸와 난지데스까
부산행 배는 몇 번 부두에서 떠납니까?	プサン行(ゆ)きの船(ふね)は何番埠頭(なんばんふとう)から出(で)ますか。 푸산유키노 후네와 난반후토-까라 데마스까

● Unit 04_ 대중교통

2번 선실을 예약했습니다.	2等船室を予約しました。 니토-센시쓰오 요야쿠시마시따
저 배는 하코다테행이군요.	あの船は函館行きですね。 아노 후네와 하코다테유키데스네
정말 파도가 잔잔하군요.	なんて波が静かなんでしょう。 난테 나미가 시즈카난데쇼-
갑판에 가 봅시다.	甲板へ行ってみましょう。 캄팡에 잇테미마쇼-
다음 기항지는 어디입니까?	次の寄港地はどこですか。 쓰기노 키코-치와 도코데스까
정박 중에 시내를 구경하고 싶습니다.	停泊中に街を見物したいんですが。 테-하쿠츄-니 마치오 켕부쓰시타인데스가
구명동의는 어디 있습니까?	救命胴衣はどこにありますか。 큐-메-도-이와 도코니 아리마스까
이제 곧 입항합니다.	もうじき入港します。 모-지키 뉴-코-시마스

343

Unit 05 열차 · 전철
列車・電車
れっしゃ・でんしゃ

전철로 3시간 이상 걸리는 곳은 가능하면 신칸센을 이용하는 것이 편리하다. 100km 이상의 먼곳의 경우엔 한국과 달리 여러 번 갈아타지 않으면 안 되게 만들어 놓은 것이다. 신칸센은 매표소가 따로 있고 특실(グリーン車), 지정석(指定席), 자유석(自由席)으로 분류되며 당연히 요금의 차이가 있다.

01 열차표 사기

오사카까지 왕복 한 장 주세요.	大阪まで往復一枚ください。 오-사카마데 오-후쿠 이치마이 쿠다사이
도쿄까지 어른 두 장, 어린이 두 장 주세요.	東京まで大人2枚、子供2枚ください。 토-쿄-마데 오토나 니마이 코도모 니마이 쿠다사이
왕복입니까?	往復ですか。 오-후쿠데스까
편도표를 주세요.	片道をください。 카타미치오 쿠다사이
금연차를 부탁합니다.	禁煙車をお願いします。 킹엔샤오 오네가이 시마스

● Unit 05_ 열차 · 전철

이 급행은 어디로 갑니까?	この急行はどこへ行きますか。 코노 큐-코-와 도코에 이키마스까
이 표로 이 급행을 탈 수 있습니까?	この切符でこの急行に乗れますか。 코노 킵푸데 코노 큐-코-니 노레마스카
식당차는 딸려 있습니까?	食堂車はついていますか。 쇼쿠도-샤와 쓰이테 이마스까
별도 요금은 어디에서 지불합니까?	別料金はどこで払ったらいいですか。 베쓰료-킨와 도코데 하랏타라 이-데스까
이 주위에 전철역은 있습니까?	この辺りに電車の駅はありますか。 코노아타리니 덴샤노 에키와 아리마스까
가장 가까운 지하철역은 어디 있습니까?	一番近い地下鉄駅はどこですか。 이치방 치카이 치카테쓰에키와 도코데스까
실례합니다. 신주쿠역은 어디 있습니까?	すみません。新宿駅はどこですか。 스미마셍 신쥬쿠에키와 도코데스까 *신주쿠 역은 전세계에서 이용 승객수(1일 360만)가 가장 많은 역이고 지하 출입구만 해도 200개로 상상하기 힘든 규모다.
어디서 갈아타면 됩니까?	どこで乗り換えればいいですか。 도코데 노리카에레바 이-데스까

345

02　열차를 탈 때

다음 역에서 야마노테선을 타세요.	次の駅で山の手線に乗ってください。 쓰기노 에키데 야마노테센니 놋테 쿠다사이 * 山手線은 도쿄의 대표적인 전철 노선으로 1932년에 전 노선이 완성되었다. 순환선으로 서울 전철 2호선의 모델이 된 노선이다.
심바시에 가려면 무슨 선을 타야 합니까?	新橋へ行くには何線に乗ればいいのですか。 심바시에 이쿠니와 나니센니 노레바 이-노데스까
전철 노선도를 한 장 주시겠어요?	電車の路線図を一枚もらえますか。 덴샤노 로센즈오 이치마이 모라에마스까
긴자로 가는 것은 무슨 선입니까?	銀座へ行くのはどの線ですか。 긴자에 이쿠노와 도노센데스까
어느 역에서 내리면 됩니까?	どこの駅で降りればいいのですか。 도코노 에키데 오리레바 이이노데스까
급행은 이 역에서 섭니까?	急行はこの駅に止まりますか。 큐-코-와 코노 에키니 토마리마스까
히로시마로 가는 가장 좋은 방법은 무엇일까요?	広島へ行く一番いい方法は何ですか。 히로시마에 이쿠 이치방 이-호-호-와 난데스까

● Unit 05_ 열차·전철

하네다 공항은 어떻게 가면 좋을까요?	羽田空港へはどう行ったらいいでしょうか。 하네다쿠-코-에와 도-잇타라 이-데쇼-까
당신은 전철을 잘못 탄 것 같군요.	あなたは電車を間違えたようです。 아나따와 덴샤오 마치가에타 요-데스
당신이 내릴 역은 여기에서 다섯 번째 역입니다.	あなたの降りる駅はここから5つ目です。 아나따노 오리루에키와 코꼬까라 이쓰쓰메데스
특급을 타시면 안 됩니다. 그 역엔 정차하지 않으니까요.	特急に乗らないように。 その駅には停車しませんから。 톡큐-니 노라나이요-니 소노 에키니와 테-샤시마셍까라
이것은 급행입니까, 완행입니까?	これは急行ですか、鈍行ですか。 코레와 큐-코-데스까 동코-데스까 *완행은 보통 各駅停車라고 합니다. 鈍行은 속어적인 표현.

03 열차 객실에서

이 자리는 비어 있나요?	この席は空いていますか。 코노 세키와 아이테 이마스까

347

여기 앉아도 될까요?	ここに座ってもいいですか。 코꼬니 스왓테모 이-데스까
차표 좀 보여 주실까요?	切符を見せていただけますか。 킵푸오 미세테 이타다께마스까
창문을 열어도 될까요?	窓を開けてもいいですか。 마도오 아케테모 이-데스까
식당 칸은 어디입니까?	食堂車はどこですか。 쇼쿠도-샤와 도코데스까
도중하차해도 되나요?	途中でおりてもいいですか。 토츄-데 오리테모 이-데스까
다음 정차 역은 어디입니까?	次の停車駅はどこですか。 쯔기노 테-샤에키와 도코데스까

렌터카 이용
レンタカーの利用

일본에서 운전할 때는 좌측통행이므로 비보호 우회전을 해야 하고, 좌회전은 신호를 받은 후에 해야 한다는 것은 단순한 이치이지만 한국에서의 오랜 습관 때문에 헷갈린다.
일본에서 운전하려면 미리 국내 운전면허시험장의 국제면허 코너에서 국제면허증을 받아야 한다. 면허증, 여권, 사진, 수수료(1만 원 이하)를 준비하면 받을 수 있다. 국내 여행사에서 일본 렌터카를 미리 예약해 두면 현지에서 편하게 이용할 수 있다.

01 렌터카 이용

렌터카를 빌리고 싶습니다.	レンタカーを借りたいのですが。 렌타카-오 카리타이노데스가
현재 빌릴 수 있는 차는 있습니까?	今、借りられる車はありますか。 이마 카리라레루 쿠루마와 아리마스까
요금표를 보여 주세요.	料金表を見せてください。 료-킨효-오 미세테 쿠다사이
2일간 차를 빌리고 싶습니다.	二日間車を借りたいんですが。 후쓰카칸 쿠루마오 카리타인데스가

어떤 차종을 원하십니까?	どんな型をお望みですか。 돈나 가타오 오노조미데스까 ＊軽自動車: 경차　　コンパクトカー: 소형차 セダン: 세단　　SUV(エス・ユー・ブイ: SUV
오토매틱 차를 원합니다.	オートマチック車をお願いします。 오-토마칙쿠샤오 오넹아이 시마스
내일 아침 비타민 호텔까지 가져와 주시겠어요?	明日の朝、ビタミンホテルまで車を持ってきてくれますか。 아시타노 아사 비타민호테루마데 쿠루마오 못테키테 쿠레마스까
하루당 요금이 얼마입니까?	一日の料金はいくらですか。 이치니치노 료-킹와 이쿠라데스까
요금에 보험은 들어 있나요?	料金に保険は含まれていますか。 료-킨니 호켄와 후쿠마레테 이마스까
할인 요금은 있습니까?	割引料金はありますか。 와리비키 료-킨와 아리마스까
서류에 기입을 했습니다.	書類に記入しました。 쇼루이니 키뉴-시마시따
이게 제 국제면허증과 신용카드입니다.	これが私の国際免許証とクレジットカードです。 코레가 와타시노 코쿠사이멩쿄쇼-토 쿠레짓토카-도데스

● Unit 06_ 렌터카 이용

| 사고가 났을 경우 어디로 연락을 하면 됩니까? | 事故の場合はどこに連絡すればいいのですか。
지코노바아이와 도코니 렌라쿠스레바 이-노데스까 |

02   운전하면서

역까지 태워드리겠습니다.	駅まで乗せてあげましょう。 에키마데 노세테 아게마쇼-
안전벨트를 매세요.	シートベルトを締めてください。 시-토베루토오 시메테 쿠다사이
고속도로를 탑시다.	高速道路を使いましょう。 코-소쿠도-로오 쓰카이마쇼-
앞차를 따라붙자.	前の車に追い付こう。 마에노 쿠루마니 오이쓰코-
속도를 줄이세요. 요철이 있는 길이니까.	スピードを落として。でこぼこ路だから。 스피-도오 오토시테 데코보코미치다카라
뒤에 순찰차가 오고 있어요.	後ろからパトカーが来てますよ。 우시로까라 파토카-가 키테마스요

다음 휴게소까지 꽤 됩니까?	次のサービスエリアまで大分ありますか。 쓰기노 사ー비스에리아마데 다이부 아리마스까 *고속도로휴게소를 서비스에리어(Service Area)라고 한다. 지도를 보면 SA라고 표기되어 있다.
누구에게 길을 물어보지 그래요?	誰かに道を聞いてみたらどう? 다레까니 미치오 키이테 미타라 도ー
다음 표지판을 봐 주시겠어요?	今度の表示板を見てくれますか。 콘도노 효ー지방오 미테 쿠레마스까 *今度는 '다음 번', 今回는 '이번', 전혀 다른 의미가 된다.
여기에 주차할 수 있습니까?	ここに駐車してもいいですか。 코꼬니 쥬ー샤시테모 이ー데스까
어디에 차를 세울까요?	どこに車を寄せましょうか。 도코니 쿠루마오 요세마쇼ー까
차를 도로가에 세웁시다.	車を道路わきによせましょう。 쿠루마오 도ー로와키니 요세마쇼ー
주유소까지 2, 3킬로밖에 안 됩니다.	ガソリンスタンドまで 2,3キロだけです。 가소린스탄도마데 니상키로 다케데스

03 교통사고와 트러블

구급차를 부탁해요! 자동차 사고입니다!	救急車を頼みます！交通事故です。 큐-큐-샤오 타노미마스! 코-쓰-지코데스
도와주세요!	助けて！ 타스케테
부상자가 있습니다.	けが人がいます。 케가닝가 이마스
뺑소니 사고예요. 빨리 번호를 적어요!	ひき逃げ事故です。早くナンバーをひかえて。 히키니게 지코데스 하야쿠 남바오 히카에테
속도 위반입니다.	スピード違反です。 스피-도 이한데스
신호 무시입니다.	信号無視です。 싱고-무시데스
정면 충돌 사고입니다.	正面衝突事故です。 쇼-멘쇼-토쓰 지코데스
경찰을 불러 주세요.	警察を呼んでください。 케-사쓰오 욘데 쿠다사이

이 분이 사고 목격자입니다.	この方が事故の目撃者です。 코노 카타가 지코노 모쿠게키샤데스
저는 과실이 없습니다.	私のほうには過失はありません。 와타시노 호-니와 카시쯔와 아리마셍
이 아이가 갑자기 길에 뛰어들었습니다.	この子供がいきなり道に飛び出したんです。 코노 코도모가 이키나리 미치니 토비다시탄데스
저 사람이 신호를 무시했습니다.	あの人が信号を無視したんです。 아노 히토가 싱고-오 무시시탄데스
저는 제한속도를 지키고 운전했습니다.	私は制限速度を守って運転していました。 와타시와 세-겐소쿠도오 마못테 운텐시테 이마시따
경찰입니다. 면허증을 보여 주십시오.	警察ですが、免許証をお見せください。 케-사쯔데스가 멘쿄쇼-오 오미세 쿠다사이

● Unit 06_ 렌터카 이용

04　자동차 고장

타이어 공기압 점검 좀 해 주세요.	タイヤの空気圧を調べてください。 타이야노 쿠-키아쓰오 시라베테 쿠다사이
휘발유가 떨어졌습니다.	ガス欠です。 가스케쓰데스
차가 고장입니다. 견인하러 와 주세요.	車が故障です。取りに来てください。 쿠루마가 코쇼-데스 토리니 키테 쿠다사이
브레이크 어딘가가 좋지 않습니다.	ブレーキのどこかが具合が悪いです。 부레-키노 도코카가 구아이가 와루이데스
배터리가 방전됐으니 충전해 주세요.	バッテリーが上っちゃったので、充電してください。 밧테리-가 아갓챳타노데 쥬-덴시테 쿠다사이
타이어가 펑크났습니다. 수리해 주세요.	パンクしたので、修理してください。 팡쿠시타노데 슈-리시테 쿠다사이
고장났을 경우 연락처를 알려 주실래요?	故障した場合の連絡先を教えてくれますか。 코쇼-시타 바아이노 렌라쿠사키오 오시에테 쿠레마스까

Unit 07 식당 찾기

しょくどうさが
食堂探し

일본의 도쿄는 세계 최고 권위를 인정받는 프랑스의 레스토랑 평가 잡지 미슐랭 가이드가 세계에서 가장 맛있는 식당이 가장 많다고 인정한 도시이다. 최근엔 일본 여행을 다니는 한국인이 많다 보니까 일본 각지의 맛있는 식당을 개인 블로그에 올려 놓는 분들이 많다. 필자도 식당을 검색해 보고 도쿄에서 이용해 본 적이 여러 번 있다. 일본 야후에서 현지 식당을 이용한 일본인들의 평가를 직접 확인해 볼 수도 있다.

01 식당을 찾을 때

맛있는 레스토랑을 알려 주시겠습니까?	美味しいレストランを教えてください。 오이시- 레스토랑오 오시에테 쿠다사이
너무 비싸지 않은 레스토랑이 좋겠네요.	あまり高くないレストランがいいです。 아마리 타카쿠나이 레스토랑가 이-데스
이 지방의 명물 요리를 먹고 싶은데요.	この土地の名物料理が食べたいんです。 코노 토치노 메-부쓰료-리가 타베타인데스
가볍게 먹을 수 있는 곳이 좋겠네요.	軽く食べられるとこがいいです。 카루쿠 타베라레루 토코가 이-데스

● Unit 07_ 식당 찾기

조용한 분위기의 식당이 좋습니다.	静かな雰囲気の食堂がいいです。 시즈카나 훈이키노 쇼쿠도-가 이-데스
지금 식사할 수 있나요?	今、食事が出来ますか。 이마 쇼쿠지가 데키마스까
중화요리는 어떠세요?	中華料理はどうですか。 츄-카료-리와 도-데스까

02 식당을 말할 때

여기 자주 오세요?	ここによく来ますか。 코꼬니 요쿠 키마스까
이 식당은 항상 붐벼요.	この食堂はいつも賑わっています。 코노 쇼쿠도-와 이쓰모 니기왓테 이마스
이 식당은 음식을 잘 해요.	この食堂はうまいです。 코노 쇼쿠도-와 우마이데스
여기 분위기를 좋아해요.	ここの雰囲気が好きです。 코꼬노 훙이키가 스키데스

357

이 식당은 못쓰겠네요.	この食堂はだめですね。 코노 쇼쿠도- 와 다메데스네
이 식당은 생선요리를 잘해요.	この食堂は魚料理がうまいです。 코노 쇼쿠도- 와 사카나료-리가 우마이데스
이 집은 새우가 일품입니다.	この食堂はえびが一品です。 코노 쇼쿠도- 와 에비가 입뻰데스
이 식당은 본격 프랑스 요리가 나와요.	この食堂では本格フランス料理が出ます。 코노 쇼쿠도-데와 홍카쿠 후란스료-리가 데마스

03 / 음식 권하기

자, 마음껏 드세요.	さあ、ご自由に召し上がってください。 사- 고지유-니 메시아갓테 쿠다사이
좋아하시는 거 뭐든 마음껏 드세요.	お好きな物を何でも自由におとりください。 오스키나 모노오 난데모 지유-니 오토리쿠다사이

○ Unit 07_ 식당 찾기

아주 맛있어 보이죠?	とても美味しそうでしょう。 토테모 오이시 소-데쇼-
따뜻할 때 드세요.	温かいうちに召し上がってください。 아타타카이 우치니 메시아갓테 쿠다사이
수프 맛은 어떻습니까?	スープの味はいかがですか。 수-푸노 아지와 이캉아데스까
맛 좀 보세요.	ちょっと味見してみてよ。 춋토 아지미시테미테요
많이 드세요.	たくさん取ってくださいね。 타쿠상 톳테 쿠다사이네
싫으시면 남기셔도 됩니다.	お嫌いでしたら、残してもいいですよ。 오키라이데시따라 노코시테모 이-데스요
스테이크는 부드럽죠?	ステーキは柔らかいでしょう? 스테-키와 야와라카이데쇼-
고기를 좀 더 드시겠어요?	肉をもう少しいかがですか。 니쿠오 모-스코시 이캉아데스까

359

아뇨, 됐습니다. 많이 먹었습니다.	いや結構です。十分いただきました。 이야 켁코-데스 쥬-분 이타다키마시따
디저트는 어떠십니까?	デザートはいかがですか。 데자-토와 이캉아데스까
뭔가 음료를 드시겠어요?	何か飲み物はのみますか。 나니카 노미모노와 노미마스카
거실에서 커피를 마십시다.	居間でコーヒーをのみましょう。 이마데 코-히오 노미마쇼-

Unit 08 식사 성향
食事の好み
しょくじ　この

외국에 나가서도 음식이 안 맞으면 난감해지는데 다행히도 일본 음식은 한국인의 입맛에 괜찮은 편이다. 식성은 사람마다 다르니까 자기에게 특이한 식성이 있으면 일본어로 표현법을 알아두자. 배가 고프다는 의태어로 ペコペコ라고 하고, 충분히 먹었으면 お腹がいっぱいです。라고 한다. 인사성이 밝은 일본인은 혼자 먹을 때도 いただきます。라고 인사를 한다.

01　식사 성향

뭐든 잘 먹어요.	何でもよく食べます。 난데모 요쿠 타베마스
식성이 까다로워요.	食べ物にうるさいんです。 타베모노니 우루사인데스
돼지고기를 못 먹어요.	豚肉は食べられません。 부타니쿠와 타베라레마센
제겐 너무 답니다.	私には甘すぎます。 와타시니와 아마스기마스
단것을 좋아합니다.	甘い物が好きです。 아마이 모노가 스키데스

기름기 있는 음식을 안 좋아해요.	脂っこい物は苦手です。 아부락코이모노와 니가테데스
아쉽지만 입에 맞지 않습니다.	残念ながら口に合いません。 잔넨나가라 쿠치니 아이마센

02 식욕을 말할 때

배가 고파요.	お腹が空いた。 오나카가 스이타
배가 부르군요.	お腹がいっぱいです。 오나카가 입빠이데스
식욕은 어떠세요?	食欲はどうですか。 쇼쿠요쿠와 도-데스까
먹고 싶은 생각이 없어요.	食べたい気がしません。 타베타이 키가 시마센
항상 그렇게 빨리 드세요?	いつもそんなに早く召し上がりますか。 이쓰모 손나니 하야쿠 메시앙아리마스까

● Unit 08_ 식사 성향

저는 조금밖에 안 먹어요.	私は少ししか食べません。 와타시와 스코시시카 타베마셍
과식을 했나 봐요.	食べ過ぎたみたいです。 타베스기따 미타이데스

03　음식 맛 말하기

이 음식은 너무 맵군요.	これは辛すぎます。 코레와 카라스기마스
군침이 도는군요.	よだれが出ます。 요다레가 데마스
생각보다 맛있군요.	思ったよりうまいです。 오못타요리 우마이데스
이건 맛이 별로군요.	これは味がいまいちですね。 코레와 아지가 이마이치데스네
이건 제 입맛에 안 맞아요.	これは私の口に合いません。 코레와 와타시노 쿠치니 아이마셍

363

아주 맛있어요.	とても美味しいです。 토테모 오이시-데스
아무 맛도 없어요.	何の味もしません。 난노 아지모 시마셍
이것은 맛이 지독해요.	これは味がひどいです。 코레와 아지가 히도이데스
달콤해요.	甘いです。 아마이데스
싱거워요.	味が薄いです。 아지가 우스이데스 水っぽいです。 미즙포이데스
순해요(부드러워요).	やわらかいです。 야와라카이데스 まろやかです。 마로야카데스
써요.	苦いです。 니가이데스

● Unit 08_ 식사 성향

짜요.	しょっぱいです。 숍파이데스
	塩辛いです。 시오카라이데스
비린내 나요.	生臭いです。 나마구사이데스
시큼해요.	すっぱいです。 습파이데스
신선해요.	新鮮です。 신센데스
신선하지 않아요.	新鮮じゃないです。 신센쟈나이데스
연해요.	やわらかいです。 야와라카이데스
(고기가) 질겨요.	硬いです。 카타이데스
기름기가 많아요.	脂っこいです。 아부락코이데스
기름기가 없어요.	脂気がないです。 아부라케가 나이데스

국이 담백해요.	汁が淡白です。 시루가 탄빠꾸데스
맛이 진하다.	味が濃い。 아지가 코이
고소하다.	香ばしい。 코-바시-
바삭바삭하다.	さくさくしてる。 사쿠사쿠시테루
끈적끈적하다.	ねとねとしてる。 네토네토시테루
아리다.	えぐい。 에구이
향기롭다.	かぐわしい。 카구와시이

식당에서
食堂で

일본에서 맛있는 식당으로 소문이 나면 보통 줄서서 기다리는 경우가 많다. 은행처럼 번호표를 뽑고 기다리는 곳도 많이 볼 수 있다. 일본 식당은 보통 우리나라보다 친절하지만 식당 내 공간이 비좁은 곳이 많기 때문에 건물 밖에서 메뉴 사진과 가격을 보고 고르면 쉽다. 그리고 반찬이든 뭐든 추가로 주문하면 비용이 든다.

01 예약 및 좌석 잡기

여기서 예약할 수 있나요?	ここで予約を取れますか。 코꼬데 요야쿠오 토레마스까
손님은 몇 분이십니까?	お客様は何名さまですか。 오캬쿠사마와 남메-사마데스까
오후 6시 반에 5명이 갑니다.	午後6時半に5人で行きます。 고고 로쿠지한니 고닝데 이키마스
두 사람 좌석을 주십시오.	二人の席をお願いします。 후타리노 세키오 오네가이시마스
안내해 드릴 때까지 잠시 기다려 주십시오.	案内するまで少々お待ちください。 안나이스루마데 쇼-쇼- 오마치 쿠다사이

367

몇 분간만 기다려 주시겠습니까?	何分間だけ待ってくださいますか。 남뿐칸다케 맛테 쿠다사이마스까
금연석으로 부탁합니다.	禁煙席をお願いします。 킹엔세키오 오넹아이 시마스

02　주문 표현

메뉴 좀 볼 수 있을까요?	メニーを見せてくれますか。 메뉴-오 미세테 쿠레마스까
뭘로 하시겠습니까?	何になさいますか。 나니니 나사이마스까
생각 좀 해 보겠습니다.	ちょっと考えさせてください。 촛토 캉가에 사세테 쿠다사이
주문을 해도 될까요?	注文していいですか。 츄-몬시테 이-데스까
이걸로 주세요.	これをください。 코레오 쿠다사이

● Unit 09_ 식당에서

저도 같은 걸 부탁합니다.	私も同じものをお願いします。 와타시모 오나지모노오 오넹아이 시마스
주방장의 추천 요리는 있습니까?	シェフのお勧めの料理はありますか。 셰후노 오스스메노 료-리와 아리마스까
이건 무슨 요리입니까?	これはどんな料理ですか。 코레와 돈나 료-리데스까
우선 마실 것을 주문하고 싶은데요.	まず飲み物を注文したいのですが。 마즈 노미모노오 츄-몬시타이노데스가
오늘의 특별 요리로 할게요.	今日の特別料理にします。 쿄-노 토쿠베쓰료-리니 시마스
스테이크는 어떤 식으로 구울까요?	ステーキはどういう風に焼きますか。 스테-키와 도-이우후-니 야키마스까
디저트로 아이스크림을 부탁해요.	デザートにアイスクリームを頼みます。 데자-토니 아이스쿠리-무오 타노미마스
나중에 또 주문할게요.	また後で注文します。 마타아토데 츄-몬시마스

369

물 한 잔 주세요.	水を一杯ください。 미즈오 입파이 쿠다사이

03　식사할 때

잘 먹겠습니다.	いただきます。 이타다키마스
잘 먹었습니다.	ごちそうさまでした。 고치소-사마데시따
많이 먹었습니다.	たっぷりいただきました。 탑뿌리 이타다키마시따
모두 정말 맛있게 먹었습니다.	何もかも実に美味しくいただきました。 나니모카모 지쯔니 오이시쿠 이타다키마시따
멋진 저녁이었습니다.	素晴らしい夕食でした。 스바라시- 유-쇼쿠데시따
지금까지 먹은 것 중 최고로 맛있었습니다.	今まで食べたうちで最高に美味しかったです。 이마마데 타베타 우치데 사이코-니 오이시캇타데스

● Unit 09_ 식당에서

정말로 맛있었습니다.	本当に旨かったです。 혼또-니 우마캇타데스 *旨い는 확실히 남성적인 표현, 美味しい는 약간 여성적인 표현.
아침식사는 매일 꼭 드십니까?	朝食は毎日ちゃんと食べますか。 쵸-쇼쿠와 마이니치 챤토 타베마스까
늦게 일어나면 아침은 거르고 맙니다.	遅く起きると朝食は抜きにしてしまいます。 오소쿠 오키루토 쵸-쇼쿠와 누키니시테 시마이마스
아침엔 대개 빵을 먹습니다.	朝食にはたいていパンを食べます。 쵸-쇼쿠니와 타이테- 팡오 타베마스
밥과 된장국과 야채를 조금 먹습니다.	ご飯と味噌汁と野菜を少々食べます。 고항토 미소시루또 야사이오 쇼-쇼- 타베마스
점심은 어디에서 드세요?	昼食はどこで食べますか。 츄-쇼쿠와 도코데 타베마스까
무척 배가 고프네.	かなりお腹がすいた。 카나리 오나카가 스이타
점심을 시켜 먹읍시다.	昼食を注文しましょう。 츄-쇼쿠오 츄-몬시마쇼-

371

점심에 초밥은 어떠세요?	昼食にお寿司はいかがですか。 츄-쇼쿠니 오스시와 이캉아데스까
배가 고프지만 점심을 먹을 시간이 없습니다.	腹ペコだけど昼食を食べる暇がありません。 하라페코다케도 츄-쇼쿠오 타베루 히마가 아리마셍
오늘밤 식사는 어디서 할까요?	今夜の食事はどこでしましょうか。 콩야노 쇼쿠지와 도코데 시마쇼-까
어서 오세요. 저녁 음식이 다 됐습니다.	いらっしゃい。夕食ができました。 이랏샤이 유-쇼쿠가 데키마시따
모두 맛있어 보이네.	みんな美味しそうだ。 민나 오이시 소-다
자주 밖에서 식사하십니까?	よく外で食事するんですか。 요쿠 소토데 쇼쿠지스룬데스까
항상 혼자 해먹습니다.	いつも自炊しています。 이쓰모 지스이시테 이마스

● Unit 09_ 식당에서

04　차 마시기

커피 한 잔 마실까요?	コーヒーを一杯飲みましょうか。 코-히-오 입파이 노미마쇼-까
신선한 토마토 주스가 좋겠네요.	新鮮なトマトジュースの方がいいですね。 신셴나 토마토쥬-스노 호-가 이이데스네
커피 한 잔 사겠습니다.	コーヒー一杯おごりましょう。 코-히- 입파이 오고리마쇼-
제 커피는 진하게 해 주세요.	私のコーヒーは濃くしてください。 와타시노 코-히-와 코쿠시테 쿠다사이
커피에 설탕과 크림을 넣습니까?	コーヒーに砂糖とクリームを入れますか。 코-히-니 사토-토 쿠리-무오 이레마스까
커피는 하루 몇 잔 드십니까?	コーヒーを一日何杯くらい飲みますか。 코-히-오 이치니치 남바이 쿠라이 노미마스까
접시를 치워도 될까요?	お皿をお下げしてもよろしいですか。 오사라오 오사게 시테모 요로시-데스까

Unit 10 식사 이후
食事以降
しょくじ いこう

일본에선 식당뿐 아니라 어떤 업소든 우리나라와 달리 신용카드 받는 게 의무사항이 아니어서 현금만 받는 가게가 많으므로 미리 현금을 준비해 두는 것이 필요하다. 그리고 우리와 달리 식후에 커피를 자판기로 무료 제공하는 곳은 별로 없다.

01 서비스 표현

냅킨을 주세요.	ナプキンをください。 나푸킨오 쿠다사이
아직 요리가 안 나오는데요.	まだ料理が出ておりません。 마다 료-리가 데테오리마셍
이건 주문하지 않았습니다.	これは注文しなかったんです。 코레와 츄-몬시나캇딴데스
음식에 이상한 것이 들어 있어요.	食べ物に変な物が入っています。 타베모노니 헨나모노가 하잇테 이마스
이거 식었어요. 바꿔 주세요.	これ冷めていますよ。替えてください。 코레 사메테 이마스요 카에테 쿠다사이
주문을 바꿔도 될까요?	注文を変えてもいいですか。 츄-몬오 카에테모 이-데스까

● Unit 10_ 식사 이후

| 이건 제대로 익지 않은 것 같아요. | これは火がよく通ってないようですが。
코레와 히가 요쿠 토옷테나이 요-데스가 |

02 지불하기

각자 부담으로 할까요?	割り勘にしましょうか。 와리칸니 시마쇼-까
이건 제가 내겠습니다.	これは私のおごりです。 코레와 와타시노 오고리데스
계산 부탁해요.	お勘定をお願いします。 오칸죠-오 오네가이시마스
전부 해서 얼마입니까?	全部でおいくらですか。 젬부데 오이쿠라데스까
봉사료가 포함되었습니까?	サービス料込みですか。 사-비스료- 코미데스까
거스름돈은 됐습니다.	お釣りは結構です。 오쓰리와 켁코-데스

375

계산이 틀린 것 같습니다.	勘定が間違ってると思います。 칸죠-가 마치갓테루토 오모이마스

03 패스트푸드점에서

주문을 받을까요?	お次のお客様どうぞ！ 오쓰기노 오캬쿠사마 도-조
치즈버거 세트 주십시오.	チーズバーガセットをください。 치-즈바-가 셋또오 쿠다사이
사이즈는 어떻게 하시겠습니까?	サイズはどちらになさいますか。 사이즈와 도치라니 나사이마스까
여기서 드실 건가요, 가져가실 건가요?	こちらで召し上がりますか、お持ち帰りですか。 코치라데 메시앙아리마스까 오모치카에리데스까
여기서 먹을 겁니다.	ここで食べます。 코꼬데 타베마스
콜라 하나요. 작은 것으로 주세요.	コーラ一本、小さいのください。 코-라 입뽕 치이사이노 쿠다사이

Unit 11 쇼핑

買い物

일본에서 쇼핑할 때 좋은 점은 일부러 부르기 전엔 종업원이 귀찮게 하지 않는다는 점이다. 일상회화에선 존경어가 엄격하지 않지만 쇼핑하러 가면 고객에겐 대단히 공손한 표현을 구사한다. 고객이 "~있습니까?(～、ありますか。)"라 물으면 종업원은 "예, 있습니다(はい、ございます。)"라고 공손히 대답한다.

01 매장 찾기

상점가를 구경하고 싶어요.	商店街を見物したいんです。 쇼-텡가이오 켐부쓰시타인데스
좋은 가게를 소개해 주세요.	いい店を紹介してもらえますか。 이-미세오 쇼-카이시테 모라에마스까
일본에서 제일 유명한 백화점은 어디 있습니까?	日本で一番有名なデパートはどこにありますか。 니혼데 이치방 유-메-나 데파토와 도코니 아리마스까
이 도시의 특산품은 무엇입니까?	この街の特産品は何ですか。 코노마치노 토쿠산힝와 난데스까
어디 가면 카메라를 싸게 살 수 있나요?	どこへ行けばカメラを安く買えますか。 도코에 이케바 카메라오 야스쿠 카에마스까

근처에서 과일을 살 수 있습니까?	近くで果物が買えますか。 치카쿠데 쿠다모노가 카에마스까
백화점 안에 면세점이 있습니까?	デパートの中に免税店がありますか。 데빠토노 나카니 멘제-텐가 아리마스까
백화점에 가면 좋은 물건을 살 수 있어요.	デパートへ行けばいい物を買えますよ。 데파-토에 이케바 이-모노오 카에마스요
어디에 가면 싸게 살 수 있습니까?	どこへ行けば安く買えますか。 도코에 이케바 야스쿠 카에마스까
저 가게는 다른 곳보다 싸게 팔아요.	あの店は他の店より安く売っています。 아노미세와 호카노 미세요리 야스쿠 웃테 이마스
선물을 사고 싶어요.	お土産を買いたいんです。 오미야게오 카이타인데스
일본의 전통적인 것을 사고 싶은데요.	日本の伝統的なのが買いたいんですが。 니혼노 덴토-테키나노가 카이타인데스가
근처에 적당한 가게는 있습니까?	近くに適当な店はありますか。 치카쿠니 테키토-나 미세와 아리마스까

● Unit 11_ 쇼핑

저와 함께 가 보시겠습니까?	私と一緒に行ってみませんか。 와타시토 잇쇼니 잇테미마셍까
매장 안내는 있습니까?	売り場案内はありますか。 우리바 안나이와 아리마스까
전자제품 매장은 어디입니까?	電化製品売り場はどこですか。 뎅카세-힌 우리바와 도코데스까
선물용 상품권은 어디서 살 수 있습니까?	贈答用商品券はどこで買えますか。 조-토-요 쇼-힌켄와 도코데 카에마스까
식료품 매장은 지하입니까?	食料品は地下でしょうか。 쇼쿠료-힌와 치카데쇼-까
엘리베이터는 어디 있습니까?	エレベーターはどこですか。 에레베-타와 도코데스까
이건 보증서가 붙어 있나요?	これは保証書がついてますか。 코레와 호쇼-쇼가 쓰이테마스까
수입품은 있습니까?	輸入品はありますか。 유뉴-힌와 아리마스까

02　상품 고르기

어서 오십시오.	いらっしゃいませ。 이랏샤이마세
그냥 둘러보는 겁니다.	ちょっと見せてもらっています。 촛토 미세테 모랏테 이마스
이건 어떠세요?	これはいかがですか。 코레와 이캉아데스까
저걸 보여 주세요.	あれを見せてください。 아레오 미세테 쿠다사이
우측에서 두 번째가 멋져요.	右から2番目のが素敵だわ。 미기까라 니방메노가 스테키다와
어머, 저것도 좋잖아요.	あら、あれもいいじゃありませんか。 아라 아레모 이-쟈 아리마셍까
둘 다 좋아요. 망설이게 되네요.	両方ともいい。迷ってしまいますね。 료-호-토모이- 마욧테 시마이마스네
천천히 보십시오.	ごゆっくりご覧下さい。 고육쿠리 고란쿠다사이
이것과 같은 것은 있습니까?	これと同じ物がありますか。 코레토 오나지모노가 아리마스까

380

○ Unit 11_ 쇼핑

만져 봐도 될까요?	触ってみてもいいですか。 사왓테 미테모 이-데스까
이거라면 내게 딱 맞네요.	これなら私にぴったりです。 코레나라 와타시니 핏타리데스
이것이 가장 마음에 듭니다.	これが一番気に入りました。 코레가 이치방 키니이리마시따
좀 비싼 거 같군요.	ちょっと高いようですね。 춋토 타카이요-데스네
그밖에 어떤 종류가 있습니까?	他にどんな種類がありますか。 호카니 돈나 슈루이가 아리마스까
이것은 뭘로 만들어져 있습니까?	これは何でできていますか。 코레와 나니데 데키테이마스까
이건 무엇에 쓰는 겁니까?	これは何に使うんですか。 코레와 나니니 쓰카운데스까
이건 나에게 너무 큽니다.	これは私に大きすぎます。 코레와 와타시니 오-키스기마스
같은 것으로 다른 사이즈는 있습니까?	同じので別のサイズがありますか。 오나지노데 베쓰노 사이즈가 아리마스까

이건 마침 사고 싶었던 겁니다.	これはちょうど買いたかったものです。 코레와 쵸-도 카이타캇타 모노데스
그걸 주세요. 얼마입니까?	それをもらいましょう。いくらですか。 소레오 모라이마쇼- 이쿠라데스까
사시겠습니까?	お持ちになりますか。 오모치니 나리마스까
하나면 됐습니다.	一つで結構です。 히토쓰데 켁코-데스
갖고 싶었던 것과 다릅니다.	欲しかった物と違います。 호시캇따모노토 치가이마스
그건 내게 맞지 않는 것 같네요.	それは私には合わないと思います。 소레와 와타시니와 아와나이토 오모이마스
품질이 더 좋은 것은 없습니까?	もっとよい品質の物はありませんか。 못토요이 힌시쓰노모노와 아리마셍까
요즘 어떤 것이 잘 팔립니까?	最近どんなものがよく売れてますか。 사이킨 돈나모노가 요쿠 우레테마스까

● Unit 11_ 쇼핑

이건 좀 유행에 뒤떨어진 것 같군요.	これはちょっと時代遅れのようですね。 코레와 촛토 지다이오쿠레노 요-데스네
좀처럼 마음에 드는 것이 보이지 않네요.	なかなか気に入るのが見当たらないですね。 나카나카 키니이루노가 미아타라나이데스네
좀 더 보는 것이 좋을 것 같네요.	もう少し見てみる方がよさそうですね。 모-스코시 미테미루호-가 요사소-데스네
생각해 보겠습니다.	考えておきましょう。 캉가에테 오키마쇼-
다음 기회에 살게요.	またの時にしましょう。 마타노 토키니 시마쇼-
이 넥타이는 얼마입니까?	このネクタイはいくらですか。 코노 네쿠타이와 이쿠라데스까
벨트를 보고 싶습니다.	ベルトを見たいのですが。 베루토오 미타이노데스가
이 디자인이 지금 유행하고 있습니까?	このデザインが今流行っていますか。 코노 데자인가 이마 하얏테이마스까

03 의복 매장

이 정장을 입어 봐도 되겠습니까?	この背広を着てみてもいいですか。 코노 세비로오 키테미테모 이-데스까
이 옷감은 무엇입니까?	この生地は何ですか。 코노 키지와 난데스까
이 디자인은 내게 맞을까요?	このデザインは私に合うでしょうか。 코노 데자인와 와타시니 아우데쇼-까
이 짙은 갈색 정장은 어떻게 생각합니까?	このこげ茶色のスーツはどう思いますか。 코노 코게챠이로노 수-쓰와 도-오모이마스까
옷감은 별로 신경쓰지 않습니다.	服地はあまり気にしません。 후쿠지와 아마리 키니시마센
이 옷감과 무늬로 정했습니다.	この服地と柄に決めました。 코노 후쿠지토 가라니 키메마시따
안감은 어떤 천입니까?	裏地はどんな布になりますか。 우라지와 돈나 누노니 나리마스까

● Unit 11_ 쇼핑

주름 들어간 바지도 맞추고 싶네요.	しまの入ったズボンも注文したいんですが。 시마노 하잇타 즈봉모 츄-몬시타인데스가
허리 쪽은 느슨한 게 좋겠어요.	腰の周りは緩めのほうがいいです。 코시노 마와리와 유루메노 호-가 이-데스
벨트 위치는 정확히 이 부근입니다.	ベルトの位置はちょうどこの辺りです。 베루토노 이치와 쵸-도 코노 아타리데스
가봉은 언제나 됩니까?	仮縫いはいつになりますか。 카리누이와 이쓰니 나리마스까
소매는 좀더 짧게 해 주세요.	袖はもう少し短めにしてください。 소데와 모-스코시 미지카메니 시테 쿠다사이
남성용 속옷은 어디 있습니까?	男性用の下着はどこにありますか。 단세-요-노 시타기와 도코니 아리마스까
스포츠 셔츠를 보여 주세요.	スポーツシャツを見せてください。 스포-쓰샤쓰오 미세테 쿠다사이
엷은 파란색 셔츠를 보고 싶습니다.	薄いブルーのシャツを見たいのですが。 우스이 부루-노 샤쓰오 미타이노데스가

좀 더 밝은 색상은 없습니까?	もう少し明るい色はありませんか。 모-스코시 아카루이 이로와 아리마셍까
이 예쁜 핑크의 색상 배합이 마음에 들어.	このきれいなピンクの色合いは気に入ったよ。 코노 키레-나 핑쿠노 이로아이와 키니잇따요
이 재킷은 너무 화려합니다.	このジャケットは派手すぎます。 코노 쟈켓토와 하데스기마스
소매 넓이는 넉넉한 게 좋겠어요.	袖はゆったりした方がいいですわ。 소데와 윳타리시타 호-가 이-데스와
이 스웨터는 너무 헐거운 것 같아요.	このセーターはゆるすぎるようです。 코오 세-타와 유루스기루요-데스
스타일북을 보여 주시겠어요?	スタイルブックを見せていただけますか。 스타이루북쿠오 미세테 이타다케마스까
이 슬랙스는 이 스웨터와 어울립니까?	このスラックスはこのセーターに合うでしょうか。 코노 스락쿠스와 코노 세-타-니 아우데쇼-까

Unit 11_ 쇼핑

저 페티코트를 보여 주시겠어요?	あのペチコートを見せてもらえますか。 아노페치코-토오 미세테 모라에마스까
실크 스타킹은 있습니까?	絹のストッキングはありますか。 키누노 스톡킹구와 아리마스까
신고 있으면 늘어날까요?	はいているうちに少し伸びるでしょうか。 하이테이루 우치니 스코시노비루데쇼-까 *はく는 옷 중에서 하의(치마, 바지)나 신발류(구두, 양말)에 쓰는 말이다. 상의는 着る라고 한다.
이 셔츠는 물세탁이 가능해요.	このシャツは水洗濯が出来ます。 코노 샤쯔와 미즈센타쿠가 데키마스
이건 너무 꽉 끼네요.	これはきつすぎます。 코레와 키쓰스기마스

04 모자, 구두 가게

지금 유행하는 모자를 좀 보여 주세요.	今流行の帽子をちょっと見せてください。 이마 류-코-노 보-시오 춋토 미세테 쿠다사이

387

어린이용 야구 모자를 찾고 있어요.	子供用の野球帽をさがしてるんですが。 코도모요―노 야큐―보―오 사가시테이룬데스가
이 모자는 테나 리본이 마음에 안 들어요.	この帽子は縁やリボンが気に入りません。 코노보―시와 후치야리본가 키니이리마셍
이것과 비슷한 것이 있습니까?	これと似てる物がありますか。 코레토 니테루 모노가 아리마스까
내게 어울릴까요?	私に似合うでしょうか。 와타시니 니아우데쇼―까
거울은 어디 있나요?	鏡はどこですか。 카가미와 도코데스까
검정 가죽구두가 필요한데요.	黒の革靴が欲しいのですが。 쿠로노 카와구쓰가 호시―노데스가
이건 무슨 가죽입니까?	これは何の皮ですか。 코레와 난노 카와데스까
이 하이힐을 신어 봐도 됩니까?	このハイヒールを履いてみていいですか。 코노 하이히―루오 하이테미테 이―데스까

● Unit 11_ 쇼핑

구둣주걱을 빌려 주세요.	靴べらを貸してください。 쿠쓰베라오 카시테 쿠다사이
폭이 좁아서 너무 빡빡합니다.	幅が狭くてきつすぎます。 하바가 세마쿠테 키쓰스기마스
더 큰 사이즈를 보여 주세요.	もっと大きいサイズを見せてください。 못토 오-키- 사이즈오 미세테 쿠다사이
이게 딱 맞습니다.	これがピッタリ合います。 코레가 핏타리 아이마스
운동화를 사고 싶은데요.	運動靴を買いたいんですが。 운도-구쓰오 카이타인데스가
더 화려한 것은 있습니까?	もっと派手な物はありますか。 못토 하데나모노와 아리마스까
이 색은 좋아하지 않습니다.	この色は苦手です。 코노이로와 니가테데스
다른 스타일은 있습니까?	違うスタイルはありますか。 치가우 스타이루와 아리마스까
어떤 디자인이 유행하고 있습니까?	どんなデザインが流行っていますか。 돈나 데자인가 하얏테 이마스까

389

이런 디자인은 좋아 하지 않습니다.	こんなデザインは好きじゃないです。 콘나 데자인와 스키쟈나이데스
사이즈가 맞지 않아요.	サイズが合いません。 사이즈가 아이마센
다른 것으로 바꿔 줄 수 있나요?	他のものに換えてもらえますか。 호카노모노니 카에테 모라에마스까

05 화장품 코너

화장품 코너는 어디입니까?	化粧品コーナーはどちらですか。 케쇼-힌코-나-와 도치라데스까
립스틱을 사려고 하는데요.	リップスティックを買いたいんですが。 립푸스틱꾸오 카이타인데스가
이건 무슨 향인가요?	これはどんな香りですか。 코레와 돈나 카오리데스까
더 진한 색으로 주세요.	もっと濃い色をください。 못토 코이이로오 쿠다사이

Unit 11_ 쇼핑

여기 샘플이 있습니다.	ここにテスターがあります。 코꼬니 테스타―가 아리마스
어떤 피부신가요?	どんな肌ですか。 돈나 하다데스까
피부가 건성이시네요.	乾燥肌ですね。 칸소―하다데스네 *지성 피부: 脂性肌
이쪽 색상이 어울린다고 생각합니다.	こちらの色がお似合いだと思います。 코치라노 이로가 오니아이다토 오모이마스
다른 색상이 있습니까?	別の色がありますか。 베쓰노 이로가 아리마스까
저에게 맞지 않아요.	私には合いません。 와타시니와 아이마셍
1회 사용량은 이 정도입니다.	一回の使用量はこのくらいです。 익카이노 시요―료―와 코노쿠라이데스
이거 한 병으로 1년은 씁니다.	これ一本で一年は持ちます。 코레입퐁데 이치넹와 모치마스
피부 진단을 받아 보시겠습니까?	肌診断を受けてみませんか。 하다신단오 우케테 미마셍까

민감한 피부에 적합합니다.	敏感な肌に適しています。 빙칸나 하다니 테키시테 이마스

06　가방 가게

이 소재는 무엇입니까?	この素材はなんですか。 코노 소자이와 난데스까
샤넬 가방은 어디 있습니까?	シャネルのカバンはどこにありますか。 샤네루노 카방와 도코니 아리마스까
이건 인조 가죽인가요?	これは人工レザーですか。 코레와 징코-레쟈-데스까
이 디자인으로 다른 색은 있나요?	このデザインで別の色はありますか。 코노 데자인데 베쓰노 이로와 아리마스까
지금 유행하는 핸드백을 보여 주세요.	今、流行のハンドバッグを見せてください。 이마 류-코-노 한도박쿠오 미세테 쿠다사이

● Unit 11_ 쇼핑

최신형입니까?	最新型ですか。 사이싱가타데스까
중간 크기 가방을 원해요.	中型のカバンが欲しいんです。 쥬ー가타노 카방가 호시인데스

07　보석점에서

보석 매장은 어디죠?	ジュエリーの売り場はどこですか。 쥬에리ー노 우리바와 도코데스까
다이아 반지 좀 볼까요?	ダイヤの指輪を見せてくれますか。 다이야노 유비와오 미세테쿠레마스까
이건 몇 캐럿이죠?	これは何カラットですか。 코레와 낭카랏토데스까
끼어 봐도 되나요?	はめてみてもいいですか。 하메테미테모 이ー데스까
이건 진짜입니까, 모조입니까?	これは本物ですか、イミテーションですか。 코레와 홈모노데스까 이미테ー숀데스까

393

체인 길이는 조정할 수 있습니다.	チェーンの長さは調整できます。 체엔노 나가사와 쵸-세-데키마스
감정서는 있습니까?	鑑定書つきですか。 칸테-쇼 쓰키데스까

08 문방구, 서점

생일 카드 있습니까?	誕生日カードはありますか。 탄죠-비카-도와 아리마스까
그건 6번 코너에 있습니다.	それは六番コーナーにございます。 소레와 로쿠반코-나-니 고자이마스
현재 재고가 떨어졌습니다.	ただいま、在庫を切らしております。 타다이마 자이코오 키라시테 오리마스
찾아볼 테니 기다려 주십시오.	探してまいりますのでお待ちください。 사가시테 마이리마스노데 오마치 쿠다사이

● Unit 11_ 쇼핑

이 만년필을 선물 포장해 주세요.	この万年筆をプレゼント包装してください。 코노 만넹히쓰오 푸레젠토호-소-시테 쿠다사이
만화는 안쪽에 있습니다.	漫画は奥の方にあります。 망가와 오쿠노호-니 아리마스
전국 지도를 찾습니다.	全国地図を探しています。 젱코쿠치즈오 사가시테 이마스

09 선물 가게

당신이 쓰실 건가요?	あなたがお使いになりますか。 아나따가 오쓰카이니 나리마스까
애인에게 줄 선물을 찾습니다.	恋人に上げるプレゼントを探します。 코이비토니 아게루푸레젠토오 사가시마스
남자 친구에게 줄 넥타이를 사려고 해요.	彼氏に上げるネクタイを買おうとします。 카레시니 아게루 네쿠타이오 카오-또 시마스

이 지방의 공예품을 찾습니다.	この土地の民芸品を探しています。 코노 토치노 민게−힌오 사가시테 이마스
예산은 3만 엔 정도입니다.	予算は3万円くらいです。 요상와 삼만엔 쿠라이데스
스카프는 박스에 넣어 주세요.	スカーフはボックスに入れてください。 스카−후와 복쿠스니 이레테 쿠다사이
배송은 언제 됩니까?	配送はいつ出来ますか。 하이소−와 이쓰데키마스까

10 식료품점

항상 어디 슈퍼에서 쇼핑을 하세요?	いつもどこのスーパーで買い物をしますか。 이쓰모 도코노 수−파−데 카이모노오 시마스까
오늘은 무척 붐비는군요.	今日は混んでいますね。 쿄−와 콘데 이마스네

● Unit 11_ 쇼핑

카트를 가져올게.	カートを持ってくる。 카-토오 못테쿠루
육류 코너에 가자.	肉のコーナーへ行きましょう。 니쿠노코-나-에 이키마쇼-
방금 들어온 물건입니다.	入ってきたばかりのものです。 하잇테키타 바카리노 모노데스
신선한 고기만 취급합니다.	新鮮な肉だけを取り扱っています。 신센나 니쿠다케오 토리아쓰캇테 이마스
방금 조리한 것입니다.	ただいまできたてです。 타다이마 데키타테데스
유제품 코너는 어디입니까?	乳製品コーナーはどこですか。 뉴-세-힌 코-나-와 도코데스까
가공식품 코너는 어디입니까?	加工食品のコーナーはどこですか。 카코-쇼쿠힝노 코-나-와 도코데스까
진공 포장된 건포도는 어디 있습니까?	真空パックされた干しぶどうはどこにありますか。 싱쿠-팍쿠사레타 호시부도-와 도코니 아리마스까
제조 연월일은 언제입니까?	製造年月日はいつですか。 세-조-넹갑피와 이쓰데스까

397

왜 오늘은 야채가 비싼 걸까요?	どうして今日は野菜が高いんでしょう。 도-시테 쿄-와 야사이가 타카인데쇼-
판매는 이번주까지뿐입니다.	売り出しは今週限りです。 우리다시와 콘슈-카기리데스
여기 있는 건 전부 100엔이네요.	ここにあるのは全部百円ですね。 코꼬니 아루노와 젠부 햐쿠엔데스네
이건 싸고 좋군요.	これは買い得ですね。 코레와 카이토쿠데스네
계산대로 가져가 주세요.	レジのところへ持って行ってください。 레지노 토코로에 못테잇테 쿠다사이
전부 하나로 싸주시겠어요?	全部一つに包んでくれますか。 젬부 히토쓰니 쓰쓴데 쿠레마스까
시식해 보시겠어요?	試食してみますか。 시쇼쿠시테 미마스까
2백그램당 3백 엔입니다.	200グラム当たり300円です。 니햐쿠구람무 아타리 삼뱌쿠엔데스

Unit 11_ 쇼핑

이 오징어를 냉동시켜도 됩니까?	このイカ、冷凍させてもいいですか。 코노 이카 레-토-사세테모 이-데스까
종이봉투를 주실래요?	紙袋をもらえますか。 카미부쿠로오 모라에마스까

11 가격 흥정

이건 얼마죠?	これのお値段は? 코레노 오네당와
왜 가격이 다르죠?	どうして値段が違うのですか。 도-시테 네당가 치가우노데스까
세금 포함한 가격입니까?	税金を含んだ値段ですか。 제-킨오 후쿤다 네당데스까
현금으로 사면 좀 할인해 주나요?	現金で買えば、少し安くしてもらえますか。 겡킨데 카에바 스코시 야스쿠시테 모라에마스까
좀 할인할 수 있습니까?	少し割引できますか。 스코시 와리비키 데키마스까

399

할인해 주면 두 개 사겠어요.	割引してくれれば、二つ買いましょう。 와리비키시테 쿠레레바 후타쓰 카이마쇼-
가격은 적당하군요. 그걸 주세요.	値段は手ごろですね。それをください。 네당와 테고로데스네 소레오 쿠다사이
얼마나 깎아 주시겠어요?	どのくらいまけてくれますか。 도노 쿠라이 마케테 쿠레마스까
5% 할인해 드립니다.	5％引きにいたします。 고파-센토히키니 이타시마스
이건 세일 중입니까?	これはセール中ですか。 코레와 세-루츄-데스까
세금이 포함된 가격입니까?	税金は含まれてますか。 제-킨와 후쿠마레테마스까
너무 비쌉니다.	高すぎます。 타카스기마스
깎아 주시겠어요?	値引きをしてくれますか。 네비키오시테 쿠레마스까
깎아 주시면 사겠습니다.	値引きしてくれれば買います。 네비키시테 쿠레레바 카이마스

● Unit 11_ 쇼핑

이거 잘 사시는 겁니다.	お買い得になっております。 오카이토쿠니 낫테 오리마스
이건 할인된 가격입니다.	これは値下げした価格です。 코레와 네사게시타 카까쿠데스
생각했던 것보다 비싼데요.	思ったより高いですね。 오못타요리 타카이데스네
이게 최종 가격입니다.	こちらが最終価格でございます。 코치라가 사이슈-카카쿠데 고자이마스
예산 초과입니다.	予算オーバーです。 요산오-바데스
이건 할인 대상입니다.	これは割引対象です。 코레와 와리비키타이쇼-데스

401

Unit 12 쇼핑 마무리

買い物の仕上げ

일본에서 쇼핑할 때 조심해야 할 점이 있는데 신용카드를 받지 않는 업소가 많다는 것, 그리고 상품 가격 외에 추가로 消費税를 내야 한다는 점이다. 이것은 고정된 것이 아니라 예전에는 4%였는데 지금(2015년)은 8%이고 이후 10%로 올라갈 가능성이 높다. 그리고 우리나라에선 지불할 때 '계산이요' 라고 말하는데 일어로는 会計, 勘定, 支払い라는 말을 쓰고 계산(計算)이라는 말은 쓰지 않는다.

01 가격 지불

얼마입니까?	おいくらになりますか。 오이쿠라니 나리마스까
계산은 어디서 합니까?	会計はどこですか。 카이케-와 도코데스까
전부 해서 얼마나 됩니까?	全部でいくらになりますか。 젬부데 이쿠라니 나리마스까
지불은 어떻게 하시겠습니까?	支払いはどうなさいますか。 시하라이와 도-나사이마스까
신용카드도 됩니까?	クレジットカードで支払いたいんですが。 쿠레짓토카-도데 시하라이타인데스가

● Unit 12_ 쇼핑 마무리

여행자 수표도 받습니까?	旅行小切手でもいいですか。 료코-코깃테데모 이-데스까
영수증을 주시겠어요?	領収書をもらえますか。 료-슈-쇼오 모라에마스까
할부로 이용할 수 있습니까?	分割払いを利用できますか。 붕카쓰바라이오 리요-데키마스까
1만 엔 받았습니다.	一万円お預かりいたします。 이치망엔 오아즈카리 이타시마스
3만8천 엔 딱 맞게 받았습니다.	3万8千円、ちょうどいただきました。 삼만핫센엔 쵸-도 이타다키마시따
3천 엔 거스름돈입니다.	3千円のお返しです。 산젠엔노 오카에시데스
수표는 사용할 수 있습니까?	小切手は使えますか。 코깃테와 쓰카에마스까
항시 찾아 주셔서 감사합니다.	毎度ありがとうございます。 마이도 아리가또- 고자이마스 *친근한 말투로는 "まいどあり!"라고 줄여서 말한다.

02 주문과 배달

지금 주문하면 곧 받을 수 있습니까?	今注文すれば、すぐ手に入りますか。 이마 츄-몬스레바 스구 테니 하이리마스까
선물로 하실 겁니까?	贈り物になさいますか。 오쿠리모노니 나사이마스까
리본을 달아서 포장해 주시겠어요?	リボンをつけて包装していただけますか。 리본오 쓰케테 호-소-시테 이타다께마스까
집까지 배송해 주시겠어요?	家まで配送してもらえますか。 우치마데 하이소-시테 모라에마스까
배달 시 지불해도 됩니까?	配達の時、払ってもいいですか。 하이타쓰노 토키 하랏테모 이-데스까
언제 배달 받을 수 있습니까?	いつ配達してもらえますか。 이쓰 하이타쓰시테 모라에마스까
한국으로 보내줄 수 있나요?	韓国まで送ってもらえますか。 캉코쿠마데 오쿳테 모라에마스까

● Unit 12_ 쇼핑 마무리

03 반품과 교환

이걸 반품하고 싶습니다.	これを返品したいのですが。 코레오 헴핀시타이노데스가
교환 카운터는 어디입니까?	交換カウンターはどこですか。 코-칸카운타-와 도코데스까
이쪽 부분이 망가져 있습니다.	この部分が壊れています。 코노 부붕가 코와레테 이마스
구입할 때는 몰랐습니다.	購入の際は知らなかったんです。 코-뉴-노 사이와 시라나캇딴데스
이걸 다른 걸로 바꿔 주세요.	これを他の物に交換してください。 코레오 호카노 모노니 코-칸시테 쿠다사이
이 스커트를 환불해 주세요.	このスカートを払い戻してもらいたいのですが。 코노 스카-토오 하라이모도시테 모라이타이노데스가
여기 영수증이 있습니다.	ここに領収書があります。 코꼬니 료-슈-쇼가 아리마스

Unit 13 호텔
ホテル

요즘은 인터넷으로 항공권과 함께 호텔까지 예약할 수 있어서 일어를 몰라도 상관없을 정도다. 그런데 호텔 예약 시 주의할 점은 호텔 체크인, 체크아웃 시간, 조식을 제공하는지 확인해야 한다. 현지에 도착하면 좀 피곤하므로 일찍 체크인할 수 있는 호텔이 편리하다. 아침에 식당을 따로 가는 것은 번거롭고 비용도 발생하니 호텔에서 조식을 먹을 수 있으면 훨씬 이익이다.

01 예약하기

예약을 부탁합니다.	予約をお願いしたいんですが。 요야쿠오 오넹아이시타인데스가
몇 박 예정이십니까?	何泊の予定ですか。 남파쿠노 요테-데스까
다음주 3박을 예약하고 싶습니다.	来週３泊を予約したいんです。 라이슈- 삼파쿠오 요야쿠시타인데스
1박에 얼마입니까?	一泊、おいくらですか。 입파쿠 오이쿠라데스까
어떤 방을 원하십니까?	どんな部屋をご希望ですか。 돈나 헤야오 고키보-데스까

Unit 13_ 호텔

몇 시쯤 도착하십니까?	何時ごろお着きになりますか。 난지고로 오쓰키니 나리마스까
오늘 밤 방이 있을까요?	今夜、空き部屋はありますか。 콩야 아키베야와 아리마스까
한국에서 예약을 끝냈습니다.	韓国で予約を済みました。 캉코쿠데 요야쿠오 스미마시따
예약은 안 했는데 1인실 있습니까?	予約はしてませんが、一人部屋はありますか。 요야쿠와 시테마셍가 히토리베야와 아리마스까
2인실이 필요한데요.	二人部屋が欲しいんです。 후타리베야가 호시인데스
아침식사는 포함입니까?	朝食つきですか。 쵸-쇼쿠쓰키데스까
더 싼 방은 없습니까?	もっと安い部屋はありませんか。 못토 야스이 헤야와 아리마셍까
예약을 취소하고 싶습니다.	予約を取り消したいんですが。 요야쿠오 토리케시타인데스가

02 체크인 하기

체크인 하겠습니다.	チェックインをお願いします。 첵쿠인오 오네가이 시마스
식당은 어디 있습니까?	食堂はどこにありますか。 쇼쿠도-와 도코니 아리마스까
짐을 부탁합니다.	荷物をお願いします。 니모쓰오 오네가이시마스
귀중품을 맡아 주시겠습니까?	貴重品を預かってくれますか。 키쵸-힌오 아즈캇테 쿠레마스까
환전을 부탁합니다.	両替をお願いします。 료-가에오 오네가이시마스
한국어를 말할 수 있는 사람은 있습니까?	韓国語を話せる人はいますか。 캉코쿠고오 하나세루 히토와 이마스까
예약을 하셨습니까?	予約はされていますか。 요야쿠와 사레테 이마스까
싱글[더블]로 예약했습니다.	シングル[ダブル]で予約しました。 싱구루[다브루]데 요야쿠시마시따

Unit 13_ 호텔

이 숙박 카드를 기입해 주십시오.	この宿泊カードを記入してください。 코노 슈쿠하쿠 카-도오 키뉴-시테 쿠다사이
예약은 유효합니다.	予約は有効です。 요야쿠와 유-코-데스
이것이 예약 확인증입니다.	これが予約確認書です。 코레가 요야쿠카쿠닝쇼데스
전망이 좋은 방을 주세요.	眺めのいい部屋をお願いします。 나가메노 이- 헤야오 오네가이시마스
호수가 보이는 방을 원합니다.	海がよく見える部屋をお願いします。 우미가 요쿠 미에루 헤야오 오네가이시마스
후지산을 바라보는 방을 주세요.	富士山に面した部屋にしてください。 후지상니 멘시타 헤야니 시테 쿠다사이
금연실을 부탁합니다.	禁煙の部屋をお願いします。 킹엔노 헤야오 오네가이시마스
이 방은 마음에 안 듭니다.	この部屋は気に入りません。 코노 헤야와 키니 이리마셍

짐을 옮겨 주시겠어요?	荷物を運んでいただけますか。 니모쓰오 하콘데 이타다케마스까
방을 바꾸고 싶습니다.	部屋を替えたいんですが。 헤야오 카에타인데스가
더 넓은 방이 있습니까?	もっと広い部屋はありますか。 못토 히로이 헤야와 아리마스까
그 방으로 하겠습니다.	その部屋にします。 소노 헤야니 시마스

03 서비스 부탁하기

아침식사는 어디서 먹나요?	朝食はどこで食べられますか。 쵸-쇼쿠와 도코데 타베라레마스까
아침식사는 몇 시까지입니까?	朝食は何時までですか。 쵸-쇼쿠와 난지마데데스까
바지 세탁을 부탁하고 싶은데요.	ズボンの洗濯をお願いしたいんですが。 즈봉노 센타쿠오 오네가이시타인데스가

● Unit 13_ 호텔

담요를 갖다 주시겠습니까?	毛布を持ってきてください。 모-후오 못테키테 쿠다사이
방 청소를 해 주세요.	部屋の掃除をしてください。 헤야노 소-지오 시테 쿠다사이
저한테 온 메시지는 있습니까?	私宛のメッセージはありますか。 와타시아테노 멧세-지와 아리마스까
이 서류를 복사해 주시겠습니까?	この書類をコピーしてくれますか。 코노 쇼루이오 코피-시테 쿠레마스까
모닝콜을 해 주었으면 좋겠네요.	モーニングコールをお願いします。 모-닝구 코-루오 오네가이시마스
드라이어를 빌려 주시겠습니까?	ドライヤーを借りたいのですが。 도라이야-오 카리타이노데스가
룸서비스를 부탁합니다.	ルームサービスをお願いします。 루-무사-비스오 오네가이시마스
객실 번호를 불러 주세요.	お部屋の番号をどうぞ。 오헤야노 방고-오 도-조
룸서비스입니다. 무슨 일이십니까?	ルームサービスです。ご用でしょうか。 루-무사-비스데스 고요-데쇼-까

들어오세요.	お入（はい）りください。 오하이리 쿠다사이
세탁 서비스를 부탁합니다.	クリーニングをお願（ねが）いします。 쿠리-닝구오 오네가이시마스

04 통신 이용하기

인터넷을 이용할 수 있습니까?	インターネットは使（つか）えますか。 인타-넷토와 쓰카에마스까
이메일을 체크하고 싶어요.	メールをチェックしたいんです。 메-루오 첵쿠시타인데스
팩스는 있습니까?	ファックスはありますか。 확쿠스와 아리마스까
1층에 인터넷을 할 수 있는 컴퓨터가 있습니다.	一階（いっかい）にインターネットが出来（でき）るパソコンがあります。 익카이니 인타-넷토가 데키루 파소콘가 아리마스
상세한 사항은 이메일로 알려드리겠습니다.	詳（くわ）しいことはメールでお知（し）らせします。 쿠와시이 코토와 메-루데 오시라세 시마스

● Unit 13_ 호텔

방에서 한국으로 전화할 수 있나요?	部屋から韓国へ電話できますか。 헤야카라 캉코쿠에 뎅-와데키마스까
전화를 끊고 기다려 주십시오.	電話を切ってお待ちください。 뎅와오 킷테 오마치 쿠다사이

05　호텔 트러블

방에 열쇠를 둔 채 잠가 버렸습니다.	部屋に鍵を置き忘れたんですが。 헤야니 카기오 오키와스레탄데스가
TV가 작동하지 않습니다.	テレビがつかないのです。 테레비가 쓰카나이노데스
전화기가 고장입니다.	電話機が故障です。 뎅와키가 코쇼-데스
전기가 나갔어요.	電気がつきません。 뎅끼가 쓰키마센
온수가 나오지 않습니다.	お湯が出ません。 오유가 데마센

온수가 미지근합니다.	お湯が温いんです。	
	オユガ ヌルインデス	
전등이 하나 나갔습니다.	電灯が一つつきません。	
	デントーガ ヒトツ ツキマセン	
화장실 휴지가 없어요.	トイレットペーパーがありません。	
	トイレットペーパーガ アリマセン	
옆방이 소란스럽습니다.	隣の部屋がうるさいんです。	
	トナリノ ヘヤガ ウルサインデス	
창문을 열 수가 없네요.	窓を開けられません。	
	マドオ アケラレマセン	
수리하는 사람을 부탁드려요.	修理の人をお願いできますか。	
	シューリノ ヒトオ オネガイ デキマスカ	
보이를 보내 주세요.	ボーイをよこしてください。	
	ボーイオ ヨコシテ クダサイ	

*ボーイは 남자에게만 쓰는 말. 給仕라는 말은 남녀 모두 지칭. ウエーター(웨이터)와 ウエートレス(웨이트레스)라는 말도 있다.

● Unit 13_ 호텔

06 체크아웃 하기

체크아웃을 하겠습니다.	チェックアウトをお願いします。 첵쿠아우또오 오네가이 시마스
이게 룸 키입니다.	これが部屋のキーです。 코레가 헤야노 키-데스
숙박을 연장하고 싶습니다.	宿泊を延長したいんです。 슈쿠하쿠오 엔쵸-시타인데스
일박을 더 하고 싶은데요.	もう一泊、泊まりたいんですが。 모- 입파쿠 토마리타인데스가
하루 일찍 떠나고 싶은데요.	一日早く発ちたいんですが。 이치니치 하야쿠 타치타인데스가
이게 청구서입니다.	こちらが請求書です。 코치라가 세-큐-쇼데스
계산을 부탁드립니다.	会計をお願いします。 카이케-오 오네가이시마스

Unit 14 관광

かんこう
観光

일본은 국토 면적이 남한의 약 3.8배에 해당하는 넓은 국토를 갖고 있다. 남북으로 긴 영토라 홋카이도(北海道)와 오키나와(沖縄)는 기후도 크게 다르고, 3천미터가 넘는 산도 많아서 관광 갈만한 곳도 많다. 게다가 어디를 가든 철도역에 내리면 현지 관광지도가 비치되어 있어서 편리하다.

01 관광 안내소에서

관광 안내소는 어디에 있습니까?	観光案内所はどこですか。 캉코-안나이죠와 도코데스까
어떤 투어가 있습니까?	どんなツアーがあるんですか。 돈나쓰아-가 아룬데스까
코스를 가르쳐 주세요.	道順を教えてください。 미치쥰오 오시에테 쿠다사이
무료 관광지도를 주시겠어요?	無料の観光地図をいただけますか。 무료-노 캉코-치즈오 이타다께마스까
여기서 볼 만한 곳을 가르쳐 주시겠어요?	この街の見所を教えてください。 코노 마치노 미도코로오 오시에테 쿠다사이

Unit 14_ 관광

관광버스가 있습니까?	観光バスはありますか。 캉코-바스와 아리마스까
가이드가 필요한데요.	ガイドが欲しいのですが。 가이도가 호시-노데스가

02　표 구입하기

입장료는 얼마입니까?	入場料はいくらですか。 뉴-죠-료-와 이쿠라데스까
할인 티켓은 있나요?	割引チケットはありますか。 와리비키 치켓토와 아리마스까
어른 두 장, 어린이 한 장 주세요.	大人2枚、子供1枚ください。 오토나 니마이 코도모 이치마이 쿠다사이
세 시 표를 사겠습니다.	3時のチケットありますか。 산지노 치켓토 아리마스까
그 시간 표는 매진입니다.	その時間のチケットは売り切れです。 소노 지칸노 치켓토와 우리키레데스

417

이 티켓으로 전부 볼 수 있습니까?	このチケットで全部見られますか。 코노 치켓토데 젬부 미라레마스까
전부 지정석입니까?	全部指定席ですか。 젠부 시테-세키데스까

03 여행사 직원과 대화

당일치기로 좋은 곳은 어디 있습니까?	日帰りでいいところがありますか。 히가에리데 이-토코로가 아리마스까
경치가 좋은 곳을 아십니까?	景色がいいところを知ってますか。 케시키가 이-토코로오 싯테마스까
꼭 봐야 할 곳은 어디입니까?	絶対見るべきところはどこですか。 젯타이미루베키 토코로와 도코데스까
지금 축제를 하고 있나요?	今、祭りをしていますか。 이마 마쓰리오 시테이마스까
역사적인 유적이 있는 곳을 가고 싶어요.	歴史的な遺跡がある場所へ行きたいです。 레키시테키나 이세키가아루 바쇼에 이키타이데스

Unit 14_ 관광

여기서 멉니까?	ここから遠いですか。 코꼬카라 토오이데스까
왕복으로 어느 정도 시간이 걸립니까?	往復で何時間かかりますか。 오-후쿠데 난지칸 카까리마스까
몇 시에 어디서 출발합니까?	何時にどこで出発しますか。 난지니 도코데 슙파쓰시마스까
태평양 호텔에서 탈 수 있습니까?	太平洋ホテルから乗れますか。 타이헤-요-호테루카라 노레마스까
1인당 비용은 얼마입니까?	一人当たり費用はどれくらいですか。 히토리아타리 히요-와 도레쿠라이데스까
성인은 2만 엔입니다.	大人は2万円です。 오토나와 니망엔데스
중식 포함입니까?	昼食はついてますか。 츄-쇼쿠와 쓰이테마스까
코스의 팸플릿을 보여 주세요.	コースのパンフレットを見せてください。 코-스노 팜후렛토오 미세테 쿠다사이
이 투어는 어디를 돕니까?	このツアーではどこを回るんですか。 코노 쓰아-데와 도코오 마와룬데스까

419

Unit 15 관람하기
観覧かんらんする

일본 관광지를 가보면 대부분 진쟈(神社)가 있다. 특별한 시설을 만들지 않고 정한수를 떠놓고 소원을 빈 우리나라와 달리 일본인들은 진쟈에 가서 동전을 던지고 자기 소원을 비는 것이다. 그러고 나서 행운이나 액운이 적힌 おみくじ(제비뽑기)를 산다. 행운이 적혀 있으면 간직하고 액운이면 그곳에 설치된 장소에 묶어놓고 떠난다. 진쟈마다 역사와 성격이 달라 오랜된 곳은 그 자체로 관광지가 된다.

01 명소 관광

관광버스는 어디서 탈 수 있습니까?	観光かんこうバスはどこで乗のれますか。 캉코-바스와 도코데 노레마스까
도쿄를 한 바퀴 돌고 싶습니다.	東京とうきょうを一回ひとまわりしたいんですが。 토-쿄-오 히토마와리 시타인데스가
출발은 몇 시입니까?	出発しゅっぱつは何時なんじですか。 슙파쓰와 난지데스까
몇 시에 돌아옵니까?	何時なんじに帰かえりますか。 난지니 카에리마스까
몇 시간 걸립니까?	何時間なんじかんかかりますか。 난지칸 카까리마스까

● Unit 15_ 관람하기

오후 3시까지 타십시오.	午後三時までお乗りください。 고고 산지마데 오노리 쿠다사이
입장료는 얼마입니까?	入場料はいくらですか。 뉴-죠-료-와 이쿠라데스까
정말 멋진 경치네요!	素晴らしい景色！ 스바라시- 케시키
기념품 상점은 어디입니까?	お土産屋はどこですか。 오미야게야와 도코데스까
안에 입장해도 되나요?	中に入れますか。 나카니 하이레마스까
저 건물은 무엇입니까?	あの建物は何ですか。 아노 타테모노와 난데스까
언제 세워진 겁니까?	いつ建てられたんですか。 이쯔 타테라레딴데스까
여기 누가 살았습니까?	ここで誰が住んでいましたか。 코꼬데 다레가 슨데이마시따까
저는 건축에 관심이 있습니다.	私は建築に興味があります。 와타시와 켄치쿠니 쿄-미가 아리마스

이 건물은 전망대가 있나요?	このビルに展望台はありますか。 코노 비루니 템보-다이와 아리마스까
여기서 얼마나 머뭅니까?	ここでどれくらい時間をとりますか。 코꼬데 도레쿠라이 지칸오 토리마스까
몇 시에 버스로 돌아오면 됩니까?	何時までにバスに戻ればいいのですか。 난지마데니 바스니 모도레바 이-노데스까
퍼레이드는 몇 시에 있습니까?	パレードは何時ですか。 파레-도와 난지데스까
가이드 안내는 5분 후에 시작됩니다.	ガイドの案内は5分後始まります。 가이도노 안나이와 고훈고 하지마리마스
지금 어디를 지나고 있나요?	今、どこを過ぎていますか。 이마 도코오 스기테이마스까

Unit 15_ 관람하기

02　박물관 관람

박물관은 몇 시에 문을 엽니까?	博物館は何時に開館しますか。 하쿠부쓰칸와 난지니 카이칸시마스까
몇 시에 문을 닫습니까?	何時に閉めますか。 난지니 시메마스까
짐을 맡아 주세요.	荷物を預かってください。 니모쓰오 아즈캇테 쿠다사이
재입관할 수 있습니까?	再入場できますか。 사이뉴-죠 데키마스까
내부를 견학할 수 있습니까?	内部を見学できますか。 나이부오 켕가쿠 데키마스까
뭔가 특별전이 있습니까?	何か特別展がありますか。 나니카 토쿠베쓰텐가 아리마스까
호쿠사이의 작품은 어디에 있습니까?	北斎の作品はどこですか。 호쿠사이노 사쿠힌와 도코데스까
이 그림은 누가 그렸습니까?	この絵は誰が描きましたか。 코노 에와 다레가 카키마시따까
저 동상은 뭐지요?	あの銅像は何ですか。 아노 도-조-와 난데스까

제일 유명한 전시물은 뭐가요?	一番有名な展示物は何ですか。 이치방 유-메-나 텐지부쯔와 난데스까
출구는 어디인가요?	出口はどこですか。 데구치와 도코데스까
화장실은 어디입니까?	トイレはどこですか。 토이레와 도코데스까
내부에서 사진 촬영은 괜찮습니까?	内部で写真撮影はいいですか。 나이부데 샤싱사쯔에-와 이이데스까
이 건물 내에서는 촬영이 안 됩니다.	この中では撮影禁止です。 코노 나카데와 사쯔에-킨시데스

03　사진 찍기

여기서 사진을 찍어도 됩니까?	ここで写真を撮ってもいいですか。 코꼬데 샤싱오 톳테모 이-데스까
여기서 플래시를 터뜨려도 됩니까?	フラッシュをたいてもいいですか。 후랏슈오 타이테모 이-데스까

● Unit 15_ 관람하기

저희들 사진 좀 찍어 주시겠어요?	私たちの写真を撮っていただいてもいいですか。 와타시타치노 샤싱오 톳테 이타다이테모 이-데스까
사진 한 장 부탁드려도 될까요?	写真、一枚お願いできますか。 샤싱 이치마이 오넹아이 데키마스까
건물이 보이도록 찍어 주세요.	建物が見えるように撮ってください。 타테모노가 미에루요-니 톳테 쿠다사이
당신 사진을 찍어도 됩니까?	あなたの写真を撮らせてもらえますか。 아나따노 샤싱오 토라세테 모라에마스까
함께 사진을 찍읍시다.	一緒に写真に入ってもらえますか。 잇쇼니 샤싱니 하잇테 모라에마스까
이쪽을 향해 주세요.	こちらを向いてください。 코치라오 무이테 쿠다사이
좀 더 왼쪽으로 다가서세요.	もう少し左に寄ってください。 모-스코시 히다리니 욧테 쿠다사이
이쪽을 보세요.	こちらを見てください。 코치라오 미테 쿠다사이

425

움직이지 마세요.	動かないでください。 우고카나이데 쿠다사이
빙긋 웃으세요. 좋습니다.	にっこり笑って。いいですよ。 닉코리 와랏테 이-데스요
찍습니다!	撮りますよ！ 토리마스요

04 공연 관람

오늘 밤에 어떤 공연이 있나요?	今晩はどんな公演がありますか。 곰방와 돈나 코엥가 아리마스까
공휴일에도 엽니까?	公休日にも開きますか。 코-큐-비니모 히라키마스까
오늘 밤 콘서트홀에선 뭐가 있나요?	今夜、コンサートホールでは何があるのですか。 콩야 콘사-토호-루데와 나니가 아루노데스까
뮤지컬을 보고 싶어요.	ミュージカルが見たいんです。 뮤-지카루가 미타인데스

● Unit 15_ 관람하기

티켓은 아직 살 수 있습니까?	チケットはまだ買えますか。 치켓토와 마다 카에마스까
입석은 있습니까?	立ち席はありますか。 타치세키와 아리마스까
수화 라이브 쇼를 보고 싶습니다.	手話ライブショーが見たいんです。 슈와라이부쇼-가 미타인데스

Unit 16 오락
娯楽(ごらく)

도쿄 근처 테마파크로는 도쿄 디즈니랜드와 디즈니씨가 있고, 오사카엔 유니버설 스튜디오가 있다. 노래방은 カラオケボックス라고 하는데 처음에 이용 시간을 정하고 종료 전에 인터폰으로 연장할 것인지 확인한다. 업소에 따라서는 시간이 종료된 후 자동 연장되는 경우도 있으니 마감시간 초과하지 않도록 나오든가 미리 연장 신청을 해야 한다.

01 테마파크에서

애인과 유원지에 갔어.	恋人(こいびと)と遊園地(ゆうえんち)に行(い)った。 코이비토또 유—엔치니 잇따
디즈니씨에 가 볼까?	ディズニーシーへ行(い)ってみようか。 디즈니—시—에 잇테미요—까
테마파크가 새로 생겼대.	新(あら)たにテーマパークが出来(でき)たって。 아라타나 테—마파—쿠가 데끼탓떼
그럼 같이 가 보자.	じゃあ、一緒(いっしょ)に行(い)ってみよう。 쟈아 잇쇼니 잇테미요—
저건 인기 있는 탈것이라서 두 시간 기다려야 해.	あれは人気(にんき)の乗(の)り物(もの)だから2時間(にじかん)は待(ま)たないといけない。 아레와 닝키노 노리모노다카라 니지칸와 마타나이토 이케나이

Unit 16_ 오락

관람차는 타 봐야지.	観覧車は乗ってみないと。 칸란샤와 놋테미나이토
관람차를 타고 높은 곳에서 그녀에게 고백하고 싶어.	観覧車に乗って高いところで彼女に告白したい。 칸란샤니 놋테 타카이 토코로데 카노죠니 코쿠하쿠시타이
하루 자유 이용권을 샀어.	一日利用券を買った。 이치니치리요-켄오 캇타
롤러코스터가 제일 좋아!	ローラーコースターが一番好きだ。 로-라-코-스타-가 이치방 스키다
스릴 있네!	スリルあるね！ 스리루아루네
유령의 집에 들어가 볼까?	お化け屋敷に入ってみようか。 오바케야시키니 하잇테미요-카
무서워서 눈을 감았어.	怖くて目をつぶった。 코와쿠테 메오 쓰붓타
팝콘 먹고 싶어.	ポップコーンが食べたい。 폽뿌코-은가 타베타이
밤에 불꽃놀이를 한대.	夜に花火大会をするって。 요루니 하나비타이카이오 스룻떼

02 노래방에서

몇 분이십니까?	何名^{なんめい}さまですか。 남메ー사마데스까
몇 시간 이용하시겠습니까?	何時間^{なんじかん}ご利用^{りよう}なさいますか。 난지칸 고리요ー 나사이마스까
방 하나에 한 시간 2천 엔입니다.	一部屋^{ひとへや}、一時間^{いちじかん}2千円^{にせんえん}です。 히토헤야 이치지칸 니센엔데스
이 방은 6명까지 들어갈 수 있습니다.	この部屋^{へや}は6人^{ろくにん}まで入^{はい}れます。 코노 헤야와 로쿠닝마데 하이레마스
만원이라 30분 정도 기다리시게 됩니다.	満員^{まんいん}だから、30分^{さんじゅっぷん}ほどお待^まちいただくことになります。 망잉다카라 산쥬뿐호도 오마치 이타다쿠 코토니나리마스
준비가 되면 불러 드리겠습니다.	準備^{じゅんび}が出来^{でき}たらお呼^よびします。 쥰비가 데키타라 오요비시마스
방까지 안내하겠습니다.	部屋^{へや}まで案内^{あんない}いたします。 헤야마데 안나이 이타시마스
한국과 중국 노래도 있습니다.	韓国^{かんこく}と中国^{ちゅうごく}の歌^{うた}もあります。 캉코쿠토 츄고구노 우타모 아리마스

● Unit 16_ 오락

음료는 방의 전화로 주문하실 수 있습니다.	飲み物は部屋の電話で注文できます。 노미모노와 헤야노 뎅와데 츄-몬 데키마스
이 터치 패널을 사용해 주세요.	このタッチパネルをお使いください。 코노 탓치파네루오 오쓰카이 쿠다사이 *일본 노래방의 터치 패널은 노래도 전부 검색할 수 있고 가사도 볼 수 있어서 편리하다.
종료 10분 전입니다.	終了10分前です。 슈-료- 쥬뿐마에데스
연장하시겠습니까?	延長なさいますか。 엔쬬- 나사이마스까
대기 고객님이 많아서 연장은 안 됩니다.	お待ちのお客様が多いので延長はできません。 오마치노 오캬쿠사마가 오-이노데 엔쬬-와 데끼마센

03 마사지 받기

마사지 예약을 할게요.	マッサージの予約をします。 맛사-지노 요야쿠오시마스

어떤 코스가 있습니까?	どんなコースがありますか。 돈나 코-스가 아리마스까
기본 코스는 얼마입니까?	基本コースはいくらですか。 키홍 코-스와 이쿠라데스까
어디에서 지불해요?	どこで支払いますか。 도코데 시하라이마스까
한 시간 코스를 부탁해요.	一時間コースをお願いします。 이치지칸 코-스오 오네가이시마스
기분이 좋네요.	気持ちがいいです。 키모치가 이-데스
아파요.	痛いです。 이타이데스

Unit 17 음주·흡연
飲酒·喫煙
いんしゅ・きつえん

일본의 음주 문화는 독한 술을 덜 마시고 술이 남은 상태에서 첨잔하는 것이 상대에 대한 배려라고 한다. 미즈와리(水割り)라고 하여 독한 술은 물에 희석하여 마신다. 그리고 술잔 돌리기는 세계에서 한국이 유일하다고 한다. 일본의 흡연 문화는 남에 대한 배려가 좀더 느껴지고 또 개인적으로 작은 재떨이를 갖고 다닌다. 보행 중 흡연은 찾아보기 힘들다.

01 술 권하기

어디서 술 한 잔 하는 거 어때?	どこかで一杯やるのはどう? 도코카데 입빠이 야루노와 도-
오늘 밤 한 잔 하시죠?	今晩、飲みに行きませんか。 콤방 노미니 이키마셍까
맥주 마시러 가는 건 어때?	ビールを飲みに行くのはどうだい? 비-루오 노미니 이쿠노와 도-다이
술 마시는 거 좋아하세요?	酒飲むの好きですか。 사케노무노 스키데스까
미안하지만 오늘은 마실 기분이 안 나.	残念ながら今日は飲む気がしないんだ。 잔넨나가라 쿄-와 노무키가 시나인다

433

가고 싶지만 그만두는 게 좋을 것 같습니다.	行きたいけど、よしたほうがよさそうです。 이키타이케도 요시타호-가 요사소-데스
귀갓길에 술집에 들러 잠깐 한 잔 하자.	帰りに居酒屋へ寄ってちょっと一杯やろうよ。 카에리니 이자카야에 욧테 춋토 입파이 야로-요
기분 전환으로 술을 마십니다.	気分転換にお酒を飲みます。 키분텐칸니 오사케오 노미마스
술은 못 마셔요.	お酒は飲めません。 오사케와 노메마셍
술은 약해요.	お酒は弱いんです。 오사케와 요와인데스
너는 상당히 마실 것 같네.	君はかなり飲めそうだね。 키미와 카나리 노메 소-다네
매일 반주를 합니다.	毎日晩酌をします。 마이니치 반샤쿠오 시마스
한잔 하고 싶구먼.	一杯飲みたいな。 입파이 노미타이나

● Unit 17_ 음주 · 흡연

02 술 주문하기

와인 메뉴 좀 볼까요?	ワインリストを見ましょうか。 와인리스토오 미마쇼-카
정하셨습니까?	お決まりですか。 오키마리데스까
우선 맥주를 주세요.	とりあえずビールをください。 토리아에즈 비-루오 쿠다사이 *이건 일본인들이 입버릇처럼 하는 주문 패턴이다.
어떤 맥주가 있습니까?	どんなビールがありますか。 돈나 비-루가 아리마스까
일본주는 데워서 주세요.	日本酒はおかんにしてください。 니혼슈와 오캉니 시테 쿠다사이
맥주 한 병 더 주세요.	ビール、もう一本ください。 비-루 모- 입뽕 쿠다사이
얼음을 타서 주세요.	オンザロックにしてください。 온자록쿠니 시테 쿠다사이
매실주를 좋아합니다.	梅酒が好きです。 우메슈가 스키데스
안주는 무엇이 있습니까?	肴は何がありますか。 사카나와 나니가 아리마스까

435

이 술은 생선회와 잘 맞습니다.	この酒は刺身によく合います。 코노 사케와 사시미니 요쿠 아이마스
그럼 그걸 마셔 보겠습니다.	ではそれを試してみましょう。 데와 소레오 타메시테미마쇼-
와인은 이탈리아의 샤르도네를 주세요.	ワインはイタリアのシャルドネをください。 와인와 이타리아노 샤르도네오 쿠다사이
주문을 반복하겠습니다.	ご注文を繰り返します。 고츄-몬오 쿠리카에시마스

03 술을 마시면서

좀 마셔요.	ちょっと飲んでください。 춋토 논데 쿠다사이
맥주 한 잔 받아요.	ビールを一杯どうぞ。 비-루오 입파이 도-조
소주는 어때?	焼酎はどう？ 쇼-츄-와 도-

● Unit 17_ 음주·흡연

한 잔 더 어때요?	もう一杯いかが? 모- 입파이 이카가
건배!	乾杯! 캄파이
원샷해요!	一気に飲んで! 익키니 논데
건강을 위해 건배!	ご健康を祈って乾杯! 고켕코-오 이놋테 캄파이
나 조금 취했어.	僕、ほろ酔いだ。 보쿠 호로요이다 * 꽤 마셨을 때 하는 말.
너무 마셨나 봐.	飲みすぎたみたい。 노미스기타미타이
취해 버렸네.	酔っ払っちゃった。 욥파랏챳타
한 집 더 들르자.	もう一軒行こう。 모- 익켄 이코-
오늘은 여러 군데서 마시자.	今夜ははしご酒だ。 콘야와 하시고자케다 * 2차, 3차 계속 마시는 것을 はしご飲み라고도 한다. はしご는 사다리라는 뜻.

아침까지 마셔 보자.	朝まで飲んでみよう。 아사마데 논데 미요-
술 마시면 기분 좋게 얘기할 수가 있어.	酒を飲むと気持ちよく話せる。 사케오 노무토 키모치요쿠 하나세루

04　술에 대한 화제

더울 때는 차가운 맥주보다 나은 게 없지.	暑い時は冷たいビールに勝るものはないね。 아쓰이 토키와 쓰메타이 비-루니 마사루 모노와 나이네
얼마나 술을 마십니까?	どのくらい酒を飲みますか。 도노쿠라이 사케오 노미마스까
술을 끊었습니다.	酒はやめました。 사케와 야메마시따
금방 취하는 편입니다.	すぐ酔っちゃいます。 스구 욧챠이마스
저는 잘 안 취합니다.	私は酔わないほうです。 와타시와 요와나이 호-데스

● Unit 17_ 음주 · 흡연

그는 술고래입니다.	彼は飲兵衛だ。 카레와 놈베―다
숙취가 있으세요?	二日酔いはしませんか。 후쓰카요이와 시마셍까

05　담배에 대하여

여기서 담배를 피워도 될까요?	ここでタバコを吸ってもいいですか。 코꼬데 타바코오 슛테모 이―데스까
여기에선 담배를 피우지 않으면 좋겠네.	ここではタバコを吸ってもらいたくないの。 코꼬데와 타바코오 슛테 모라이타쿠나이노
여기는 금연입니다.	ここは禁煙になっています。 코꼬와 킹엔니 낫테 이마스
담배 한 대 피우시겠어요?	タバコを一本いかがですか。 타바코오 입퐁 이카가데스까
불 좀 빌려 주시겠어요?	火を貸していただけますか。 히오 카시테 이타다께마스까

439

식사 후 한 대는 정말 맛있습니다.	食後の一服は実にうまいです。 쇼쿠고노 입푸쿠와 지쓰니 우마이데스
담배 피우는 사람과는 절대 사귀지 않습니다.	タバコを吸う人とは絶対付き合いません。 타바코오 스우 히토또와 젯타이 쓰키아이마센

06　금연·금주에 대하여

당신은 지나치게 마셔요.	あなたは飲みすぎですよ。 아나따와 노미스기데스요
술을 끊으려고 합니다.	お酒をやめようと思っています。 사케오 야메요-토 오못테 이마스
이제부터 절대 술을 마시지 않겠습니다.	これから絶対お酒を飲みません。 코레카라 젯타이 오사케오 노미마센
금연하면 돈을 드릴게요.	禁煙したらお金をあげます。 킹엔시타라 오카네오 아게마스
줄이려고 하는데 안 되네요.	減らそうとしているんですが、だめなんです。 헤라소-토 시테이룬데스가 다메난데스

● Unit 17_ 음주 · 흡연

담배 피우는 사람은 부자라도 싫습니다.	タバコを吸う人は金持ちでも嫌です。 타바코오 스우 히토와 카네모치데모 이야데스
과음하는 사람은 건전하지 못합니다.	飲みすぎる人は健全じゃありません。 노미스기루 히토와 켄젠쟈 아리마센

Unit 18 여행 트러블
旅行のトラブル
りょこう

위급한 상황에서는 제일 중요한 것이 침착함을 잃지 않는 것이다. 도난 등의 범죄를 방지하기 위해서는 현금 소지를 최소화하고 가방은 쉽게 찢어지지 않는 것을 택한다. 어느 나라에 가든지 가능하면 현지인과 비슷한 차림을 하는 것이 안전하다. 여권을 분실한 경우엔 현지 경찰서에서 분실증명서를 받아 재외공관에 가서 임시여권을 발급받는다.

01 언어 트러블

일본어는 잘 못해요.	日本語はできません。 니홍고와 데키마센
제 일어로는 부족합니다.	私の日本語では不十分です。 와타시노 니홍고데와 후쥬-분데스
다시 한 번 말해 주세요.	もう一度言ってください。 모- 이치도 잇테 쿠다사이
그걸 적어 주시겠습니까?	それを記していただけますか。 소레오 시루시테 이타다께마스까
미안하지만 알아듣지 못했어요.	すみませんが聞き取れませんでした。 스미마셍가 키키토레마센데시따

● Unit 18_ 여행 트러블

뭐라고 하셨습니까?	何とおっしゃいましたか。 난토 옷샤이마시따까
한국어 하는 분은 없습니까?	韓国語を話す方はいませんか。 캉코쿠고오 하나스 카타와 이마셍까
이건 일본어로 뭐라고 하나요?	これは日本語で何と言うのですか。 코레와 니홍고데 난토 이우노데스까

02　도난당했을 때

경찰을 불러 주세요.	警察を呼んでください。 케―사쓰오 욘데 쿠다사이
가방을 도난당했습니다.	バッグを盗まれました。 박구오 누스마레마시따
무엇이 들어 있습니까?	何が入っていましたか。 나니가 하잇테 이마시따까
찾으면 연락드리겠습니다.	見つかったら連絡します。 미쓰캇타라 렌라쿠시마스

이 서류에 기입해 주세요.	この書類に記入してください。 코노 쇼루이니 키뉴-시테 쿠다사이
한국대사관은 어디입니까?	韓国大使館はどこですか。 캉코쿠타이시칸와 도코데스까
도와주세요!	助けて！ 타스케테 *아주 다급한 상황의 표현. "사람 살려!"의 상황에서도 씀.
도둑이야!	泥棒！ 도로보-
강도를 당했습니다.	強盗にあいました。 고-토-니 아이마시따
긴급합니다!	緊急です！ 킹큐-데스
뭘 도둑맞으셨습니까?	何を盗まれましたか？ 나니오 누스마레마시따까
파출소까지 데려다 주세요.	交番まで連れて行ってください。 코-반마데 쓰레테 잇테 쿠다사이
도둑은 체포되었나요?	泥棒は逮捕されましたか？ 도로보-와 타이호사레마시따까

● Unit 18_ 여행 트러블

빈집털이에게 당했다.	空き巣に入られた。 아키스니 하이라레타

03 물건을 분실했을 때

지갑을 소매치기 당했습니다.	財布をすられたんです。 사이후오 스라레탄데스
유실물 취급소는 어디입니까?	遺失物係はどこですか。 이시쓰부쓰 가카리와 도코데스까
언제 어디서 분실했습니까?	いつどこでなくしましたか。 이쓰 도코데 나쿠시마시따까
택시 안에 가방을 두고 왔습니다.	タクシーにカバンを置き忘れました。 타쿠시-니 카방오 오키와스레마시따
신용카드를 잃어버렸습니다.	クレジットカードをなくしました。 쿠레짓토카-도오 나쿠시마시따
카드 번호는 적어두었습니다.	カードの番号は書いておきました。 카-도노방고- 와 카이테 오키마시따

445

카드를 무효화해 주세요.	カードを無効にしてください。 카-도오 무코-니 시테 쿠다사이

04　사고 상황

움직이지 마!	動くな! 우고쿠나
손 들어!	手を上げろ! 테오 아게로
내가 말한 대로 해!	おれの言うとおりにしろ! 오레노 이우토-리니 시로
엎드려!	伏せろ! 후세로
거기에 있어!	その場にいろ! 소노바니 이로
앞으로 가!	前へ進め! 마에에 스스메

Unit 18_ 여행 트러블

위험해!	危ないぞ! 아부나이조
떨어뜨려!	落とせ! 오토세

05 교통사고 당했을 때

교통사고가 일어났습니다.	交通事故が起きました。 코-쓰-지코가 오키마시따
제가 차에 치였습니다.	私が車にはねられました。 와타시가 쿠루마니 하네라레마시따
어디가 아파요?	どこが痛みますか。 도코가 이타미마스까
부상자가 몇 명 있습니다.	怪我人が何人かいます。 케가닝가 난닝카 이마스
응급처치를 부탁합니다.	応急処置をお願いします。 오-큐-소치오 오넹아이시마스

구급차를 불러 주세요.	救急車を呼んでください。 큐-큐-샤오 욘데 쿠다사이
이게 제 연락처입니다.	これが私の連絡先です。 코레가 와타시노 렌라쿠사키데스
병원에 데려가 주세요.	病院へ連れて行ってください。 뵤-잉에 쓰레테 잇테 쿠다사이
가해 차량은 흰색 택시입니다.	はねたのは白いタクシーです。 하네타노와 시로이 타쿠시-데스
제 혈액형은 A형입니다.	私の血液型はA型です。 와타시노 케쓰에키가타와 에-가타데스
여기가 아픕니다.	ここが痛いのです。 코꼬가 이타이노데스
어지러워요.	目まいがします。 메마이가 시마스
발목을 삐었습니다.	足首をねんざしました。 아시쿠비오 넨자시마시따
입원할 필요가 있습니다.	入院する必要があります。 뉴-인스루 히쓰요-가 아리마스

PART 07

비즈니스
ビジネス

내국인끼리도 그렇지만 외국어 실력이 부족한 경우엔 특히나 비즈니스 회화를 할 때 메모를 잘하는 것이 필요하다. 업무와 관련하여 일어로 대화를 나누는 일은 점점 중요해지고 있다. 전화 표현이나 회의 등 이러한 업무 환경에서 쓸 수 있는 대표적인 표현을 제시한다.

Unit 01 전화 표현
電話表現
でんわひょうげん

잠시 기다리라고 하는 말은 ちょっと待ってください。라고 하지만, 전화를 받을 사람이 잠시 부재 중일 때 기다리라는 말을 정중히 하고 싶으면 少々お待ちください。라고 한다. 그리고 통화를 못한 경우 전하고 싶은 말을 伝言이라고 한다. 물론 전화뿐 아니라 어떤 상황에서나 그리 길지 않게 전하는 말을 뜻하는데 가족끼리 남기는 짧은 용건의 말도 그렇게 부른다.

01 전화 걸기

이 근처에 공중전화는 있습니까?	この辺に公衆電話はありますか。 코노 헨니 코-슈-뎅와와 아리마스까
전화 좀 써도 될까요?	電話をお借りできますか。 뎅와오 오카리 데키마스까
마츠모토와 얘기하고 싶은데요.	松本と話したいのですが。 마쓰모토또 하나시타이노데스가
여보세요. 요시다 씨 댁입니까?	もしもし、吉田さんのお宅ですか。 모시모시 요시다상노 오타쿠데스까
여보세요. 거기는 잡스 씨이십니까?	もしもし、そちらはジョブズさんでしょうか。 모시모시 소치라와 죠부즈상데쇼-까

● Unit 01_ 전화 표현

토다 씨 계십니까?	戸田さんはおられますか。 토다상와 오라레마스까
여보세요. 타나까 씨 부탁합니다.	もしもし、田中さんをお願いします。 모시모시 타나카상오 오네가이시마스
저는 시라키 요코라고 합니다.	こちらは白木洋子と申します。 코치라와 시라키 요-코토 모-시마스
경리부 탄게 씨와 통화하고 싶은데요.	経理部の丹下さんとお話したいんですが。 케-리부노 탕게상또 오하나시타인데스가
영업부 아무나 통화하고 싶습니다.	営業部のどなたかとお話したいんですが。 에-교-부노 도나타까토 오하나시타인데스가
홍보부 야부키 씨는 계십니까?	広報部の矢吹さんはいらっしゃいますか。 코-호-부노 야부키상와 이랏샤이마스까
편집부로 연결해 주시겠어요?	編集部へ繋いでいただけますか。 헨슈-부에 쓰나이데 이타다케마스까
그건 오후에 팩스로 보내드릴게요.	それは午後ファックスでお送りします。 소레와 고고 확쿠스데 오오쿠리시마스

내선 10번 부탁합니다.	内線の10番をお願いします。 나이센노 쥬-방오 오네가이시마스

02 전화 받기

전화벨이 울려요.	電話ベルが鳴っています。 뎅와베루가 낫테 이마스
전화 받아 봐.	電話に出てみて。 뎅와니 데테 미테
제가 전화 받을게요.	私が電話に出ましょう。 와타시가 뎅와니 데마쇼-
여보세요, 여기는 모토키입니다.	もしもし、こちらは本木です。 모시모시 코치라와 모토키데스
누구십니까?	どなたでしょうか。 도나타데쇼-까 どちら様でしょうか。 도치라사마데쇼-까 *どちら様가 더욱 정중한 표현이다.

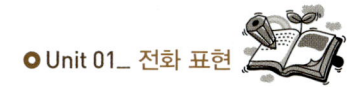

● Unit 01_ 전화 표현

전데요.	私_{わたし}ですが。 와타시데스가
안녕, 마나베. 어디에서 전화하는 거니?	こんにちは、真鍋_{まなべ}。どこから電話_{でんわ}してるの? 콩니치와 마나베 도코카라 뎅와시테루노
총무부입니다. 무슨 일이십니까?	総務部_{そうむぶ}です。何_{なん}でございましょうか。 소-무부데스 난데고자이마쇼-까
한 번 더 말씀해 주시겠습니까?	もう一度_{いちど}言_いっていただけますか。 모- 이치도 잇테이타다께마스까
잠깐 확인해 보겠습니다.	ちょっと確認_{かくにん}させてください。 촛토 카쿠닝사세테 쿠다사이
야부키 씨! 시라키 선생님한테서 전화입니다.	矢吹_{やぶき}さん!白木先生_{しらきせんせい}からお電話_{でんわ}です。 야부키상! 시라키센세-카라 오뎅와데스
잠시 기다려 주십시오.	少々_{しょうしょう}お待_まちください。 쇼-쇼-오마치 쿠다사이
죄송합니다, 지금 다른 전화를 받고 있습니다.	すみません、今別_{いまべつ}の電話_{でんわ}に出_でております。 스미마셍 이마 베쓰노 뎅와니 데테 오리마스

453

기다리게 해서 죄송합니다. 나카야마는 지금 회의 중입니다.	お待たせしてすみません。中山は今会議中です。 오마타세시떼 스미마셍 나카야마와 이마 카이기쮸―데스

03　전화를 받을 수 없을 때

미안합니다. 오늘은 쉬고 있습니다.	すみません、今日は休みを取っております。 스미마셍 쿄―와 야스미오 톳테 오리마스
지금은 출장 중입니다.	今出張中です。 이마 슛쵸―츄―데스
미안합니다. 지금 회의 중입니다.	すみません、ただいま会議中です。 스미마셍 타다이마 카이기쮸―데스
지금 다른 전화를 받고 있습니다.	今他の電話に出ております。 이마 호카노 뎅와니 데테 오리마스
지금 통화 중입니다.	今通話中です。 이마 쓰―와츄―데스

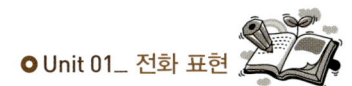
● Unit 01_ 전화 표현

잠시 자리를 비웠습니다.	ちょっと席をはずしております。 촛토 세키오 하즈시테 오리마스
지금 점심 먹으러 나갔습니다.	ただいま昼食に出ておりますが。 타다이마 츄-쇼쿠니 데테오리마스가
언제쯤 돌아옵니까?	いつ頃戻られますか。 이쓰고로 모도라레마스까
곧 돌아옵니다.	すぐ戻ります。 스구 모도리마스
돌아오면 전화하라고 말할까요?	帰ったら電話するように言いましょうか。 카엣타라 뎅와스루요-니 이이마쇼-까
그가 돌아오면 전화하라고 전하겠습니다.	帰ってきたら電話するように伝えます。 카엣테키타라 뎅와스루요-니 쓰타에마스
잠시만요. 메모를 하겠습니다.	少々お待ちください。メモをしておきます。 쇼-쇼-오마치 쿠다사이 메모오 시테오키마스
그는 오늘 쉽니다.	彼は今日休みです。 카레와 쿄- 야스미데스

| 죄송합니다만, 그는 퇴직했습니다. | すみませんが、彼は退職しました。
스미마셍가 카레와 타이쇼쿠시마시따 |

04 상대가 부재중일 때

언제쯤 돌아오실까요?	いつお戻りになりますか。 이쯔 오모도리니 나리마스까
몇 시에 돌아올지 아십니까?	何時にお戻りになるか分かりますか。 난지니 오모도리니 나루까 와까리마스까
나중에 다시 전화하겠습니다.	後でもう一度かけなおします。 아또데 모-이치도 카케나오시마스
뭔가 연락할 방법은 있습니까?	何か連絡する方法はありますか。 낭까 렝라쿠스루 호-호-와 아리마스까
그녀에게 연락할 다른 번호는 있습니까?	彼女に連絡できる他の番号はありますか。 카노죠니 렌라쿠 데키루 호카노 방고-와 아리마스까

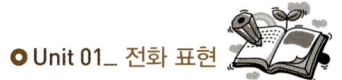
Unit 01_ 전화 표현

그녀의 연락처를 가르쳐 주시겠습니까?	彼女の連絡先を教えていただけますか。 카노죠노 렌라쿠사키오 오시에테 이타다께마스까
야부키 씨 휴대폰 번호를 가르쳐 주시겠습니까?	矢吹さんのケータイ番号を教えてもらえますか。 야부키상노 케-타이방고-오 오시에테 모라에마스까

05 메시지 전달

얘기를 전해주시겠어요?	伝言していただけますか。 뎅공시테 이타다께마스까
마나베한테 전화 왔다고 전해 주세요.	真鍋から電話があったとお伝えください。 마나베까라 뎅와가 앗따토 오쓰타에 쿠다사이
돌아오면 나한테 전화 달라고 전해 주세요.	戻りましたら、私に電話をくれるようにお伝えください。 모도리마시따라 와타시니 뎅와오 쿠레루요-니 오쓰타에 쿠다사이

457

메시지를 전해 드릴까요?	伝言をお伝えしましょうか。 뎅공오 오쓰타에시마쇼-까
알겠습니다. 메시지를 전해 드리겠습니다.	分かりました。伝言をお伝えしておきます。 와까리마시따 뎅공오 오쓰타에시테 오키마스
소라 씨, 아까 김씨에게 전화가 왔어요.	ソラさん、さっき金さんから電話がありました。 소라상 삭키 키무상까라 뎅와가 아리마시따
오시면 전화를 주셨으면 했습니다.	お見えになったら電話してもらいたいとのことでした。 오미에니 낫따라 뎅와시테 모라이타이토노 코토데시따

06 약속 잡기

말씀 드릴 게 있습니다.	お話したいことがあります。 오하나시타이 코토가 아리마스
좀 말씀 드려도 될까요?	ちょっとお話していいかしら。 춋토 오하나시테 이-까시라 *かしら는 여성어이므로 남자가 말하면 게이 취급을 받을 수 있다.

458

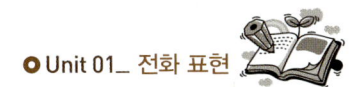
Unit 01_ 전화 표현

말씀 드리러 찾아봬도 될까요?	お話しにうかがってもいいですか。 오하나시니 우카갓떼모 이-데스까
지금 방문해도 될까요?	これからお邪魔してもいいでしょうか。 코레까라 오쟈마시테모 이-데쇼-까
언제 시간 있으면 뵙고 싶습니다.	いつかお時間があればお目にかかりたいのですが。 이쯔카 오지캉가 아레바 오메니 카카리타이노데스가
오늘 조금 있다가 볼 수 있을까요?	今日、のちほどお目にかかれますでしょうか。 쿄- 노치호도 오메니카카레마스데쇼-까
다카하시 선생님과 만나기로 약속하고 싶은데요.	高橋先生とお会いする約束をしたいのですが。 타카하시 센세-또 오아이스루 야쿠소쿠오 시타이노데스가
언제가 가장 시간이 괜찮으세요?	いつが一番都合がいいですか。 이쯔가 이치방 쯔고-가 이-데스까
다음 주 예정은 어떻게 됩니까?	来週の予定はどうですか。 라이슈-노 요테-와 도-데스까

459

화요일 오후 어떻게든 시간을 낼 수 없습니까?	火曜の午後、なんとか都合をつけられませんか。 카요-노 고고 난토까 쓰고-오 쓰케라레마셍까
토요일 오후 3시는 어떻습니까?	水曜の午後三時はどうですか? 스이요-노 고고 산지와 도-데스까
몇 시까지 시간이 비어 있습니까?	何時まで時間が空いてますか。 난지마데 지칸가 아이테마스까
평소엔 언제 방문을 받으십니까?	ふだんはいつ訪問をお受けになりますか。 후당와 이쓰 호-몽오 오우께니 나리마스까
오늘 오후는 시간이 있습니다.	今日午後は時間があります。 쿄-고고와 지칸가 아리마스
이번 주 저의 스케줄을 확인하도록 하겠습니다.	今週の私のスケジュールをチェックしてみます。 콘슈-노 와타시노 스케주-루오 첵쿠시테 미마스
그날 오전에는 약속이 없습니다.	その日の午前中は約束がありません。 소노히노 고젠츄-와 야쿠소쿠가 아리마센
그럼, 그날 10시에 귀사에서 뵙겠습니다.	じゃ、その日十時に御社でお目にかかります。 쟈 소노히 쥬-지니 온샤데 오메니 카카리마스

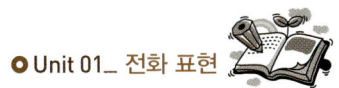

● Unit 01_ 전화 표현

제 사무실은 어떻습니까?	私の事務室はどうですか。 와타시노 지무시쓰와 도-데스까
예, 그게 괜찮겠네요.	はい、それいいですね。 하이 소레이이데스네
언제라도 들러 주십시오.	いつでも寄ってください。 이쓰데모 욧테 쿠다사이
하루 종일 사무실에 있을 거니까요.	一日中、事務室にいますから。 이치니치쥬- 지무시쓰니 이마스까라
약속을 연기해도 될까요?	約束を延期してもいいですか。 야쿠소쿠오 엔끼시테모 이-데스까
죄송하지만 제가 약속을 취소해야만 해요.	申し訳ないですが、約束を取り消さなければいけません。 모-시와케 나이데스가 야쿠소쿠오 토리케사 나케레바 이케마센
다른 시간으로 하는 것은 어떻습니까?	別の時間にするのはどうですか。 베쓰노 지칸니 스루노와 도-데스까
약속을 지키지 못해서 죄송합니다.	約束を守らないですみません。 야쿠소쿠오 마모라나이데 스미마셍

461

07 전화 트러블

번호를 틀리신 것 같습니다.	番号をお間違いのようですが。 방고-오 오마치가이노 요-데스가
몇 번으로 거셨습니까?	何番へおかけですか。 남방에 오카케데스까
내선 몇 번으로 거셨습니까?	内線の何番へかけたのですか。 나이센노 남방에 카케타노데스까
이쪽엔 시이나라는 사람은 없습니다.	こちらには椎名という者はおりません。 코치라니와 시이나토 이우 모노와 오리마센
실례했습니다. 제가 잘못 걸었네요.	すみません、番号をかけ間違えました。 스미마센 방고-오 카케마치가에마시따
연결이 좋지 않네요.	繋がりがよくないですね。 쓰나가리가 요쿠나이데스네
죄송합니다. 전화가 끊어졌네요.	失礼しました。切れてしまいました。 시쓰레-시마시따 키레테 시마이마시따

전화 용어

일본어	발음	뜻
電話をかける	뎅와오 카케루	전화 걸다
かけ直す	카케나오스	응답 전화를 걸다
つなぐ	쓰나구	바꿔주다
出る	데루	전화 받다
切らずに待つ	키라즈니 마쓰	끊지 않고 기다리다
切る	키루	끊다
切れる	키레루	끊기다
かけ間違える	마치가에루	잘못 걸다
話し中	하나시츄-	통화 중
内線	나이센	내선
間違い電話	마치가이뎅와	잘못 걸린 전화
転送する	텐소-스루	전송하다
市外局番	しがいきょくばん 시가이쿄쿠방	시외국번
留守番電話	るすばんでんわ 루스방뎅와	자동응답기

Unit 02 직장 생활
職場の生活
しょくば　せいかつ

우리말로는 출근, 퇴근이라고 하는데 일어로는 出勤、退勤이라는 말 외에 出社, 退社라는 말도 쓴다. 出社는 자기가 다니는 회사에 출근하는 것이고 退社는 퇴근이라는 뜻이다. 退社는 우리말로는 회사를 그만둔다는 의미인데, 일어로도 그런 의미가 있다.

01 직업 묻기

당신은 회사원입니까?	あなたは 会社員ですか。 아나따와 카이샤잉데스까
아니요, 공무원입니다.	いいえ、公務員です。 이-에 코-무잉데스
아니요, 자영업입니다.	いいえ、自営業です。 이-에 지에-교-데스
저는 작은 가게를 하고 있습니다.	私は小さな店を出しています。 와타시와 치-사나 미세오 다시테 이마스
어느 회사에 근무합니까?	どの会社に勤めていますか。 도노 카이샤니 쓰토메테 이마스까
컴퓨터 회사에 근무하고 있습니다.	コンピューター会社に勤めています。 콤퓨-타-가이샤니 쓰토메테 이마스

Unit 02_ 직장 생활

저는 이 회사에 근무합니다.	私はこの会社に勤めています。 와타시와 코노 카이샤니 쓰토메테 이마스
어느 부서입니까?	部署はどこですか。 부쇼와 도코데스까
저는 이 회사에서 영업을 하고 있습니다.	私はこの会社で営業をやっています。 와타시와 코노카이샤데 에－교－오 얏테 이마스
그 일을 얼마 동안 하고 계십니까?	その仕事をどのくらいしているんですか。 소노 시고토오 도노쿠라이 시테 이룬데스까
회사는 어디에 있습니까?	会社はどこにあるんですか。 카이샤와 도코니 아룬데스까
출퇴근 시간은 얼마나 걸립니까?	通勤時間はどれくらいかかるんですか。 쓰－킨지칸와 도레쿠라이 카카룬데스까
회사까진 어떻게 가십니까?	会社まではどうやって行くんですか。 카이샤마데와 도－얏테 이쿤데스까
정년은 언제이십니까?	定年はいつですか。 테－넨와 이쓰데스까

02 직업 말하기

무역 회사에서 근무합니다.	貿易会社で勤務しています。 보-에키가이샤데 킨무시테 이마스
닛산 자동차에서 근무합니다.	日産自動車で働いています。 닛산지도-샤데 하타라이테 이마스
봉급 생활자입니다.	サラリーマンです。 사라리-만데스
무직입니다.	無職です。 무쇼쿠데스
저는 자영업을 합니다.	自営業をやっています。 지에-교-오 얏테 이마스
저는 교사입니다.	私は教師です。 와타시와 쿄-시데스
저는 프리랜서예요.	私はフリーランスです。 와타시와 후리-란스데스

● Unit 02_ 직장 생활

03 사업 이야기

사업은 잘 되십니까?	仕事はうまく行ってますか。 시고토와 우마쿠 잇테마스까
직업에 만족하세요?	職業には満足してますか。 쇼쿠교-니와 만조쿠시테마스까
장사가 안 되어 곤란합니다.	商売がうまく行かなくて困っています。 쇼-바이가 우마쿠 이카나쿠테 코맛테 이마스
늘 어렵습니다.	いつも大変です。 이쓰모 타이헨데스
그럭저럭 버티고 있습니다.	何とかかれこれやっています。 난토까 카레코레 얏테 이마스
요즘 적자입니다.	最近は赤字です。 사이킨와 아카지데스
그리 나쁘지는 않습니다.	そんなに悪くはないです。 손나니 와루쿠와 나이데스

04　퇴근 이야기

집에 돌아갈 시간이야.	家に帰る時間だ。 우치니 카에루 지칸다
오늘은 바빴어.	今日は忙しかったよ。 쿄-와 이소가시깟타요
이제 끝내자.	もう終わりにしよう。 모- 오와리니시요-
이제 지쳤어. 오늘은 이만하자.	もう疲れたよ。今日はここまでにしよう。 모- 쓰카레타요 쿄-와 코꼬마데니 시요-
좋아, 집에 가자.	いいね。家に帰ろう。 이-네 우치니 카에로-
수고했어요.	お疲れ様。 오쓰카레사마
그럼 먼저 실례하겠습니다.	では、お先に失礼します。 데와 오사키니 시쓰레-시마스
오늘은 잔업을 해야 합니다.	今日は残業があります。 쿄-와 장교-가 아리마스

● Unit 02_ 직장 생활

05 휴가에 대하여

| 휴가 기간은 얼마나 됩니까? | 休暇の期間はどれくらいですか。
큐-카노 키칸와 도레쿠라이데스까 |

| 당신의 휴가는 언제 시작되죠? | あなたの休暇はいつからですか。
아나따노 큐-카와 이쓰카라데스까 |

| 휴가 중엔 코스기 씨가 제 일을 담당할 거예요. | 休暇中には小杉さんが私の仕事を引き継ぎます。
큐-카츄-니와 코스기상가 와타시노 시고토오 히키쓰기마스 |

| 8월 10일부터 휴가를 가도 될까요? | 8月10日から休暇をとってもいいですか。
하치가쓰 토-까까라 큐-까오 톳테모 이-데스까 |

| 너무 바빠서 휴가를 가질 여유가 없어요. | 忙しすぎて休暇をとる余裕がありません。
이소가시스기테 큐-카오 토루 요유-가 아리마셍 |

| 이번 휴가 때 어디 가고 싶으세요? | 今回の休暇にはどこへ行きたいですか。
콩카이노 큐-카니와 도코에 이키타이데스까 |

| 즐거운 휴가 보내세요! | 楽しい休暇を過してください。
타노시- 큐-카오 스고시테 쿠다사이 |

06 근무 시간에 대하여

타임 카드는 찍었어?	タイムカードは押した? 타이무카-도와 오시타
1주일에 몇 시간 근무하십니까?	一週間、何時間働きますか。 잇슈-칸 난지칸 하타라키마스까
보통, 9시에서 6시까지 일합니다.	普通9時から6時まで働いています。 후쓰- 쿠지까라 로쿠지마데 하라타이테 이마스
한 시간 동안 점심시간이 있습니다.	一時間の昼休みがあります。 이치지칸노 히루야스미가 아리마스
토요일에는 쉽니다.	土曜日には休みます。 도요-비니와 야스미마스
요시다는 아직도 출근 안 했어?	吉田はまだ出社してないの? 요시다와 마다 슛샤시테 나이노
저는 오늘 밤 야근이에요.	今夜は残業があります。 콩야와 장교-가 아리마스

Unit 03 직장 내 인간관계

社内の人間関係
しゃない にんげんかんけい

일본에서도 회식(飲み会)은 업무의 연장이라고 한다. 싫어도 다들 참석해야 찍히지 않는다. 직장이나 선후배간 여자끼리만 모여 얘기하는 것을 女子会라고 한다. 하지만 男子会라는 말은 없다. 역시 모여서 얘기하여 스트레스 푸는 건 여자들의 주특기인 모양.

01 직장 내 인간관계

그와는 마음이 맞니?	彼とはウマが合う? 카레토와 우마가 아우
나는 그를 존경해.	私は彼を尊敬している。 와타시와 카레오 송케-시테이루
나는 모두와 잘 지내고 싶어.	私はみんなとうまくやっていきたいんだ。 와타시와 민나토 우마쿠 얏테이키타인다
그 사람 본심을 알 수 없어.	あの人の本心が分からない。 아노 히토노 혼싱가 와카라나이
아첨하는 사람은 싫어.	へつらう人は嫌いだ。 헤쓰라우 히토와 키라이다

471

난 가족보다 일을 우선해.	私は家族より仕事を優先するんだ。	
	와타시와 카조쿠요리 시고토오 유−센스룬다	
넌 누구 편이야?	君はどちらの味方なんだ?	
	키미와 도치라노 미카타난다	
넌 부장을 좋아하니?	あなたは部長が好きなの?	
	아나따와 부쵸−가 스키나노	
아니, 그는 나를 너무 심하게 다뤄.	いや、彼は僕にとても辛く当たるんだ。	
	이야 카레와 보쿠니 토테모 쓰라쿠 아타룬다	
그는 너무 엄격해.	彼はあんまり厳しい。	
	카레와 암마리 키비시−	
그런 말을 해봤자 그는 무시하지.	あんなこと言っても彼は無視するね。	
	안나코토 잇테모 카레와 무시스루네	
그는 항상 나를 눈엣가시로 여겨.	彼はいつもぼくを目のかたきにする。	
	카레와 이쓰모 보쿠오 메노 카타키니 스루	
나는 그에게 무척 감사하고 있어.	私は彼に大変感謝しているんだ。	
	와타시와 카레니 타이헨 칸샤시테 이룬다	

● Unit 03_ 직장 내 인간관계

| 그에겐 많은 신세를 지고 있습니다. | 彼には大変お世話になっております。
카레니와 타이헨 오세와니 낫테 오리마스 |

02　직장 상사에 대하여

상사가 누구입니까?	上司は誰ですか。 죠-시와 다레데스까
당신의 상사와는 사이가 어떠세요?	あなたの上司とは仲がどうですか。 아나따노 죠-시토와 나카가 도-데스까
저는 제 상사가 싫습니다.	私は上司が嫌いです。 와타시와 죠-시가 키라이데스
저는 상사를 존경합니다.	私は上司を尊敬します。 와타시와 죠-시오 송케-시마스
그분은 매우 관대합니다.	彼はとても寛大です。 카레와 토테모 칸다이데스
그는 잔소리가 심해요.	彼は口がやかましいです。 카레와 쿠치가 야카마시-데스
그분은 정말 거만해요.	彼はよく威張ります。 카레와 요쿠 이바리마스

473

승진 · 퇴직
昇進・退職
しょうしん・たいしょく

직급이 오르는 것을 昇進, 잘못을 저질러 불편한 타지로 전출되는 것은 左遷, 반대로 영예롭게 더 좋은 곳으로 옮기는 것을 栄転이라고 한다. 그리고 일본에는 퇴직금 제도는 의무사항이 아니라 기업에 따라 다르다. 그리고 최저임금은 지역마다 다른데 역시 도쿄가 가장 높고 큐슈, 시코쿠 쪽이 제일 낮다.

01 봉급에 대하여

급여를 어떤 식으로 받으세요?	給料はどういう風に受け取りますか。 큐―료―와 도―이우 후―니 우케토리마스까
월급으로 받습니다.	月給でもらいます。 겟큐―데 모라이마스
연봉이 얼마나 됩니까?	年棒はいくらぐらいですか。 넴보―와 이쿠라쿠라이데스까
봉급날이 언제입니까?	給料日はいつですか。 큐―료―비와 이쓰데스까
급여가 좀 올랐다.	給与がちょっと上った。 큐―요가 춋토 아갓따

● Unit 04_ 승진·퇴직

적은 급여로 생활이 힘들어.	少ない給料で生活が苦しいよ。 스쿠나이 큐―료―데 세―까쓰가 쿠루시―요
교통비는 봉급에 포함되어 있습니다.	交通費は給料に含まれています。 코―쓰―히와 큐―료―니 후쿠마레테 이마스

02 승진에 대하여

내년에는 당신이 승진하시길 바랍니다.	来年には昇進してほしいです。 라이넨니와 쇼―신시테 호시―데스
저 부장으로 승진했어요.	私、部長に昇進しました。 와타시 부쵸―니 쇼―신시마시따
우리 회사에서는 승진하기가 어려워요.	うちの会社では昇進が難しいです。 우치노 카이샤데와 쇼―신가 무즈카시―데스
그에게는 강력한 후원자가 있어요.	彼には強力な後援者がいます。 카레니와 쿄―료쿠나 코―엔샤가 이마스
그의 승진은 이례적이었어요.	彼の昇進は異例のことでした。 카레노 쇼―신와 이레―노 코토데시따

승진은 업무 실적에 달렸어요.	昇進は業務の実績にかかっています。 쇼-신와 교-무노 짓세키니 카캇테 이마스
당신은 누가 승진할 거라고 생각하세요?	あなたは誰が昇進すると思いますか。 아나따와 다레가 쇼-신스루토 오모이마스까

03 사직, 퇴직에 대하여

도대체 왜 사직하셨어요?	一体なんで辞職しましたか。 잇타이 난데 지쇼쿠시마시따까
이 일과는 안 맞는 것 같아요.	この仕事とは合わないようです。 코노 시고토또와 아와나이요-데스
그만두기로 결심했어요.	辞めると決心しました。 야메루토 켓신시마시따
당신 회사는 정년이 몇 살입니까?	あなたの会社は定年が何歳ですか。 아나따노 카이샤와 테-넨가 난사이데스까

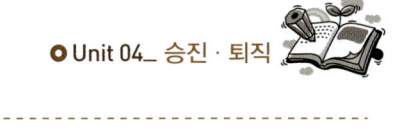
● Unit 04_ 승진 · 퇴직

언제 퇴직하십니까?	いつ退職しますか。 이쓰 타이쇼쿠시마스까
저는 지금 놀고 있습니다.	今は失業中です。 이마와 시쓰교-츄-데스
그녀는 해고됐어요.	彼女は首になりました。 카노죠와 쿠비니 나리마시따

사무실에서
事務室で

일본에선 교통비가 비싼 편이지만 회사원들은 걱정이 없다. 본인이 쓴 만큼 회사에서 그대로 받을 수 있기 때문이다. 따라서 직원마다 받는 교통비 수당은 다르다. 아르바이트 직원의 경우는 사업장에 따라 다른데 30~50% 정도는 교통비 수당을 받는다. 일본 기업의 근로 시간은 짧지만 회사의 노동 강도는 한국보다 힘든 편이다.

01 사무실에서

자네, 또 지각이군.	君、また遅刻だね。 키미 마타 치코쿠다네
타임 카드 찍었나?	タイムカード押した? 타이무 카-도 오시타
스케줄을 확인해 보겠습니다.	スケジュールを確認してみます。 스케쥬-루오 카쿠닝시테 미마스
할 일이 많아.	することがたくさんあるんだ。 스루코토가 타쿠상 아룬다
이 일은 그다지 힘들지 않아.	この仕事はそんなに大変じゃないよ。 코노 시고토와 손나니 타이헨쟈나이요

● Unit 05_ 사무실에서

업무를 게을리하지 마!	仕事をサボるな！ 시고토오 사보루나
그 일에서 손을 뗐어.	その仕事とは縁が切れた。 소노 시고토또와 엥가 키레타
이걸 호치키스로 박아 주세요.	これをホチキスでとめてください。 코레오 호치키스데 토메테 쿠다사이
이 서류를 복사해 주겠니?	この書類をコピーしてくれる？ 코노 쇼루이오 코피-시테 쿠레루
복사기가 작동하지 않아?	コピー機が動かない。 코피-키가 우고까나이
이 복사기는 고장났습니다.	このコピー機は壊れています。 코노 코피-키와 코와레테 이마스
복사기 종이가 떨어졌을 거야.	コピー機の紙切れだと思うよ。 코피-키노 카미키레다또 오모우요
잠깐 쉬자.	一休みしよう。 히토야스미시요-
커피는 어떠세요?	コーヒーはいかがですか。 코-히-와 이캉아데스까

자판기는 어디 있어요?	自動販売機はどこですか。 지도−함바이키와 도코데스까 *승차권이나 티켓 자동판매기는 自動券売機라고 한다.
곧 점심 시간이야.	そろそろ昼食の時間だ。 소로소로 츄−쇼쿠노 지칸다
자, 일을 시작하자.	さあ、仕事を始めよう。 사− 시고토오 하지메요−
일은 어때?	仕事はどうだい? 시고토와 도−다이
숨쉴 틈도 없어.	息をつく暇もないんだ。 이키오 쓰쿠 히마모 나인다
왜 늦었는가? 서둘러!	どうして遅れているんだい。急いでくれ。 도−시테 오쿠레테 이룬다이 이소이데쿠레
이 용지는 어떻게 기입하면 되나?	この用紙はどう記入すればいいの? 코노 요−시와 도− 키뉴−스레바 이−노
회의가 길어질 것 같아.	会議が長引きそうだ。 카이기가 나가비키소−다

Unit 05_ 사무실에서

좋아, 됐어!	よし、確認！ 요시 카쿠닝
요점을 더 분명히 말해 주지 않겠나?	要点をもっとはっきり言ってくれないか。 요-텐오 못토 학키리 잇테 쿠레나이카
처음부터 한 번 더 해 주게.	最初からもう一度やり直してくれ。 사이쇼까라 모- 이치도 야리나오시테쿠레
이걸 타나카 씨에게 팩스로 넣어 주게.	これを田中さんにファックスしてくれ。 코레오 타나카상니 확구스시테쿠레
서류를 내게 제출해 주게.	書類を私に提出してくれ。 쇼루이오 와타시니 테-슈쯔 시테쿠레
이 보고서를 오늘 중으로 마무리하게!	このレポートを今日中に仕上げてくれ！ 코노 레포-또오 쿄-쥬-니 시아게테쿠레

02　컴퓨터 사용

비밀번호를 갖고 있어요?	暗証番号を持ってますか。 안쇼-방고-오 못테마스까
컴퓨터가 다운되었어요.	コンピューターがフリーズしちゃった。 콤퓨-타-가 후리-즈시챳타
PC를 재부팅하지그래요?	再起動すればどうですか。 사이키도-스레바 도-데스까
내 PC가 바이러스에 감염되었어.	僕のコンピューターがウイルスに感染しています。 보쿠노 콤퓨-타-가 우이루스니 칸센시테 이마스
보안 대책을 강화해야 해요.	セキュリティ対策をもっと強化しないといけません。 세큐리티 타이사쿠오 못토 쿄-카시나이토 이케마셍
작동 방법을 잊어버렸어.	操作方法を忘れてしまった。 소-사호-호-오 와스레테시맛따
내 컴퓨터는 가능한 한 빨리 수리되어야 한다.	僕のコンピューターをなるべく早く修理しないといけない。 보쿠노 콤퓨-타-오 나루베쿠 하야쿠 슈-리시나이토 이케나이

● Unit 05_ 사무실에서

03 회의 시간

회의 시간이 언제죠?	会議時間はいつですか。 카이기지칸와 이쓰데스까
회의를 시작합시다.	会議を始めましょう。 카이기오 하지메마쇼-
오늘 회의 주제가 뭐죠?	今日の会議の主題はなんでしょう? 쿄-노 카이기노 슈다이와 난데쇼-
뭔가 할 말이 있나요?	何か話すことはありますか。 나니카 하나스 코토와 아리마스까
솔직한 의견을 말해 주세요.	率直なご意見を言ってください。 솟쵸쿠나 고이켄오 잇테 쿠다사이
이 문제에 대해 어떻게 생각하세요?	この問題についてどう思いますか。 코노몬다이니 쓰이테 도-오모이마스까
의견을 정리해 봅시다.	意見をまとめてみましょう。 이켄오 마토메테 미마쇼-
이 문제의 결정은 다수결로 결정하겠습니다.	この問題の決定は多数決で決めましょう。 코노 몬다이노 켓테-와 타스-케쓰데 키메마쇼-

483

자료를 나눠 주세요.	資料を分配してください。	
	しりょう ぶんぱい	
	시료-오 분파이시테 쿠다사이	
주목해 주세요.	注目してください。	
	ちゅうもく	
	츄-모쿠시테 쿠다사이	
단도직입적으로 말하겠습니다.	単刀直入に言います。	
	たんとうちょくにゅう い	
	탄토-쵸쿠뉴-니 이이마스	
다음 차례는 누구죠?	次の番は誰ですか。	
	つぎ ばん だれ	
	쓰기노 방와 다레데스까	
10분 휴식을 갖겠습니다.	10分間休憩をします。	
	じゅっぷんかんきゅうけい	
	쥽풍칸 큐-케-오 시마스	
문제점을 말씀드리겠습니다.	問題点を申し上げます。	
	もんだいてん もう あ	
	몬다이텐오 모-시아게마스	
그런 위험을 감수할 수는 없어요.	そんなリスクをおかすわけにはいきません。	
	손나 리스쿠오 오카스와케니와 이키마셍	

Unit 06 공공시설
公用の施設
こうよう　しせつ

일본 우체국은 평일은 오후 7시까지, 토요일은 오후 3시까지 영업한다. 구청은 평일 영업 오후 5시까지. 은행은 오후 3시에 문을 닫는다. 은행은 일상에서 자주 가는 곳이니 일찍 문닫는다는 사실을 기억하고 있어야 한다.

01 관공서에서

담당 부서를 알려 주시겠어요?	担当部署を教えていただけますか。 탄토-부쇼오 오시에테 이타다케마스까
이 일은 누가 담당하십니까?	この仕事はどこで担当していますか。 코노 시고토와 도코데 탄토-시테이마스까
문서로 작성하셔야 해요.	文書で作成しなければいけません。 분쇼데 사쿠세-시나케레바 이케마센
우선 신청을 하셔야 해요.	まず申し込まなければなりません。 마즈 모-시코마 나케레바 나리마센
제가 작성할 서류는 뭐죠?	私が作成すべき書類は何ですか。 와타시가 사쿠세-스루 쇼루이와 난데스까

485

번호를 받으시고 앉아서 기다리세요.	番号を受け取ってから座って待っていてください。 방고-오 우케톳테까라 스왓테 맛테이테 쿠다사이
여기 서명하시고 날짜도 쓰세요.	ここに署名して日付も書いてください。 코꼬니 쇼메-시테 히즈케모 카이테 쿠다사이

02 은행에서

계좌를 개설하고 싶습니다.	口座を設けたいのですが。 코-자오 모-케타이노데스가
신분증이 있으신가요?	身分証はお持ちですか。 미분쇼-와 오모치데스까
여기에 비밀번호를 누르세요.	ここに暗証番号を押してください。 코꼬니 안쇼-방고-오 오시테 쿠다사이
환전 창구는 어디입니까?	両替の窓口はどちらですか。 료-가에노 마도구치와 도치라데스까
이자는 몇 퍼센트입니까?	利息は何パーセントですか。 리소쿠와 난파-센토데스까

Unit 06_ 공공시설

송금을 하고 싶습니다.	送金をしたいのですが。 소-킨오 시타이노데스가
1만 엔짜리를 헐어 주시겠습니까?	一万円をくずしてもらえますか。 이치망엔오 쿠즈시테 모라에마스까
1만 엔 5장과 5천 엔 3장으로 해 주세요.	一万円札5枚と五千円札3枚にしてください。 이치망엔사쓰 고마이또 고셍엔사쓰 삼마이니 시테 쿠다사이
이 수표를 현금으로 바꿔 주시겠어요?	この小切手を現金にしてもらえますか。 코노 코깃테오 겡킨니시테 모라에마스까
여행자 수표를 현금으로 바꿀 수 있겠습니까?	旅行小切手を現金に換えたいのですが。 료코- 코깃테오 겡킨니 카에타이노데스가
수표에 전부 서명을 해야 합니까?	小切手の一枚一枚に署名が必要ですか。 코깃테노 이치마이이치마이니 쇼메-가 히쓰요-데스까
오늘 환율은 얼마입니까?	今日の交換レートはいくらですか。 쿄-노 코-칸레-토와 이쿠라데스까
예금하고 싶습니다.	預金したいのですが。 요킨시타이노데스가

487

보통예금 구좌로 해 주세요.	普通預金口座にしてください。 후쓰-요킨코-자니 시테 쿠다사이
구좌를 이 은행으로 옮기고 싶습니다.	口座をこの銀行に移したいんですが。 코-자오 코노 깅코-니 우쓰시타인데스가
용지에 기입을 했습니다.	用紙に記入しました。 요-시니 키뉴-시마시따
여행자 수표를 사고 싶습니다.	トラベラーズチェックを買いたいんです。 토라베라-즈 쳭쿠오 카이타인데스
5만 엔을 인출하고 싶습니다.	5万円を引き出したいのですが。 고망엔오 히키다시타이노데스가
현금자동인출기는 어디 있습니까?	現金自動支払機はどこにありますか。 겡킨 지도-시하라이키와 도코니 아리마스까
대출을 신청하고 싶어요.	ローンは利用できますか。 로-은와 리요- 데키마스까
장기대출 제도에 대해 알고 싶은데요.	長期貸付制度について知りたいのですが。 쵸-키카시쓰케 세-도니 쓰이테 시리타이노데스가

488

● Unit 06_ 공공시설

03 우체국에서

근처에 우체국이 있어요?	近くに郵便局はありますか。 치카쿠니 유―빙쿄쿠와 아리마스까
우표 5장 주세요.	切手を5枚ください。 킷테오 고마이 쿠다사이
이 소포를 속달로 보내고 싶습니다.	この小包を速達で送りたいです。 코노 코즈쓰미오 소쿠타쓰데 오쿠리타이데스
이걸 등기로 부탁합니다.	これを書留にしてください。 코레오 카키토메니 시테 쿠다사이
속달로 부탁드립니다.	速達でお願いします。 소쿠타쓰데 오넹아이시마스
한국에 도착하는데 얼마나 걸리나요?	韓国まで着くのにどのくらいかかりますか。 캉코쿠마데 쓰쿠노니 도노쿠라이 카까리마스까
더 빠른 방법으로 보내고 싶어요.	もっと速い方法で送りたいんですが。 못토 하야이 호―호―데 오쿠리타인데스가
한국으로 편지를 보내고 싶습니다.	韓国へ手紙を送りたいです。 캉코쿠에 테가미오 오쿠리타이데스

489

이걸 한국에 보내려면 얼마 듭니까?	これを韓国に送るのにいくらかかりますか。 코레오 캉코쿠니 오쿠루노니 이쿠라 카까리마스까
한국에 우편환을 보내고 싶습니다.	韓国へ郵便為替を送りたいんですが。 캉코쿠에 유-빙가와세오 오쿠리타인데스가
우편 요금은 얼마인가요?	郵便料金はいくらですか。 유-빙료-킨와 이쿠라데스까
여기에 뭘 기입하면 되나요?	ここに何を記入すればいいですか。 코꼬니 나니오 키뉴-스레바 이-데스까
발신인 이름과 주소를 어디에 쓰면 됩니까?	発信人の名前と住所はどこに書いたらいいですか。 핫신닝노 나마에토 쥬-쇼와 도코니 카이타라 이-데스까
우편번호는 301-432입니다.	郵便番号は313-432です。 유-빙방고-와 상이치상 욘상니데스

 서비스 업소

サービスの店(みせ)

일본 이발소나 미용실은 요금이 좀 비싼 편이지만 한국의 블루클럽처럼 저렴한 곳도 있긴 하다. 대체로 친절하고 고객에 대한 배려가 느껴진다. 예를 들면 서비스 받기 전에 간단한 설문지를 작성하는데, 어떤 헤어스타일을 원하는지, 서비스 중 말을 걸어주길 원하는지 원치 않는지 표시하는 곳도 있다.

01 이발소에서

이발을 하려고 합니다.	髪(かみ)を切(き)りたいのですが。 카미오 키리타이노데스가
커트만 해 주세요.	散髪(さんぱつ)だけお願(ねが)いします。 삼빠쓰다케 오넹아이시마스
어떤 스타일로 해 드릴까요?	どういう風(ふう)にしましょうか。 도-이우 후-니 시마쇼-까
얼마나 짧게 자를까요?	どのくらい短(みじか)く切(き)りましょうか。 도노쿠라이 미지카쿠 키리마쇼-까
스포츠형(군인 스타일)으로 해 주세요.	スポーツ型(がた)にしてください。 스포-쓰가타니 시테 쿠다사이
가르마는 어느 쪽으로 할까요?	分(わ)け目(め)はどこにつけましょうか。 와케메와 도코니 쓰케마쇼-까

491

지금과 같은 스타일로 해 주세요.	今と同じ髪型にしてください。 이마토 오나지 카미가타니 시테 쿠다사이
귀가 보이도록 해 주세요.	耳が見えるようにしてください。 미미가 미에루요-니 시테 쿠다사이
너무 짧지 않게요.	短すぎないようにしてください。 미지카스기나이요-니 시테 쿠다사이
염색을 하고 싶어요.	髪の毛を染めてください。 카미노케오 소메테 쿠다사이
면도는 하시겠어요?	髭剃りはどうします? 히게소리와 도-시마스
그건 필요 없습니다.	それは要らないです。 소레와 이라나이데스
면도를 해 주세요.	髭を剃ってください。 히게오 솟테 쿠다사이

● Unit 07_ 서비스 업소

02 미용실에서

헤어 스타일을 완전히 바꾸고 싶어요.	髪型を思い切って変えたいです。 카미가타오 오모이킷테 카에타이데스
지금의 스타일을 조금 바꾸고 싶습니다.	今のスタイルを少し変えたいんですが。 이마노 스타이루오 스코시 카에타인데스가
요즘 유행하는 스타일로 해 주세요.	今流行の髪形にしてください。 이마 하야리노 카미가타니 시테 쿠다사이
커트입니까, 파마입니까?	カットですか、パーマですか。 캇토데스까 파ー마데스까
커트해 주세요.	カットしてください。 캇토시테 쿠다사이
조금 짧게 해 주세요.	少し短くしてください。 스코시 미지카쿠시테 쿠다사이
이 스타일로 해 주세요.	このスタイルにしてください。 코노 스타이루니 시테 쿠다사이
옆을 조금 커트해 주세요.	横をもう少しカットしてください。 요코오 모ー 스코시 캇토시테 쿠다사이

샴푸와 세트를 해 주세요.	シャンプーとセットをお願いします。 샴푸-또 셋토오 오네가이시마스
어깨까지 오게 해 주세요.	肩までの長さにしてください。 카타마데노 나가사니 시테 쿠다사이
가볍게 파마를 해 주세요.	軽くパーマをかけてください。 카루쿠 파-마오 카케테 쿠다사이
헤어 칼라를 하고 싶습니다.	ヘアカラーしてください。 헤아카라- 시테 쿠다사이
이 부분은 너무 짧아지지 않게 해 주세요.	この部分は短すぎないようにしてください。 코노 부분와 미지카스기나이 요-니 시테 쿠다사이
손질이 간편한 헤어 스타일로 해 주세요.	手入れが楽な髪型にしてください。 테이레가 라쿠나 카미가타니 시테 쿠다사이

● Unit 07_ 서비스 업소

03 세탁소에서

이 양복을 다림질 해 주세요.	このズボンをプレスしてもらいたいんですが。 코노 즈봉오 푸레스시테 모라이타인데스가
클리닝해 주세요.	クリーニングをお願いします。 쿠리-닝구오 오네가이시마스
이 얼룩은 지워질까요?	このしみは取れるでしょうか。 코노 시미와 토레루데쇼-까
와이셔츠 세 장과 바지가 있습니다.	ワイシャツ3枚とズボンがあります。 와이샤쓰 삼마이또 즈봉가 아리마스
언제 다 됩니까?	いつ仕上がりますか。 이쓰 시아가리마스까
내일 아침까지 부탁 드립니다.	明日の朝までにお願いします。 아시타노 아사마데니 오네가이시마스
객실까지 갖다 드릴까요?	お部屋までお届けしましょうか。 오헤야마데 오토도케 시마쇼-까

04 주유소, 카센터에서

세차 좀 부탁합니다.	洗車をお願いします。 센샤오 오네가이시마스
좀 후진해 주세요.	ちょっとバッグしてください。 춋토 박구시테 쿠다사이
급유구를 열어 주세요.	給油口を開けてください。 큐―유구치오 아케테 쿠다사이
경유로 5천 엔어치 넣어 주세요.	軽油で5千円分入れてください。 케―유데 고센엔분 이레테 쿠다사이
가득 채워 주세요.	満タンにしてください。 만탕니 시테 쿠다사이
고급 휘발유로 주세요.	ハイオクで入れてください。 하이오쿠데 이레테 쿠다사이
타이어 공기 좀 봐 주세요.	タイヤの空気を調べてください。 타이야노 쿠―키오 시라베테 쿠다사이
왁스 뿌리고 세차를 해 주세요.	ワックスがけ洗車をしてください。 왁쿠스가케 센샤오 시테 쿠다사이

왕초보 실생활 기본패턴

PART 01

기본 패턴

- 001 명사+だ ~이다
- 002 です ~입니다
- 003 ~い형용사 ~이다/~하다
- 004 な형용사+だ ~하다
- 005 ですか ~입니까?
- 006 でした ~였습니다
- 007 だった ~였다
- 008 ~だろう ~일 것이다
- 009 かった ~했다/~이였다
- 010 では ありません ~이 아닙니다

001

명사 + だ ~이다

Part 1 | 기본패턴

아무 명사나 형용동사에 だ를 붙이면 말이 된다. 게다가 우리말 표현과도 거의 똑같다. "여기는 학교다."에서 끝에 오는 '다'는 일본어와 의미나 발음도 똑같다.

활용 예문

私はばかだ。 나는 바보다.
와타시와 바카다

あなたは美人だ。 너는 미인이다.
아나타와 비진다

ここは韓国だ。 여기는 한국이다.
코코와 칸코쿠다

彼女は先生だ。 그녀는 선생이다.
카노죠와 센세-다

この部屋はきれいだ。 이 방은 깨끗하다.
코노 헤야와 키레-다

실전 회화

A: これは何?
B: 君にあげるプレゼントだよ。
A: おー、ありがとう!

우리말 해석

A: 이건 뭐야?
B: 너에게 주는 선물이야.
A: 오, 고마워!

002 です ~입니다

だ와 똑같은 용법이다. 단지 정중한 표현이라는 것만 다르다. 그래서 '입니다'라고 해석한다. 아무 명사, 형용사에나 붙일 수 있다.

활용 예문

あれは橋です。 저것은 다리입니다.
아레와 하시데스

彼女は歌手です。 그녀는 가수입니다.
카노죠와 카슈데스

私の故郷はハワイです。 내 고향은 하와이입니다.
와타시노 코쿄-와 하와이데스

あの少女は17歳です。 저 소녀는 17세입니다.
아노 쇼-죠와 쥬-나나사이데스

私の兄は会社員です。 우리 형은 회사원입니다.
와타시노 아니와 카이샤잉데스

실전 회화

A: あなたの夢は何ですか。
B: 私の夢は金持ちになることです。あなたは?
A: 僕は詩人になりたいです。

우리말 해석

A: 당신의 꿈은 무엇입니까?
B: 내 꿈은 부자가 되는 것입니다. 당신은요?
A: 나는 시인이 되고 싶습니다.

003

～い 형용사   ~이다/ ~하다

Part 1 | 기본패턴

형용사 기본형만으로 훌륭한 문장이 된다. 그리고 우리말 형용사는 명사 앞에 오면 '아름다운', 뒤에서 설명해 주면 '아름답다', 이렇게 모양이 달라지지만 일본어 형용사는 동일하므로 알기 쉽다. 영어에서도 마찬가지다.

활용 예문

この映画は面白い。 이 영화는 재미있다.
코노 에-가와 오모시로이

母のカレーライスは美味しい。 엄마의 카레라이스는 맛있다.
하하노 카레라이스와 오이시-

二宮はかっこいい。 니노미야는 멋있다.
니노미야와 칵코이-

給料日はいつも気持ちいい。 봉급날은 늘 기분 좋다.
큐-료-비와 이츠모 키모치이-

실전 회화

A: 今日はいい天気だね?

B: うん、でも寒い。

A: 早く暖かい春になればいいね。

B: ホントだよ。

우리말 해석

A: 오늘은 날씨가 좋지?
B: 응, 하지만 추워.
A: 어서 따뜻한 봄이 되면 좋겠네.
B: 진짜 그래.

004

Part 1 | 기본패턴

な 형용사 + だ　~하다

だ 앞에는 명사뿐 아니라 두 가지 형용사(な형용사, い형용사)도 올 수 있다. です도 동일하게 적용된다. な형용사 중에는 우리말과 동일하게 쓰이는 것이 많이 있다. 즉, 親切(친절), 複雑(복잡), 安全(안전), 勤勉(근면) 등 무수히 많다. 그러나 딱딱한 반말투가 되므로 친한 사이가 아니면 쓸 수 없다. 여자는 だね、だよ 식으로 끝에 종조사를 붙여 부드러운 말투를 쓴다.

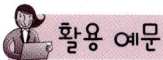

あのおじょうさんは親切だ。　저 아가씨는 친절하다.
아노 오죠-상와 신세츠다

あの車はすてきだ。　자 차는 멋지다.
아노 쿠루마와 스테키다

明洞はにぎやかだ。　명동은 번화하다.
묭동와 니기야카다

僕は野球が好きだ。　나는 야구를 좋아한다.
보쿠와 야큐-가 스키다

私の恋人は魅力的だ。　내 애인은 매력적이다.
와타시노 코이비토와 미료쿠테키다

A: 日本のドラマはどう?
B: 大好きだよ。
A: そんなに面白い?
B: うん、女優たちも魅力的だよ。

우리말 해석

A: 일본 드라마는 어때?
B: 아주 좋아.
A: 그렇게 재미있어?
B: 응, 여배우들도 매력적이야.

501

005 ですか ~입니까?

ですか는 정중한 의문문을 만들게 된다. 그 앞에는 명사나 い형용사, な형용사가 올 수 있다. です에 か를 붙인 형태.

활용 예문

これでいいですか。 이걸로 괜찮으세요?
코레데 이－데스카

あの人は誰ですか。 저 사람은 누구입니까?
아노 히토와 다레데스카

本当ですか。 정말입니까?
혼토데스카

この町は静かですか。 이 동네는 조용합니까?
코노 마치와 시즈카데스카

彼は優しいですか。 그는 친절합니까?
카레와 야사시－데스카

실전 회화

A: これは美味しいですか。
B: はい、すごく美味しいですよ。
A: すしは好きですか。
B: はい、大好きです。

우리말 해석
A: 이건 맛있나요?
B: 예, 아주 맛있어요.
A: 초밥은 좋아하세요?
B: 예, 아주 좋아해요.

006

でした ~였습니다

でした는 です(입니다)의 과거형으로 '이었습니다'라고 해석된다. 과거 사실을 표현할 때 유용하다. 명사, な형용사 뒤에 올 수 있다.

활용 예문

私がばかでした。 내가 바보였습니다.
와타시가 바카데시타

部屋はきれいでした。 방은 깨끗했습니다.
헤야와 키레-데시타

あなたが好きでした。 당신을 좋아했어요.
아나타가 스키데시타

ここは食堂でした。 여기는 식당이었습니다.
코코와 쇼쿠도-데시타

お疲れ様でした。 수고하셨습니다.
오츠카레사마데시타

실전 회화

A: 昨日の三園さんはどうだった?
B: 優しくていい方でした。
A: じゃあ、付き合ってみる?
B: いや、それは結構です。

우리말 해석

A: 어제 미소노 씨는 어땠어요?
B: 친절하고 좋은 분이었습니다.
A: 그럼 사귀어 볼래요?
B: 아뇨, 그건 괜찮습니다.

007
だった ~였다

でした의 반말어투라고 생각하면 된다. 그래서 '~였다'라고 해석한다. 명사나 な형용사 뒤에 올 수 있다.

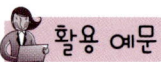 활용 예문

昔は甘いものが好き**だった**が、今は辛いものが好きだ。 예전엔 단것을 좋아했지만 지금은 매운 것을 좋아한다.
무카시와 아마이 모노가 스키닷타가 이마와 카라이 모노가 스키다

あのホテルは便利**だった**。 저 호텔은 편리했다.
아노 호테루와 벤리닷타

時間の無駄**だった**。 시간 낭비였어.
지칸노 무다닷타

元気**だった**? 잘 지냈어?
겡키닷타

そうなる運命**だった**よ。 그렇게 될 운명이었어.
소-나루운메-닷타요

 실전 회화

A: テニスは出来る?
B: うん、去年までは下手だったけど、今年から頑張ってちょっと出来るようになった。
A: じゃあ、今度一緒にやってみよう。
B: うん、面白そうだね。

> 우리말 해석
> A: 테니스는 할 수 있어?
> B: 응, 작년까지는 서툴렀지만 올해부터 노력해서 좀 할 수 있게 되었어.
> A: 그럼 다음에 함께 해보자.
> B: 응, 재미있겠네.

008

～だろう ~일 것이다

だ(~이다)의 추측 표현이다. 그래서 '~일 것이다', '~하겠지'라는 뜻이다. 정중한 어투는 でしょう가 된다. 동사, 형용사의 기본형에 붙이면 된다.

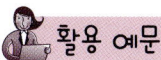 활용 예문

そう**だろう**ね。 그렇겠지.
소-다로-네

声優（せいゆう）の仕事（しごと）も大変（たいへん）**だろう**。 성우 일도 힘들겠지.
세-유-노 시고토모 타이헨다로-

一人暮（ひとりぐ）らしは寂（さみ）しい**だろう**。 혼자 살면 외롭겠지.
히토리구라시와 사미시-다로-

楽（たの）しいこともあるでしょう。 즐거운 일도 있겠지.
타노시-코토모 아루데쇼-

子供（こども）にこのサイズは大（おお）きいでしょう。
코도모니 코노 사이즈와 오-키-데쇼-
어린이에게 이 사이즈는 크겠지요.

실전 회화

A: 公務員（こうむいん）の試験（しけん）、受（う）けてみようかな。
B: それも競争（きょうそう）が激（はげ）しいだろう。
A: でも、やってみると決心（けっしん）した。
B: じゃあ、頑張（がんば）ってね。

우리말 해석
A: 공무원 시험 치러 볼까.
B: 그것도 경쟁이 치열하겠지.
A: 하지만 해 보겠다고 결심했어.
B: 그럼 노력해 봐.

009

かった ~했다/~였다

い형용사는 과거형을 만들 때 い를 かった로 바꾼다. 高い → 高かった. い형용사의 현재형에는 です를 붙일 수 있지만 과거형 でした는 붙일 수 없는 점이 함정이다. かった 뒤에는 です가 올 수 있다.

활용 예문

カレーライスは美味しかった。 카레라이스는 맛있었다.
카레-라이스와 오이시캇따

修学旅行は楽しかった。 수학여행은 즐거웠다.
슈-가쿠료코-와 타노시캇따

先週はずっと忙しかった。 지난주엔 쭉 바빴어.
센슈-와 즛토 이소가시캇따

それはよかったですね。 그거 잘됐군요.
소레와 요캇따데스네

君がいなくて寂しかった。 네가 없어서 쓸쓸했어.
키미가 이나쿠테 사미시캇따

실전 회화

A: 昨日のことはごめんね。
B: いやいや、私こそ悪かった。
A: じゃあ、仲直りに一杯飲もうか。
B: うん、いいね!

우리말 해석
A: 어제 일은 미안해.
B: 아냐, 나야말로 잘못했어.
A: 그럼 화해하러 한잔 할까?
B: 응, 좋지!

010 ではありません ~이 아닙니다

부정형의 기본으로 '~이 아닙니다'라는 뜻이며, 회화에서는 じゃありません、じゃないです라고 말한다.

활용 예문

これは彼女の考えではありません。
코레와 카노죠노 캉가에데와 아리마셍
이건 그녀의 생각이 아닙니다.

わが社は中小企業ではありません。
와가샤와 츄-쇼-키교-데와 아리마셍
저희 회사는 중소기업이 아닙니다.

私は担当者ではありません。 나는 담당자가 아닙니다.
와타시와 탄토-샤데와 아리마셍

高木さんは責任者ではありません。
타카기상와 세키닌샤데와 아리마셍
타카기 씨는 책임자가 아닙니다.

確かではありません。 확실하진 않습니다.
타시카데와 아리마셍

실전 회화

A: 今回は二人でハワイへ行こうと思っています。
B: それはあなたの考えですか。
A: いいえ、彼女の考えです。
B: よかったね。楽しく行ってきてください。

우리말 해석
A: 이번에 둘이서 하와이에 가려고 생각 중입니다.
B: 그건 당신 생각입니까?
A: 아뇨, 여자친구 생각입니다.
B: 잘됐네. 즐겁게 다녀와요.

왕초보 실생활
기본패턴

PART 02

형용사 활용편

- 011 い형용사 く+동사 ~하게
- 012   く ない ~지 않다
- 013 な형용사 +で ~하고, ~하여
- 014 な형용사 +に+ 동사 ~하게 ~하다
- 015 い형용사 +くて ~하고, ~하여
- 016 い형용사 +く なかった ~지 않았다
- 017 い형용사 +ければ ~라면/ ~하다면

011

Part 2 | 형용사 활용

い형용사 く + 동사　~하게

い형용사에 く가 붙어서 부사적인 의미가 된다. 그래서 '~하게', '~히'라고 해석된다. い형용사의 어미 い를 く로 바꾸기만 하면 된다.

활용 예문

プレゼントはありがたくいただきました。
푸레젠토와 아리가타쿠 이타다키마시타
선물은 감사히 받았습니다.

楽しく遊びました。 즐겁게 놀았습니다.
타노시쿠 아소비마시타

天気が寒くなりました。 날씨는 추워졌습니다.
텡키가 사무쿠 나리마시타

美味しく食べました。 맛있게 먹었습니다.
오이시쿠 타베마시타

製品を安く売りました。 제품을 싸게 팔았습니다.
세-힝오 야스쿠 우리마시타

실전 회화

A: 囲碁は毎日打ってる?
B: はい、ちょっと強くなって気持ちいいです。
A: よかったね。これからも頑張ってね。
B: はい、頑張ります。

우리말 해석
A: 바둑은 매일 두니?
B: 예, 좀 세져서 기분 좋아요.
A: 잘됐구나. 앞으로도 노력하렴.
B: 예, 열심히 할게요.

012

Part 2 | 형용사 활용

くない ~지 않다

い형용사를 부정하려면 い를 く로 바꾸고 ない를 붙인다. 軽い 가볍다 → 軽くない 가볍지 않다. 여기에 です를 붙이면 정중한 말투가 된다. ないです는 따로 놓고 보면 '없습니다'라는 뜻인데, 이를 같은 의미의 ありません과 바꿔 쓸 수도 있다.

활용 예문

薬を飲んだら痛くないです。 약을 먹으면 아프지 않습니다.
쿠스리오 논다라 이타쿠 나이데스

彼女の家は遠くない。 그녀의 집은 멀지 않다.
카노죠노 이에와 토-쿠나이

今日は暑くないです。 오늘은 덥지 않습니다.
쿄-와 아츠쿠 나이데스

このカバンはあまり高くない。 이 가방은 별로 비싸지 않다.
코노 카방와 아마리 타카쿠나이

このコーヒーは美味しくありません。
코노 코-히-와 오이시쿠아리마센
이 커피는 맛있지 않습니다.

실전 회화

A: 明日は忙しいの?
B: いや、忙しくないです。
A: じゃあ、会ってくれる?
B: うん、夕方に会いましょう。

우리말 해석

A: 내일은 바쁘니?
B: 아뇨, 바쁘지 않아요.
A: 그럼 만나 줄래?
B: 응, 저녁때 만나요.

511

013

な형용사 + で　~하고 / ~하여

Part 2 | 형용사 활용

な형용사에 で를 붙이면 '~하고', '~하여'라는 뜻이 되며 두 개의 문장을 이어줄 때 사용한다. 앞에 나온 な형용사+だ와 같은 활용 방식이다.

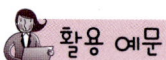

お姉さんの着物は派手で美しかった。
오네―상노 키모노와 하데데우츠쿠시캇타
누나의 옷은 화려하고 아름다웠다.

熱海は有名で観光客が多い。　아타미는 유명하고 관광객이 많다.
아타미와 유―메―데 캉코―캬쿠가 오―이

新宿は交通が便利で家賃が高い。
신주쿠와 코―츠―가 벤리데 야칭가 타카이
신주쿠는 교통이 편리하여 집세가 비싸다.

彼はゴルフが上手で、もてます。
카레와 고루후가 죠―즈데 모테마스
그는 골프를 잘 쳐서 인기가 많습니다.

A: 彼女のどこが良かったんですか。
B: 話し方が上品で、声も奇麗でした。
A: すてきな女性ですね。
B: はい、一目ぼれしました。

우리말 해석

A: 그녀의 어떤 점이 좋았나요?
B: 말씨가 품위 있고 목소리도 예뻤어요.
A: 멋진 여성이군요.
B: 예, 첫눈에 반했습니다.

014

Part 2 | 형용사 활용

な형용사 + に + 동사　~하게 ~하다

な형용사에 に를 붙이면 '~하게'라는 뜻이 되어 부사처럼 해석이 되므로 그 뒤에는 동사가 오게 된다. 便利に使う。(편리하게 사용하다.)

활용 예문

彼女は私に親切に教えてくれた。
카노죠와 와타시니 신세츠니 오시에테쿠레타
그녀는 내게 친절하게 가르쳐 주었다.

大きなスーパーが出来たら、賑やかになった。
오-키나 스-파-가 데키타라 니기야카니 낫타
큰 슈퍼가 생기자 떠들썩해졌다.

中山君は真面目に働きます。 나카야마 군은 착실하게 일합니다.
나카야마쿤와 마지메니 하타라키마스

試験のため一生懸命に勉強しています。
시켄노타메 잇쇼-켄메-니 벵쿄-시테이마스
시험을 위해 열심히 공부하고 있습니다.

실전 회화

A: あのね、ちょっと静かにしてくれる?
B: え? 何やってるの?
A: 真剣に 勉強をしているのよ。
B: そうか。分かった。ごめんね。

우리말 해석

A: 저기 좀 조용히 해 줄래?
B: 응? 뭐하고 있는데?
A: 열심히 공부하고 있어.
B: 그렇구나. 알았어. 미안해.

513

015

い形容詞 + くて　~하고 / ~하여

Part 2 | 형용사 활용

い형용사의 기본적 활용의 형태로서 '~하고', 또는 이유나 원인을 나타내는 '~하여'라는 의미를 표현한다. 형용사 어미 い의 변형 く에 접속조사 て가 붙은 것.

활용 예문

うちの猫は黒くて可愛いです。　우리 고양이는 까맣고 귀엽습니다.
우치노 네코와 쿠로쿠테 카와이-데스

このシャツは赤くてよく目立ちます。
코노 샤츠와 아카쿠테 요쿠 메다치마스
이 셔츠는 빨개서 눈에 잘 띕니다.

私のビルは広くて高いです。　내 건물은 넓고 높습니다.
와타시노 비루와 히로쿠테 타카이데스

そのデパートは近くて便利です。
소노 데파-토와 치카쿠테 벤리데스
그 백화점은 가까워서 편리합니다.

あのパン屋は美味しくてよく行きます。
아노 팡야와 오이시쿠테 요쿠 이키마스
저 빵집은 맛있어서 자주 갑니다.

실전 회화

A: この間引っ越したの?
B: うん、先週にね。
A: もっと広いとこなの?
B: うん、広くて明るいよ。

우리말 해석
A: 요전에 이사했니?
B: 응, 지난주야.
A: 더 큰 집이야?
B: 응 크고 밝아.

016

Part 2 | 형용사 활용

い형용사 + くなかった ~지 않았다

い형용사 부정의 과거표현이다. い형용사를 く로 연결하는 표현이 많으므로 꾸준히 연습해 두어야 한다.

활용 예문

歩いてみたら近くなかった。 걸어 보니 가깝지 않았다.
아루이테미타라 치카쿠 나캇타

お客は別に多くなかった。 손님은 그다지 많지 않았다.
오캬쿠와 베츠니 오-쿠 나캇타

天気は暑くなかった。 날씨는 덥지 않았다.
텡키와 아츠쿠 나캇타

風はあまり冷たくなかった。 바람은 별로 차갑지 않았다.
카제와 아마리 츠메타쿠나캇타

バスはそんなに速くなかった。 버스는 그리 빠르지 않았다.
바스와 손나니 하야쿠 나캇타

실전 회화

A: 昨日のお見合いの人はどうだった?
B: 別に悪くなかったよ。
A: もう一度、会ってみれば?
B: 連絡が来たらね。

우리말 해석

A: 어제 맞선 본 사람은 어땠어?
B: 별로 나쁘지 않았어.
A: 한 번 더 만나보지그래?
B: 연락이 오면 그렇게.

515

017

Part 2 | 형용사 활용

い형용사 + ければ ~이라면/ ~하다면

い형용사의 가정형 けれ에 조사 'ば'가 붙어 가정, 조건을 나타낸다. 형용사를 가정형으로 만들려면 い를 빼고 ければ를 넣으면 된다.

활용 예문

もっと暖かければ野球が出来るのに。
못토 아타타카케레바 야큐-가 데키루노니
더 따뜻하면 야구를 할 수 있는데.

その件は検討しなければいけません。
소노 켄와 켄토-시나케레바 이케마센
그 건은 검토해 봐야 합니다.

私が謝罪しなければなりません。 제가 사죄를 드려야 합니다.
와타시가 샤자이시나케레바 나리마센

レシートがければば返金は出来ません。
레시-토가 나케레바 헹킨와 데키마센
영수증이 없으면 환불이 안 됩니다.

실전 회화

A: どんな男性が好きですか。
B: はげじゃなければどんな男性でもいいです。
A: はげだけど、金持ちはどうですか。
B: 考えてみます。

우리말 해석
A: 어떤 남자가 좋아요?
B: 대머리만 아니라면 아무 남자라도 괜찮아요.
A: 대머리이지만 부자는 어때요?
B: 생각해 보겠습니다.

PART 03

기초 동사 패턴

- 018 **あります** 있습니다(사물)
- 019 **います** 있습니다 (사람, 동물)
- 020 **ない/いない** 없다 (사물/사람, 동물)
- 021 **〜します** ~합니다/ ~하겠습니다
- 022 **〜しました** ~했습니다
- 023 **こちらは〜です** 이쪽은 ~입니다

018

あります   있습니다(사물)

あります는 사물이 '있다', '존재한다'라는 기본적인 동사이다. 우리도 어떤 가게에 가서 뭔가 사려고 할 때 "~있습니까?"라고 묻는다. ~을 팔고 있느냐는 얘기인데 일본어로도 같은 표현이 가능하다. 질문할 때는 ありますか라고 한다.

활용 예문

我が社は支店が**あります**。 저희 회사는 지점이 있습니다.
와가샤와 시텡가 아리마스

もっと安いケータイも**あります**。 더 싼 휴대폰도 있습니다.
못토 야스이 케-타이모 아리마스

チケットはまだ**あります**。 티켓은 아직 있습니다.
치켓토와 마다 아리마스

デパートはどこに**ありますか**。 백화점은 어디 있습니까?
데파-토와 도코니 아리마스카

箱の中には野菜が**あります**。 상자 속에는 채소가 있습니다.
하코노 나카니와 야사이가 아리마스

실전 회화

A: 紳士服は何階にありますか。
B: 3階にあります。
A: エスカレーターはどこですか。
B: あちらにあります。

우리말 해석
A: 남성복은 몇 층에 있습니까?
B: 3층에 있습니다.
A: 에스컬레이터는 어디 있습니까?
B: 저쪽에 있습니다.

019

Part 3 | 기초 동사 패턴

います   있습니다(사람, 동물)

'있다'를 일어로 말할 때는 두 가지 동사가 있습니다. 사물이나 식물을 말할 때는 ある, 사람이나 동물 등 스스로 움직일 수 있는 것에는 いる를 씁니다.

활용 예문

お家に犬が**います**か。   댁에 개가 있습니까?
오우치니 이누가 이마스카

部屋の中に誰か**います**か。   방안에 누군가 있습니까?
헤야노 나카니 다레카 이마스카

椎名君には兄弟が２人**います**。
시이나쿤니와 쿄-다이가 후타리이마스
시이나 군은 형제가 둘 있습니다.

彼女には彼氏が**いる**と思う？
카노죠니와 카레시가 이루토 오모우
그녀에게는 남자 친구가 있다고 생각해?

息子の部屋には鳥が**います**。   아들 방엔 새가 있습니다.
무스코노 헤야니와 토리가 이마스

실전 회화

A: 教室に学生は何人いますか。
B: 30人います。
A: 女の子は何人ですか。
B: 19人です。

우리말 해석

A: 교실에 학생은 몇 명 있습니까?
B: 30명 있습니다.
A: 여자 아이는 몇 명입니까?
B: 19명입니다.

519

020

ない / いない

없다 (사물) / 사람, 동물

'있다'의 반대말은 '없다'가 된다. ない는 '없다'라는 말 외에도 부정하는 표현을 만들 때 사용된다. 그래서 '좋지 않다'는 よくない라고 한다. ある의 반대말은 ない이고 いる의 반대말은 いない가 된다.

활용 예문

コンピューターはない。 컴퓨터는 없다.
콤퓨-타-와 나이

うちのクラブに女性(じょせい)はいないです。 우리 클럽에 여자는 없습니다.
우치노 쿠라부니 죠세-와 이나이데스

私(わたし)のレポートに間違(まちが)いはないです。 내 리포트에 오류는 없습니다.
와타시노 레포-토니 마치가이와 나이데스

火星(かせい)には動物(どうぶつ)がいない。 화성에는 동물이 없다.
카세-니와 도-부츠가 이나이

別(べつ)に話(はな)すことはないよ。 별로 할 얘기가 없어.
베츠니 하나스코토와 나이요

실전 회화

A: 彼女(かのじょ)は付(つ)き合(あ)っている人(ひと)がいないと
言(い)っている。
B: 本当(ほんとう)かな。
A: たぶん嘘(うそ)だろう。
B: 何(なに)か知(し)っているみたいね。

우리말 해석
A: 그녀는 사귀는 사람이 없다고 얘기해.
B: 정말일까?
A: 아마 거짓말이겠지.
B: 뭔가 알고 있는 모양이구나.

021
～します ~합니다/ ~하겠습니다

일본어 동사는 미래형이 없기 때문에 현재형이 미래 의미도 가진다. 시간을 나타내는 부사나 문맥을 보고 판단할 수 있다. 여기에선 '~합니다'가 아니라 '하겠습니다'라는 뜻이 된다.

활용 예문

10分後(じゅっぷんご)にかけ直(なお)します。 10분 후에 다시 걸겠습니다.
쥽풍고니 카케나오시마스

部長(ぶちょう)におつなぎいたします。 부장님을 바꿔드리겠습니다.
부쵸-니 오츠나기이타시마스

ご伝言(でんごん)はお伝(つた)えします。 메시지는 전해드리겠습니다.
고뎅곤와 오츠타에시마스

なるべく早(はや)くお知(し)らせします。 가급적 빨리 알려드리겠습니다.
나루베쿠 하야쿠 오시라세시마스

後(のち)ほど連絡(れんらく)します。 나중에 연락하겠습니다.
노치호도 렌라쿠시마스

실전 회화

A: 今(いま)、何年生(なんねんせい)ですか。
B: 4年生(よねんせい)です。来年卒業(らいねんそつぎょう)します。
A: じゃあ、どんな仕事(しごと)がしたいですか。
B: これから考(かんが)えてみます。

우리말 해석
A: 지금 몇 학년입니까?
B: 4학년입니다. 내년 졸업합니다.
A: 그럼 어떤 일을 하고 싶어요?
B: 앞으로 생각해 보겠습니다.

022

～しました ~했습니다

Part 3 | 기초 동사 패턴

일본어에서 가장 많이 쓰이는 する동사에 ます를 붙이면 します가 되고, 이를 과거형으로 바꾸면 しました라고 한다.

활용 예문

ついに目標を達成しました。 마침내 목표를 달성했습니다.
츠이니 모쿠효-오 탓세-시마시타

彼女はさっき外出しました。 그녀는 아까 외출했습니다.
카노죠와 삭키 가이슈츠시마시타

その本を500冊注文しました。 그 책을 5백 권 주문했습니다.
소노 홍오 고햐쿠사츠 츄-몬시마시타

あなたに電話しました。 당신에게 전화했습니다.
아나타니 뎅와시마시타

실전 회화

A: はい、富士物産でございます。
B: こんにちは。石原です。
A: こんにちは、石原さん。
B: 昨日B73を注文しました。よろしく。おねがいします。
A: 分かりました。ありがとうございます。じゃあ、明日配送します。

우리말 해석

A: 예, 후지물산입니다.
B: 안녕하세요, 이시하라입니다.
A: 안녕하세요, 이시하라 씨.
B: 어제 B73을 주문했습니다. 잘 부탁합니다.
A: 알겠습니다. 감사합니다. 그럼 내일 배송하겠습니다.

023 こちらは〜です 이쪽은 ~입니다

사물이나 사람을 소개하거나 설명할 때 쓰이는 꽤 정중한 표현이다. こちら는 원래 방향(이쪽)을 가리키는 말이지만, 이 경우엔 방향이 아니라 눈앞에 보이는 대상을 소개하는 표현이 된다.

활용 예문

こちらは私の名刺です。 여기 제 명함입니다.
코치라와 와타시노 메-시데스

こちらが新モデルです。 이것은 신모델입니다.
코치라가 신모데루데스

こちらは課長の中田です。 이쪽은 과장 나카타 씨입니다.
코치라와 카쵸-노 나카타데스

こちらは私のメールアドレスです。
코치라와 와타시노 메-루아도레스데스
이건 제 메일 주소입니다.

こちらは新商品のカタログです。 이건 신상품 카탈로그입니다.
코치라와 신쇼-힌노 카타로그데스

실전 회화

A: こちらはあなたへのプレゼントです。
B: こんなのもらってもいいですか。
A: 今までお世話になったお礼ですから、遠慮なく。
B: じゃあ、ありがたくいただきます。

우리말 해석

A: 이건 당신에게 드리는 선물입니다.
B: 이런 걸 받아도 될까요?
A: 그동안 신세진 감사의 표시이니까 부담 갖지 마시고요.
B: 그럼 고맙게 받겠습니다.

왕초보 실생활
기본패턴

PART 04

명사 활용 패턴

- 024 　명사+~なので　~이므로/ ~라서
- 025 　명사+なのに　~인데도 / ~이지만
- 026 　명사+だけでなく　~뿐 아니라
- 027 　명사, 형용사, 동사+のみならず　~(일)뿐 아니라
- 028 　명사+のくせに　~인 주제에
- 029 　명사+のために　~을 위해
- 030 　명사+のせいで　~때문에/ ~탓에
- 031 　명사+のおかげで　~덕분에
- 032 　명사+のあまり　너무 ~한 나머지
- 033 　명사+の代わりに　~대신에
- 034 　명사+通り(に)　~대로
- 035 　명사+なら　~라면
- 036 　명사+のもとで　~하에/ ~밑에서
- 037 　명사+中　~도중
- 038 　명사+ぶり　~만
- 039 　~できます　~할 수 있습니다

024

Part 4 | 명사 활용 패턴

명사 + なので ~이므로/ ~라서

조동사 'だ'의 연체형 또는 형용동사의 연체형 어미인 'な'에 원인, 이유를 나타내는 접속조사 'ので'가 붙은 형태다. 전술 사항과 순접관계를 나타낸다.

활용 예문

満室なので、ちょっと待たなければいけません。
만시츠나노데 춋토마타나케레바 이케마센
방이 꽉 차서 좀 기다리셔야 합니다.

明日は忘年会なので、帰りが遅くなる。 내일은 망년회라서 귀가가 늦어져.
아시타와 보-넹카이나노데 카에리가 오소쿠나루

作文が苦手なので練習しています。 작문이 서툴러서 연습하고 있습니다.
사쿠붕가 니가테나노데 렌슈-시테이마스

バカなので理解できません。 바보라서 이해할 수 없습니다.
바카나노데 리카이데키마센

실전 회화

A: これは重要なことなのでよく覚えていてね。
B: はい、手帳に書いておきます。
A: 君は真面目な性格だね。
B: そうですか。

우리말 해석

A: 이것은 중요한 일이라서 잘 기억해 둬.
B: 예, 수첩에 적어두겠습니다.
A: 자네는 착실한 성격이군.
B: 그렇습니까?

025

Part 4 | 명사 활용 패턴

명사+~なのに ~인데도 / ~이지만

앞의 사항에 대해 뒤에 나오는 내용이 모순, 상반됨을 나타낸다. 접속사 それなのに의 それ가 생략된 형태다.

활용 예문

もう春(はる)なのにまだ寒(さむ)いです。 이제 봄인데도 아직 춥습니다.
모-하루나노니 마다사무이데스

大学生(だいがくせい)なのにそんなことも知(し)らないのか。
다이가쿠세-나노니 손나코토모 시라나이노카
대학생인데 그런 것도 모르나?

これは二度(にど)とないチャンスなのに逃(のが)してもいいの?
고레와 니도토나이 챤스나노니 노가시테모이-노
그것은 두 번 다시 없을 찬스인데 놓쳐도 괜찮아?

夏休(なつやす)みなのに、ずっと部屋(へや)で過(す)ごしてる。
나츠야스미나노니 줏토 헤야데스고시테루
여름휴가인데 계속 방에서 지내고 있다.

실전 회화

A: 何(なに)か言(い)いたいことあるの?
B: うちらは恋人(こいびと)なのに一緒(いっしょ)に旅行(りょこう)に行(い)ったこともないよ。
A: それが不満(ふまん)なのね。じゃあ、どこか行(い)ってみよう。
B: ほんと? よかった!

우리말 해석
A: 뭔가 얘기하고 싶은 거 있어?
B: 우리는 연인인데 함께 여행 간 적도 없어.
A: 그게 불만이구나. 그럼 어딘가 가 보자.
B: 진짜? 잘됐다!

026 명사 + だけでなく　~뿐 아니라

Part 4 | 명사 활용 패턴

だけでなく는 의미의 추가 표현이고 명사, 형용사, 동사 뒤에 올 수가 있다. 회화체에서는 だけじゃなくて라고도 발음된다.

활용 예문

そのカバンは大きいだけでなく軽い。
소노 카방와 오-키-다케데나쿠 카루이
그 가방은 클 뿐 아니라 가볍다.

彼は考えるだけでなく行動します。
카레와 캉가에루다케데나쿠 코-도-시마스
그는 생각만 하는 게 아니라 행동합니다.

君だけでなく僕も悪かった。 너뿐 아니라 나도 잘못했다.
키미다케데나쿠 보쿠모 와루캇타

彼はスポーツだけでなく勉強も出来る。
카레와 스포-츠다케데나쿠 벵쿄-모 데키루
그는 스포츠뿐 아니라 공부도 잘한다.

실전 회화

A: キムさんは英語が話せますか。
B: キムさんは英語だけでなく、日本語も話せます。
A: 彼はすごい努力派ですね。羨ましい。
B: あなたも努力してみて。

우리말 해석
A: 김씨는 영어를 할 줄 아나요?
B: 김씨는 영어뿐 아니라 일어도 할 줄 압니다.
A: 그는 무척 노력파군요. 부러워요.
B: 당신도 노력해 봐요.

027 명사, 형용사, 동사 + のみならず
~(일)뿐 아니라

Part 4 | 명사 활용 패턴

의미상으로는 だけでなく와 유사하다. 일단 문장을 끊고 접속사적으로 사용된다. 이것은 문어체로서 회화에 사용하기엔 좀 무거운 느낌이다. のみ가 '~뿐'이란 뜻, なら는 단정조동사 なり가 부정어 앞에서 변형된다. ず는 부정어.

활용 예문

それは経済的であるのみならず、また身体にもよいのだ。 그건 경제적일 뿐 아니라 몸에도 좋다.
소레와 케-자이테키데아루노미나라즈 마타 카라다니모 요이노다

彼は学者であるのみならず、またいい教師でもある。
카레와 가쿠샤데아루노미나라즈 마타 이-쿄-시데모아루
그는 학자일 뿐 아니라 좋은 교사이기도 하다.

この会社は安定性が高いのみならず、将来性もある。
코노 카이샤와 안테-세-가 타카이노미나라즈 쇼-라이세-모아루
이 회사는 안정성이 높을 뿐 아니라 장래성도 있다.

실전 회화

A: 何であのこがそんなに好きなの?
B: 顔が可愛いのみならず性格も優しいんですよ。
A: そうなんだ。
B: それで今度告白してみたいです。

우리말 해석

A: 왜 그 애를 그렇게 좋아하는 거야?
B: 얼굴이 귀여울 뿐 아니라 성격도 착해요.
A: 그렇구나.
B: 그래서 이번에 고백해 보고 싶어요.

028 명사 + のくせに ~인 주제에/ ~이면서

Part 4 | 명사 활용 패턴

비난이나 불만을 담아 역접 조건을 나타낸다. '~임에도 불구하고', '~인 주제에'라는 의미를 나타낸다. 명사 뒤에는 ~のくせに가, 동사 뒤에는 ~くせに가 온다.

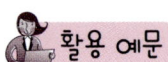 활용 예문

学生のくせにタバコを吸ってもいいの?
각세-노 쿠세니 타바코오 슷테모 이-노
학생이면서 담배를 피워도 되는 거야?

本当は知っているくせに知らないふりをしている。
혼토와 싯테이루 쿠세니 시라나이후리오 시테이루
실은 알고 있으면서 모르는 체한다.

あいつはまだ新米のくせに、遅刻をしても平気な顔をしている。
아이츠와 마다 신마이노 쿠세니 치코쿠오 시테모 헤-키나 카오오 시테이루
저 녀석은 아직 신참이면서 지각하고도 태연한 얼굴을 하고 있어.

子供のくせに生意気なことを言う。
코도모노 쿠세니 나마이키나 코토오 이우
어린애이면서 건방진 말을 한다.

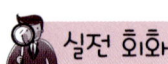 실전 회화

A: あんな男と付き合うのはよしなよ。
B: 何も知らないくせに、そんなこと言わないでよ。
A: そうか。悪かったわね。
B: だから、もう放っといて!

우리말 해석
A: 저런 남자와 사귀는 거 그만둬.
B: 아무것도 모르면서 그런 얘기 하지 마.
A: 그러니? 잘못했구나.
B: 그러니까 내버려 둬!

029

Part 4 | 명사 활용 패턴

명사 + のために ~을 위해

이 표현은 주로 목적을 나타내지만 이유를 나타내는 경우도 있다. 運動会は雨のために延期された。(운동회는 비 때문에 연기되었다.) 동사 뒤에 오는 경우는 の를 빼고 ために만 사용된다.

활용 예문

何のために忙しかったんですか。 무엇 때문에 바쁘셨나요?
난노타메니 이소가시캇탄데스카

健康のために何かなさいますか。 건강을 위해 뭔가 하십니까?
켕코-노 타메니 나니카나사이마스카

エコのためにゴミを減らしましょう。
에코노 타메니 고미오 헤라시마쇼-
환경을 위해 쓰레기를 줄입시다.

治療のためにお酒はやめてください。
치료-노 타메니 사케와 야메테 쿠다사이
치료를 위해 술은 끊으세요.

실전 회화

A: 何のためにお金をためていますか。
B: やりたいことがいっぱいあります。
A: 具体的に何ですか。
B: もっと大きな住宅に住みたいし、
　　海外旅行にも行きたいです。

우리말 해석

A: 무엇을 위해 돈을 모으고 있나요?
B: 하고 싶은 일이 많이 있습니다.
A: 구체적으로 뭔가요?
B: 더 큰 주택에서 살고 싶고, 해외 여행도 가고 싶어요.

030

Part 4 | 명사 활용 패턴

명사 + の せいで ~때문에/ ~탓에

이것은 책임의 소재를 밝힐 때 쓰는 말로 '탓', '때문'이란 뜻이다. 반대말은 おかげ (덕분)라고 한다. 앞에 명사가 아닌 동사가 오는 경우엔 の가 빠진다.

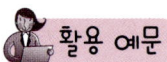 활용 예문

人のせいにしないで自分の反省が必要だ。
히토노 세-니시나이데 지분노한세-가 히츠요-다
남 탓하지 말고 자기 반성이 필요하다.

殺人事件のせいでこの街のイメージが悪くなった。
사츠진지켄노 세-데 코노 마치노 이메-지가 와루쿠낫타
살인사건 탓으로 이 동네 이미지가 나빠졌다.

これはすべて私のせいです。 이건 모두 나 때문입니다.
코레와 스베테 와타시노 세-데스

誰のせいでもないです。 누구 탓도 아닙니다.
다레노 세-데모 나이데스

실전 회화

A: こんなことになってしまって、ごめんなさい。
B: いいよ、あなたのせいではないよ。
A: でも気になって。
B: 僕は本当に気にしないからいいよ。

우리말 해석
A: 이렇게 되어 버려 죄송합니다.
B: 아냐, 당신 탓은 아니야.
A: 그래도 마음이 걸려서.
B: 나는 진짜 신경 안 쓰니까 괜찮아.

031

Part 4 | 명사 활용 패턴

명사 + のおかげで ~덕분에

은혜 또는 영향을 받았다는 의미로 인과관계를 표현한다. 어떤 사람(사물)의 은혜를 받은 결과로 바라던 일이 이루어져서 거기에 대한 감사의 마음을 나타낸다. 반대로 바라지 않은 결과가 벌어지게 되면 '~의 탓으로(~のせいで)'라고 하며 그 책임을 타인에게 전가하는 것이다.

활용 예문

みなさんのおかげで、こんなに元気になりました。
미나상노오카게데 콘나니 겡키니나리마시타
여러분 덕분에 이렇게 건강해졌습니다.

地図のおかげで、あのビルをすぐ見つけました。
치즈노오카게데 아노 비루오 스구 미츠케마시타
지도 덕분에 그 빌딩을 금방 찾아냈습니다.

誰のおかげで飯が食えるんだ！
다레노오카게데 메시가 쿠에룬다
누구 덕분에 밥을 먹을 수 있는 거야!

실전 회화

A: 来週はあなたの誕生日だね。
B: うん、それでダイヤモンドの指輪がほしいな。
A: バカ言え！お前は誰のおかげで飯が食えると思ってるんだ！
B: 私だって料理、洗濯、子育てなど毎日働いてるわよ！

우리말 해석

A: 다음주는 당신 생일이네.
B: 응, 그래서 다이아몬드 반지를 갖고 싶어.
A: 바보 같은 소리! 너는 누구 덕분에 밥을 먹을 수 있다고 생각하는 거야!
B: 나도 요리, 빨래, 육아 같은 거 매일 일하고 있어요!

533

032

명사 + のあまり　너무 ~한 나머지

Part 4 | 명사 활용 패턴

감정을 나타내는 연체수식어를 앞에 붙여 부사적으로 사용한다. 정도가 지나치게 이루어졌음을 나타낸다.

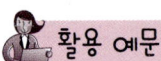

彼女は悲しみのあまりやせてしまった。
카노죠와 카나시미노 아마리 야세테시맛타
그녀는 너무 슬픈 나머지 야위었습니다.

驚きのあまり、声も出なかった。
오도로키노 아마리 코에모 데나캇타
너무 놀라서 목소리도 나오지 않았습니다.

仕事で忙しさのあまり、身体を壊してしまった。
시고토데 이소가시사노 아마리 카라다오 코와시테시맛타
업무로 너무 바빠서 건강을 해치고 말았습니다.

私は感動のあまり熱い涙を流した。
와타시와 칸도－노 아마리 아츠이 나미다오 나가시타
나는 너무 감동하여 뜨거운 눈물을 흘렸다.

A: 昨日の面接、どうだった？
B: だめだった。緊張のあまり、うまく答えることが出来なかった。
A: そっか。でも結果はまだ分からないでしょう。
B: まあ、そうだけど。

우리말 해석

A: 어제 면접 어땠어?
B: 틀렸어. 너무 긴장해서 제대로 대답할 수 없었어.
A: 그랬구나. 그래도 결과는 아직 모르지.
B: 뭐, 그렇긴 하지.

033

Part 4 | 명사 활용 패턴

명사 + の代わりに ~대신에

대신 또는 교체한다는 의미. '~대신에'라는 뜻으로 접속조사적으로 사용된다. 역시 명사 뒤에 오면 の代わりに가 되고 동사 뒤에 오면 代わりに가 온다.

활용 예문

今日は車の代わりに電車で行きます。
쿄-와 쿠루마노 카와리니 덴샤데 이키마스
오늘은 차 대신 전철로 갈게요.

最近の若者はデジカメの代わりにスマホで写真を撮る。
사이킨노 와카모노와 데지카메노 카와리니 스마호데 샤싱오 토루
요즘 젊은이들은 디지털카메라 대신 스마트폰으로 사진을 찍는다.

電話の代わりにメールを送ります。
뎅와노 카와리니 메-루오 오쿠리마스
전화 대신에 메일을 보내겠습니다.

실전 회화

A: ねえ、実は、今からデートなの。
   私の代わりに残業お願いできる?
B: いいわよ。今日は特に予定もないから。
A: ありがとう。
   恩に着るわ!今度、お礼をするね!
B: うん、期待しているね。あなたの代わりに、この作業、今日中に終わらせておくね!

우리말 해석

A: 저기, 실은 이제부터 데이트야. 내 대신 야근 좀 해 줄래?
B: 괜찮아. 오늘은 딱히 예정도 없으니까.
A: 고마워! 신세 졌네. 나중에 감사 표시를 할게.
B: 응. 기대할게. 네 대신 이 작업 오늘 중으로 끝낼게.

034 명사 + とおり(に) ~대로

Part 4 | 명사 활용 패턴

명사 뒤에 오면 どおり처럼 탁음이 되는 경우가 많다. 동사 뒤에는 とおり로 발음된다.

활용 예문

おっしゃる**とおりに**します。 말씀대로 하겠습니다.
옷샤루토-리니시마스

おれの言う**とおりに**しろ！ 내가 말한 대로 해!
오레노 이우 토-리니시로

君の望み**とおりに**するよ。 네가 원하는 대로 할게.
키미노 노조미토-리니스루요

すべて、あなたの言う**通り**です。 전부 당신 말대로입니다.
스베테 아나타노 이우토-리데스

ご存知の**通り**、今、株価は上昇中です。
고존지노토-리 이마 카부카와 죠-쇼-츄-데스
아시다시피 지금 주가는 상승 중입니다.

실전 회화

A: 昨日は山田君が相談に乗ってくれました。
B: それで、どうだった？
A: よかったです。助かりました。
B: 彼が言う通りにすれば、きっとうまくいくよ。

우리말 해석

A: 어제는 야마다 군이 상담에 응해 줬어.
B: 그래서 어땠어?
A: 잘됐어. 도움이 됐어.
B: 그가 얘기한 대로 하면 분명히 잘될 거야.

035

명사 + なら ~라면

이것은 단정하는 조동사 だ(~이다)의 가정형이다. 가장 많이 쓰이고 간편한 가정 표현이다.

활용 예문

今なら間に合いますよ。 지금이라면 늦지 않았어.
이마나라 마니 아이마스요

雨なら運動会は取り消しです。 비가 오면 운동회는 취소입니다.
아메나라 운도-카이와 토리케시데스

魚料理ならこの店が一番いいです。
사카나료-리나라 코노 미세가 이치방 이-데스
생선요리라면 이 집이 제일 좋습니다.

あなたなら全然問題ありません。
아나타나라 젠젠 몬다이 아리마셍
당신이라면 전혀 문제없습니다.

실전 회화

A: ねえ、智子さんを見かけなかった?
B: 智子さんなら、ついさっき帰ったわよ。あなたを探していたけど会わなかった?
A: 会わなかった。この時間なら、まだ駅にいるかも。
B: そうね。急いで行ってみてね!

우리말 해석

A: 저기, 토모코 씨를 못 봤니?
B: 토모코 씨라면 바로 아까 돌아갔어. 너를 찾고 있었는데 만나지 못했니?
A: 못 만났어. 이 시간이라면 아직 역에 있을지도 몰라.
B: 그렇네. 서둘러 가 봐!

036

Part 4 | 명사 활용 패턴

명사 + のもとで ~하에/ ~밑에서

여기에서 もと는 '그 규칙이나 지배력이 미치는 곳'이라는 의미이다.

활용 예문

私は、あの人のもとで働いています。
와타시와 아노 히토노모토데 하타라이테 이마스
나는 그 사람 밑에서 일하고 있습니다.

彼女はやさしい親のもとで育った。
카노죠와 야사시― 오야노모토데 소닷타
그녀는 착한 부모님 슬하에서 자랐다.

専門家の指導のもとで彼の実力は日に日に伸びた。
셈몽카노 시도―노모토데 카레노 지츠료쿠와 히니히니 노비타
전문가의 지도 하에 그의 실력은 나날이 향상되었다.

皆様のご協力のもとで運営が成り立ってます。
미나사마노 고쿄―쿠노 모토데 웅에―가 나리탓테마스
여러분의 협력 하에 운영이 이루어지고 있습니다.

실전 회화

A: 何のお仕事をしていますか?
B: 木村教授のもとで研究しています。
A: 彼は厳しいから、大変でしょう。
B: はい。でも、周りのみなさまの協力のもとで、頑張っております。

우리말 해석

A: 어떤 일을 하고 있습니까?
B: 기무라 교수님 밑에서 연구를 하고 있습니다.
A: 그분은 엄격하시니까 힘드시죠?
B: 네, 하지만 주위 여러분의 협력 하에 분발하고 있습니다.

037

명사 + 中 ~도중

ちゅう라고 읽는 경우는 두 가지 의미가 있다. 첫째, 마침 그 행위나 동작을 하고 있는 도중임(지금 ~하고 있음). 準備中(준비 중), 仕事中(업무 중) 둘째, 그 동안 계속, 처음부터 끝까지 午前中(오전 중)

じゅう라고 읽는 경우는 세 가지 의미가 있다. 첫째, 그 동안 쭉, 처음부터 끝까지 (~동안 쭉). 一日中(하루 종일) 둘째, 그 장소나 범위 전체. 世界中(전 세계) 셋째, 거기 소속된 전원. 家中(온 집안)

활용 예문

今、買い物中です。 지금 쇼핑 중입니다.
이마 카이모노츄-데스

あの時は、ちょうど電話中でした。
아노 토키와 쵸-도 뎅와츄-데시타
그때는 마침 전화 중이었습니다.

帰り中、友人にバッタリ会い、そのまま飲みに行きました。
카에리츄- 유-진니 밧타리 아이 소노마마 노미니이키마시타
돌아가는 중 친구와 딱 마주쳐서 그대로 한잔하러 갔습니다.

실전 회화

A: おーい、山田君、どこに行くの?
B: こんにちは。図書館に行くところです。調べたいことがありまして。
A: ずいぶん急いでいるみたいだね。
B: 今日中に仕上げなければいけない宿題があるのを忘れていたんですよ。

우리말 해석

A: 어이, 야마다 군. 어디 가나?
B: 안녕하세요. 도서관에 가는 길입니다. 알아볼 것이 있어서요.
A: 꽤 급한가 보네.
B: 오늘 중으로 끝내야 하는 숙제가 있는 걸 잊고 있었어요.

038

Part 4 | 명사 활용 패턴

명사 + ぶり ~만(시간적 간격)

시간을 나타내는 어휘 뒤에 붙어서 재차 같은 상태가 나타나기까지 그만큼의 시간이 경과했음을 표현한다.

활용 예문

5年ぶりに彼女に会いましたが、とてもきれいになっていました。
고넨부리니 카노죠니 아이마시타가 토테모 키래이니낫테이마시타
5년만에 동창회에서 그녀를 만났지만 무척 예뻐져 있었습니다.

ひさしぶりの海外旅行、気分はどうですか?
히사시부리노 카이가이료코- 키붕와 도-데스카
오랜만의 해외여행, 기분은 어때요?

3日ぶりに、ゆっくり眠った。やはり、人間には睡眠が大事だなあ。 3일만에 푹 잤다. 역시 사람은 수면이 중요하네.
믹카부리니 육쿠리네뭇타 야하리 닝겐니와 스이밍가 다이지다나-

10年ぶりの寒さだ。 10년만의 추위다.
쥬-넴부리노 사무사다

실전 회화

A: 田中さん! 久しぶりですね!
B: おー! 今野さん、何年ぶりだろう。
A: 11年ぶりですよ。
B: 奥さんもお元気ですか?昔はよく一緒に4人でテニスをやりましたね。

우리말 해석

A: 다나카 씨! 오랜만이네!
B: 오! 곤노 씨, 몇 년만인가?
A: 11년만이에요.
B: 부인은 안녕하세요? 옛날엔 자주 넷이서 테니스를 쳤지요.

039

Part 4 | 명사 활용 패턴

~できます　~할 수 있습니다

뭐든 '할 수 있다', '가능하다'라고 말하고 싶으면 できます라고 한다. 제일 많이 사용되는 동사 する의 가능형이 바로 できる이다.

활용 예문

海外への配送もできます。 해외로 배송도 됩니다.
카이가이에노 하이소-모 데키마스

乾電池でも使用できます。 건전지로도 사용할 수 있습니다.
칸덴치데모 시요-데키마스

韓国へ通話できますか。 한국으로 전화할 수 있나요?
캉코쿠에 츠-와데키마스카

お席を用意できます。 좌석을 준비해 드릴 수 있습니다.
오세키오 요-이데키마스

お願いできますか。 부탁드릴 수 있을까요?
오네가이데키마스카

실전 회화

A: 久しぶりの通話ですね。
B: そうだね。明日お茶でもどう?
A: まあ、いいですけど。
B: じゃあ、いつもの場所で7時に会おう。
B: はい。明日はお会いできますね。

우리말 해석

A: 오랜만의 통화군요.
B: 그렇구나. 내일 차라도 할까?
A: 뭐, 좋아요.
B: 그럼 늘 보는 곳에서 7시에 만나자.
A: 예, 내일은 만날 수 있겠네요.

왕초보 실생활
기본패턴

PART 05

동사 て형 패턴

- 040 〜て ください ~해 주세요
- 041 〜て います ~하고 있습니다
- 042 〜て おります ~하고 있습니다
- 043 〜て ある ~하여(되어) 있다
- 044 〜て みる ~해 보다
- 045 〜て から ~하고 나서
- 046 〜て も いい ~해도 괜찮다
- 047 〜て ほしい ~하면 좋겠다
- 048 〜て おく ~해 두다
- 049 〜て も かまわない ~해도 상관없다
- 050 〜て しまう ~해 버리다
- 051 〜て あげる ~해 주다
- 052 〜て くれる (남이 내게) ~해 주다
- 053 〜て くださる (남이 내게) ~해 주시다
- 054 〜て 以来 ~한 이래
- 055 〜て もらう ~해 받다
- 056 〜て しょうがない ~해서 견딜 수 없다
- 057 〜て しかたがない 너무나 ~하다
- 058 〜して いただけませんか ~해 주시겠습니까?

040 ~(し)てください ~해 주세요

Part 5 | 동사 て형 패턴

부탁할 때 가장 널리 사용되는 표현이다. '문을 열어주세요'라고 할 때는 ドアを開けてください。라고 한다. 반말로 할 때는 開けなさい！(열어줘!), 開けろ!(열어라!)가 있다. 아주 공손하게 말할 때는 開けてくださいませんか。(열어주시지 않겠습니까?)

활용 예문

いつでも声かけてください。 언제든 말을 걸어 주세요.
이츠데모 코에카케테 쿠다사이

何でも聞いてください。 뭐든지 물어 보세요.
난데모 키이테 쿠다사이

明日電話してください。 내일 전화 주세요.
아시타 뎅와시테 쿠다사이

さゆりと呼んでください。 사유리라고 불러 주세요.
사유리토 욘데 쿠다사이

ちょっと待っていてください。 좀 기다려 주세요.
춋토 맛테 쿠다사이

실전 회화

A: 早く答えてください。
B: えーと、何を答えればいいのですか?
A: 何でもかまいません。昨日見たことを全部話してください。
B: それが…酔っぱらっていて、何も覚えていないんですよ。

우리말 해석

A: 어서 대답해 주세요.
B: 음–, 뭘 대답하면 되나요?
A: 뭐든 괜찮아요. 어제 본 것을 전부 얘기해 주세요.
B: 그게…. 술에 취해 있어서 아무 것도 기억이 안 나요.

041

Part 5 | 동사 て형 패턴

〜ています   ~하고 있습니다

영어에선 현재진행형이라고 하는데 우리말로 옮기면 '~하고 있습니다'라는 뜻이다. 문제는 우리말과는 용법 차이가 있다는 점이다.

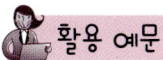

私のこと覚えています? 저를 기억하세요?
와타시노 코토 오보에테이마스

どう思っていますか。 어떻게 생각하세요?
도-오못테이마스카

晴れています。 날씨가 화창합니다.
하레테이마스

雨が降っています。 비가 내리고 있습니다.
아메가 훗테이마스

結婚しています。 결혼했습니다. (결혼 상태가 계속 유지되고 있음.)
켁콘시테이마스

A: あなたは入社して長いですか。
B: 私は20年間この会社に勤務しています。
A: それはすごいですね。
B: ええ、出来ればここで引退したいと思っています。

우리말 해석

A: 당신은 입사한 지 오래 되었습니까?
B: 나는 20년간 이 회사에 근무하고 있습니다.
A: 그건 대단하네요.
B: 네, 가능하면 여기서 은퇴하려고 생각합니다.

545

042 ～ております ~하고 있습니다

Part 5 | 동사 て형 패턴

일본어가 우리말과 다른 점은 자기뿐 아니라 자기가 소속된 집단의 사람에 대해서, 타인에게 얘기할 때는 겸손하게 말한다는 점이다. 자기 회사의 사장에 대해 말할 경우라도 마찬가지이다. ~ております는 ~ています의 겸손한 표현이다.

활용 예문

彼女は他の電話に出ております。
카노죠와 호카노 뎅와니 데테 오리마스
그녀는 다른 전화를 받고 있습니다.

須藤は外出しております。 스도는 외출하고 있습니다.
스도-와 가이슈츠시테 오리마스

お電話さしあげております。 전화 드리고 있습니다.
오뎅와사시아게테 오리마스

彼がお待ちしております。 그가 기다리고 있습니다.
카레가 오마치시테 오리마스

ＨＫ社と取引しております。 HK사와 거래하고 있습니다.
엣치케-샤토 토리히키시테 오리마스

실전 회화

A: 田中さん、いらっしゃいますか。
B: ちょっと席をはずしております。
A: じゃあ、電話をくださるよう、お伝えください。
B: 分かりました。

우리말 해석
A: 다나카 씨, 계십니까?
B: 잠시 자리를 비웠습니다.
A: 전화해 달라고 전해 주십시오.
B: 알겠습니다.

043

Part 5 | 동사 て형 패턴

～て ある ~하여(되어) 있다

～て 아る와 ～て おく를 비교하여 생각해 보자. • ～て 아る: 장래에 대비하여 준비가 되어 있음. 되어 있다는 결과에 초점을 맞춘 표현. • ～て おく: 준비로서 어떤 행위를 함. 동작과 행위에 초점이 있다.

활용 예문

その本なら、そこに置いてありますよ。
소노 혼나라 소코니 오이테 아리마스요
그 책이라면 거기 놓아 두었습니다.

あそこに飾ってある洋服を、ちょっと見せていただけますか。 거기 장식된 양복을 좀 보여 주시겠어요?
아소코니 카잣테아루 요-후쿠오 춋토 미세테이타다케마스카

その手紙に書いてある内容を読んで、僕は思わず涙を流していた。
소노 테가미니 카이테아루 나이요-오 욘데 보쿠와 오모와즈 나미다오 나가시테이타
그 편지에 적힌 내용을 읽고 나도 모르게 눈물을 흘리고 있었다.

실전 회화

A: そこに置いてあった傘、知らない?
B: ここには、何もなかったよ。
A: おかしいなあ。探す時間がないの。あなたの傘を貸してくれる?
B: いいよ。玄関に置いてあるよ。

우리말 해석

A: 거기 두었던 우산 몰라?
B: 여기엔 아무것도 없었어.
A: 이상하네. 찾을 시간이 없어. 당신 우산을 빌려줄래?
B: 좋아. 현관에 놓아 두었어.

044

～てみる ~해 보다

Part 5 | 동사 て형 패턴

뭔가 '시험 삼아 시도해 보다'라고 할 때 일상회화에서 자주 쓰는 표현이다. 우리말 표현과 딱 일치해서 익히기 쉽다.

활용 예문

英語で話し**てみ**よう。 영어로 얘기해 보자.
에-고데 하나시테미요-

それを調べ**てみ**ましょう。 그걸 조사해 봅시다.
소레오 시라베테미마쇼-

この薬を飲ん**でみる**? 이 약을 먹어 볼래?
코노 쿠스리오 논데미루

熱心に働い**てみ**ようか。 열심히 일해 볼까?
넷신니 하타라이테미요-카

言いたいことがあったら言っ**てみて**。 할 말이 있으면 말해 봐.
이-타이코토가 앗타라 잇테미테

실전 회화

A: スマホを変えました。
B: 触ってみてもいいですか。
A: いいですよ。
B: すごい! 私も買いたいです。

우리말 해석

A: 스마트폰을 바꿨습니다.
B: 만져 봐도 될까요?
A: 괜찮아요.
B: 대단해! 나도 사고 싶어요.

045

Part 5 | 동사 て형 패턴

～てから ~하고 나서

접속조사 て에 격조사 から가 붙은 형태로 동사의 ます형에 연결된다. '~하고 나서'라는 뜻으로 두 가지 행위의 시간적 순서를 나타낸다.

활용 예문

あの店に寄り道してから、家に帰ります。
아노미세니 요리미치시테카라 우치니카에리마스
저 가게에 들르고 나서 집에 돌아가겠습니다.

彼に会ってから、なんだかずっと胸がドキドキしています。
카레니 앗테카라 난다카즛토 무네가 도키도키시테이마스
그와 만나고 나서 왠지 계속 가슴이 두근거립니다.

山に行くようになってから、ずいぶん体力がつきました。
야마니 이쿠요―니낫테카라 즈이분 타이료쿠가 츠키마시타
산에 가게 되면서 상당히 체력이 붙었습니다.

실전 회화

A: 引っ越してから、ずいぶん身体が丈夫になりました。
B: どうしてですか？
A: 家が駅から遠いので、毎日たくさん歩いているからですよ。
B: なるほど。自然といい運動になっているんですね。

우리말 해석
A: 이사하고 나서 상당히 몸이 튼튼해졌습니다.
B: 어째서지요?
A: 집이 역에서 머니까 매일 많이 걷고 있기 때문입니다.
B: 그렇군요. 자연히 좋은 운동이 되는 거네요.

046

Part 5 | 동사 て형 패턴

～てもいい ~해도 괜찮다

허락을 구하거나 승낙하는 표현으로 자주 사용된다. いい라는 말은 좋다는 뜻 외에 '상관없다', '괜찮다', '준비되었다' 등 여러 가지로 해석될 수 있다.

활용 예문

遠慮しないで、もっと食べてもいいですよ。
엔료시나이데 못토 타베테모 이-데스요
사양하지 말고 더 먹어도 괜찮아요.

気にしないで、もう帰ってもいいです。
키니시나이데 모-카엣테모 이-데스
걱정 말고 이제 돌아가도 괜찮아요.

たいしたことないよ。心配しなくてもいいよ。
타이시타코토나이요 심파이시나쿠테모 이-요
별거 아냐. 걱정 안해도 돼.

本当のことを言ってもいいですか。 사실을 말해도 될까요?
혼토-노코토오 잇테모 이-데스카

실전 회화

A: すみません。ここで写真を撮ってもいいですか?
B: ここは、撮影可能です。
A: あの部屋の中には入ってもいいですか?
B: お客様、恐れ入りますが、あの部屋は入室禁止です。

우리말 해석

A: 실례합니다. 여기서 사진을 찍어도 될까요?
B: 여기는 촬영 가능합니다.
A: 저 방안에 들어가도 됩니까?
B: 손님, 죄송하오나 저 방은 입실 금지입니다.

047

Part 5 | 동사 て형 패턴

~て ほしい ~하면 좋겠다

~て ほしい는 남이 나에게 뭔가 해주기를 내가 바란다는 표현이다. 내가 남에게 해주고 싶다는 ~て あげたい이다.

활용 예문

あなたには、ずっと幸せでいてほしい。
아나타니와 즛토 시아와세데 이테 호시-
너는 쭉 행복하게 지내면 좋겠다.

申し訳ないのだけど、今すぐに、郵便局に行って、この荷物を送ってきてほしいの。
모-시와케나이노다케도 이마스구니 유-빙쿄쿠니 잇테 코노 니모츠오 오쿳테키테 호시이노
미안하지만 지금 곧 우체국에 가서 이 짐을 보내고 와주길 바라.

わあ!このカバン、とっても可愛いわ。ねえ、誕生日に買ってほしいな。
와- 코노 카방 톳테모 카와이-와 네- 탄죠-비니 캇테호시-나
와! 이 가방 아주 귀여워. 저기 생일 때 사주면 좋겠네.

실전 회화

A: 別れてからずいぶんたつけど、あの人から連絡はあった?
B: 何も連絡はないわ。
A: そうなのね。どうしているのかしらね。
B: さあ、分からないけど、あの人には、ずっと元気でいてほしいわ。

우리말 해석

A: 헤어지고 나서 꽤 지났는데 그 사람에게 연락 있었니?
B: 아무 연락도 없어.
A: 그렇구나. 어떻게 지내고 있을까.
B: 글쎄 모르겠지만 그 사람은 내내 잘 지내길 바라.

551

048

Part 5 | 동사 て형 패턴

～ておく ~해 두다

어떤 목적을 위해 미리 어떤 행위를 하는 것으로, 동작과 행위에 초점이 있으며 준비 과정이라는 개념이다. しておく를 회화체로 짧게 말하면 しとく가 된다.

활용 예문

これ、ここに置いておいていいの?
코레 코코니 오이테오이테 이-노
이거 여기 놔두어도 괜찮아?

子供の時にもらったプレゼント、今でもずっと取っておいてあります。
코도모노 토키니 모랏타 푸레젠토 이마데모 즛토 톳테오이테 아리마스
어릴 때 받은 선물, 지금도 계속 보관하고 있습니다.

言っておくけど、これは絶対に秘密だからね!
잇테오쿠케도 코레와 젯타이니 히미츠다카라네
말해두겠는데 이건 절대 비밀이야!

실전 회화

A: 誰か手が空いている人はいますか?
B: なんでしょう?
A: これをB社に、あとで届けてほしいのですが。
B: 分かりました。私がやっておきます。

우리말 해석

A: 누구 시간이 나는 사람 있나요?
B: 무슨 일인가요?
A: 이걸 B사에 나중에 갖다 주면 좋겠는데요.
B: 알겠습니다. 제가 처리해 놓겠습니다.

049

Part 5 | 동사 て형 패턴

～てもかまわない ~해도 상관없다

'~해도 괜찮아', '~해도 상관없어', '~해도 좋아' 우리말도 이렇게 여러 가지로 표현하듯이 일본어도 마찬가지이다. 다음 표현은 모두 의미가 비슷하다. ～てもいい、～ても大丈夫です、～ても差支えない.

활용 예문

もちろん、私が行ってもかまわないよ。
모치론 와타시가 잇테모 카마와나이요
물론 내가 가도 상관없어.

それをやるのは、彼でも彼女でも、誰でもかまいません。
소레오 야루노와 카레데모 카노죠데모 다레데모카마이마센
그걸 하는 사람은 그 남자든 그녀든 누구든 상관없어요.

あ、それは、私のペンだから、使ってもかまわないよ。
아 소레와 와타시노 펜다카라 츠캇테모 카마와나이요
아, 그건 내 펜이니까 사용해도 괜찮아.

실전 회화

A: ここは食べ放題だから、食べたいものを好きなだけ取って来てもかまわないよ。
B: 私がぶくぶく太ってもいいの?
A: あなたは太らない体質でしょう。
B: そうね、でもちょっとは遠慮しておきます。

우리말 해석

A: 여기는 원하는 만큼 먹을 수 있으니까 먹고 싶은 걸 원하는 만큼 가져와도 괜찮아.
B: 내가 뒤룩뒤룩 살쪄도 괜찮아?
A: 너는 살이 안 찌는 체질이잖아.
B: 그렇지. 그래도 좀 신경을 쓸 거야.

553

050

Part 5 | 동사 て형 패턴

～てしまう ~해 버리다

첫째, 어떤 과정을 가진 동작이 끝까지 이루어졌음을 나타낸다. 둘째, 어떤 동작이나 과정이 돌이킬 수 없다는 기분을 나타낸다. 셋째, 동작이 무의식적으로 이루어짐. 넷째, 기대에 반하는 일이 이루어짐을 표현한다.

활용 예문

彼は、一言も言わず、背中を向けて行ってしまった。
카레와 히토코토모 이와즈 세나카오 무케테 잇테시맛타
그는 한마디도 안 하고 가 버렸다.

ダイエット中だったのに、たくさん食べてしまった。
다이엣토츄-닷타노니 타쿠상 다베테시맛타
다이어트 중이었는데 많이 먹어 버렸다.

この前の掃除の時、大切な写真をなくしてしまいました。
코노 마에노 소-지노 토키 타이세츠나 샤싱오 나쿠시테시마이마시타
요전 청소할 때 소중한 사진을 잃어버렸어요.

실전 회화

A: 慌てているけれど、どうしたの?
B: お財布をなくしてしまいました。どこで落としたんだろう?
A: それは、大変だ。一緒に探してあげますよ。
B: ありがとうございます。

우리말 해석
A: 허둥대는 건 무슨 일이야?
B: 지갑을 잃어버렸어요. 어디에서 잃어버렸을까?
A: 그거 큰일이네. 같이 찾아봐 줄게.
B: 고맙습니다.

051

Part 5 | 동사 て형 패턴

〜て あげる　~해 주다

여기의 上げる는 본래 아랫사람이 윗사람에게 주다. 즉, '드리다'라는 표현이다. 현대에 와서 '드리다'라는 의미(존경어)가 약화되었지만 비슷한 말인 〜て やる(~해 주다)보다는 정중한 표현이 된다.

활용 예문

今あなたを抱きしめ**てあげる**。 지금 너를 안아줄게.
이마 아나타오 다키시메테아게루

あの子供は私が世話し**てあげる**。 저 아이는 내가 돌봐줄게.
아노 코도모와 와타시가 세와시테아게루

永遠に君を守っ**てあげる**よ。 영원히 너를 지켜줄게.
에-엔니 키미오 마못테아게루요

妹をディズニーランドにつれて行っ**てあげました**。
이모-토오 디즈니-란도니 츠레테 잇테아게마시타
여동생을 디즈니랜드에 데려가 주었습니다.

실전 회화

A: 今まで本当に大変だったね。辛いこともたくさんあったようだね。
B: ええ。とても大変な毎日でした。
A: これからは僕が君を守るよ。君を幸せにしてあげたい。
B: 本当?そう言ってもらえて、とても嬉しいです。

우리말 해석

A: 지금까지 진짜 힘들었지? 괴로운 일도 많았던 모양이구나.
B: 네, 무척 힘든 나날이었습니다.
A: 앞으로는 내가 너를 지켜줄게. 너를 행복하게 해주고 싶어.
B: 정말? 그렇게 말해줘서 무척 기뻐요.

052

Part 5 | 동사 て형 패턴

～てくれる　~해 버리다

'~てくれる' 표현은 누군가가 내게 뭔가 해준다는 말이다. 해주는 주체는 사물일 수도 있다. 어쨌거나 1인칭이 느끼기에 고마운 일이면 이 표현이 사용될 수 있다. 그래서 객관적인 냉정한 문장에는 사용하지 않는 것이 바람직하다.

활용 예문

彼女が僕のために一曲歌ってくれました。
카노죠가 보쿠노 타메니 익쿄쿠 우탓테쿠레마시타
그녀가 나를 위해 한 곡 노래를 불러주었습니다.

助けてくれたこと、ありがとう。　도와줘서 고마워.
타스케테쿠레타코토 아리가토-

彼女は僕のためにソウルまで来てくれました。
카노죠와 보쿠노타메니 소우루마데 키테쿠레마시타
그녀는 나를 위해 서울까지 와 주었습니다.

실전 회화

A: いよいよ、来月結婚することになりました。

B: ご家族のみなさんも喜んでいらっしゃるでしょう?

A: ええ。両親にも早く安心してもらいたかったんです。

B: ここまでしっかり育ててくれたご両親に感謝しなければいけませんね。

우리말 해석

A: 드디어 다음달 결혼하게 되었습니다.

B: 가족 모두도 기뻐하고 계시죠?

A: 네, 부모님이 어서 안심하시도록 해드리고 싶었습니다.

B: 지금까지 잘 길러주신 부모님께 감사해야겠군요.

053

～てくださる (남이 내게) ~해 주시다

윗사람이 뭔가 해줘서 받은 사람이 감사를 느끼는 상황에 쓰는 표현이다. くださるは くれる의 존경어이고, いただくは もらう의 겸양어이다.

활용 예문

また電話**してくださる**そうです。 다시 전화를 주신답니다.
마타 뎅와시테 쿠다사루 소-데스

英語を教え**てくださる**先生を探しています。
에-고오 오시에테 쿠다사루 센세-오 사가시테 이마스
영어를 가르쳐 주실 선생님을 찾고 있습니다.

応援し**てくださる**方を募集しています。
오-엔시테쿠다사루 카타오 보슈-시테이마스
응원해 주실 분을 모집하고 있습니다.

親切に教え**てくださって**、ありがとうございます。
신세츠니 오시에테쿠다삿테 아리가토-고자이마스
친절히 가르쳐 주셔서 감사합니다.

실전 회화

A: いつ来られたのですか?
B: ついさっき到着したところです。
A: 本当に久しぶりですね。訪ねてきてくださり、本当にうれしいです。
B: 早く会いたくて、急いで来ました。

우리말 해석

A: 언제 오셨습니까?
B: 바로 조금 전 도착한 참입니다.
A: 진짜 오랜만입니다. 방문해 주셔서 정말로 기쁩니다.
B: 어서 만나고 싶어서 서둘러 왔습니다.

054

～て以来 ~한 이래

以来 앞에 나온 내용이 뒤까지 그 상태가 지속된다는 의미로 미래에는 사용할 수 없다. 예를 들면 来月에는 以来를 쓸 수 없고 以降라는 말을 사용해야 한다.

활용 예문

日本に引っ越して以来、ずっと新宿に住んでいます。
니혼니 힛코시테 이라이 줏토 신쥬쿠니 슨데 이마스
일본에 이사한 이래 쭉 신주쿠에 살고 있습니다.

この会社に入社して以来、由紀とは知り合いです。
코노 카이샤니 뉴-샤시테 이라이 유키토와 시리아이데스
이 회사에 입사한 이래 유키와는 아는 사이입니다.

一人暮らしを始めて以来、ずっと外食をしています。
히토리구라시오 하지메테 이라이 줏토 가이쇼쿠오 시테 이마스
혼자 살기 시작한 이래 쭉 외식을 하고 있습니다.

실전 회화

A: こんにちは。足の痛みはどうですか?
B: 長年痛くて困っていましたが、A病院に変えて以来、ずいぶん調子がよくなりました。
A: それはよかったですね。
B: ええ、患者に人気があるという噂を聞いて行ってみたのですが、本当でした。

우리말 해석

A: 안녕하세요. 발 통증은 어떠세요?
B: 오랫동안 아파서 고생했지만 A병원으로 바꾼 이후 상당히 상태가 좋아졌습니다.
A: 그거 잘됐네요.
B: 네, 환자에게 평이 좋다는 소문을 듣고 가 봤는데 사실이었습니다.

055 ～てもらう ~해 받다

Part 5 | 동사 て형 패턴

상대방이 어떤 행동을 해서 내가 그 수익을 얻을 때 쓰는 표현이다. 직역하면 '~하여 받다'가 되는데 어색한 표현이 되므로 그냥 '누가 내게 ~을 해 줬다'라고 해석하는 것이 자연스럽다.

활용 예문

恋人にブランド品のカバンを買ってもらいました。
코이비토니 부란도힌노 카방오 캇테모라이마시타
애인이 명품 가방을 사줬습니다.

夫は車を昨日修理してもらいました。
옷토와 쿠루마오 키노-슈-리시테 모라이마시타
남편은 어제 차를 수리 받았습니다.

私は髪を切ってもらいました。 나는 머리를 커트했습니다.
와타시와 카미오 킷테 모라이마시타

실전 회화

A: あの、相談にのってもらえますか?
B: 深刻な顔をして、どうしましたか?
A: ここでは話しにくいので、あとで、近くの喫茶店に来てもらえませんか?
B: いいですよ。あとで、また会いましょう。

우리말 해석
A: 저기, 얘기 좀 들어주시겠어요?
B: 심각한 얼굴로 무슨 일이세요?
A: 여기선 말하기 곤란하니 나중에 근처 다방에 와주시겠어요?
B: 좋아요. 나중에 다시 봐요.

056

～てしょうがない ~해서 견딜 수 없다

Part 5 | 동사 て형 패턴

비슷한 표현으로 ～てたまらない、～てならない、～てしかたがない 등이 있다. 모두 억제하기 힘든 기분을 표현한다. 이 중에서 ～てしょうがない가 가장 활용 범위가 넓다. '~을 피할 수 없다'라는 의미이다. ～てたまらない는 '~해서 견딜 수 없다'라는 뜻이다. ～て ならない는 필연적인 사항을 얘기한다.

활용 예문

ごはんが食べたくてしょうがない。
고항가 타베타쿠테 쇼-가 나이
밥을 먹고 싶어 견딜 수 없다.

今出かけてもしようがない。 지금 나가 봐도 소용이 없다.
이마 데카케테모 쇼-가 나이

話の続きが気になってならない。
하나시노 츠즈키가 키니낫테나라나이
이야기의 그 다음이 궁금해서 견딜 수 없다.

寂しくてたまらない。 쓸쓸해서 견딜 수 없다.
사미시쿠테 타마라나이

실전 회화

A: なぜ、あの時、本当のことを言わなかったのですか?
B: もう解決した話だったので、今更言ってもしょうがないと思ったからです。
A: でも、悔しくないのですか?
B: そりゃ、悔しくてたまりませんよ。

우리말 해석

A: 왜 그때 진실을 얘기하지 않았나요?
B: 이미 해결된 얘기라서 새삼스럽게 얘기해 봤자 소용없다고 생각했으니까요.
A: 하지만 분하지 않으세요?
B: 그야 분하기 짝이 없지요.

057

Part 5 | 동사 て형 패턴

～てしかたがない   너무나 ~하다

～てならない는 어떤 느낌이나 생각의 정도가 심하여 염두에서 떠나지 않는다는 표현으로 ～てたまらない는 쓸쓸하다, 무덥다 등의 정신적, 신체적 자극의 정도가 심하다는 뜻이다. ～てしかたがない는 걱정되거나 화가 나는 자연적인 감정이나 감각의 정도가 억제할 수 없을 정도라는 표현이다.

활용 예문

遠くにいる家族に会いたくて、しかたがない。
토-쿠니이루 카조쿠니 아이타쿠테 시카타가나이
멀리 있는 가족과 너무나 만나고 싶다.

故郷へ帰りたいが、お金がかかって、しかたがない。
코쿄-에 카에리타이가 오카네가 카캇테 시카타가나이
고향에 돌아가고 싶지만 돈이 드니 어쩔 수가 없다.

ずっと夢だった憧れのアメリカへ留学したくて、しかたがない。
즛토 유메닷타 아코가레노 아메리카에 류-가쿠시타쿠테 시카타가나이
계속 꿈이었던 미국으로 유학을 가고 싶어 견딜 수 없다.

실전 회화

A: ああ、やっと授業が終わった。
B: うん、退屈な授業だったね。
A: 昨日、寝不足だったから、眠くてしかたがなかったよ。
B: ぼくもだよ。さあ、お昼を食べに行こう。

우리말 해석

A: 아ー, 겨우 수업이 끝났다.
B: 응, 지루한 수업이었지.
A: 어제 수면 부족이었기 때문에 졸려서 견딜 수 없었어.
B: 나도 그래. 자, 점심 먹으러 가자.

058
～していただけませんか
~해주시겠습니까?

뭔가 부탁을 할 때 말하는 정중한 말씨이다. 부탁하는 입장이니까 정중하게 말하는 게 당연하고 그래서 아주 많이 사용된다.

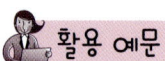 활용 예문

最新のカタログを送っていただけませんか。
사이신노 카타로구오 오쿳테 이타다케마셍카
최신 카탈로그를 보내주시겠습니까?

もう一度言っていただけませんか。
모-이치도 잇테 이타다케마셍카
한 번 더 얘기해 주시겠습니까?

私を彼女に紹介していただけませんか。
와타시오 카노죠니 쇼-카이시테 이타다케마셍카
나를 그녀에게 소개해 주시겠습니까?

ちょっと手伝っていただけませんか。
촛토 테츠닷테이타다케마셍카
좀 도와주시겠습니까?

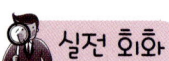 실전 회화

A: 「老人と海」の本を読んでいます。
B: そうですか。どうでしたか。
A: はい、とても感動的です。
B: じゃあ、後でその本、貸していただけませんか。

우리말 해석
A: 노인과 바다 책을 읽고 있습니다.
B: 그렇습니까. 어땠습니까?
A: 예, 아주 감동적입니다.
B: 그럼 나중에 그 책을 빌려 주시겠어요?

PART 06

동사 기본형 패턴

- 059 ～(する)つもりです　～할 작정(예정)입니다
- 060 ～ために　～을 위해
- 061 ～たびに　～때마다
- 062 ～ようにする　～하도록 하다
- 063 ことにしている　～하기로 하고 있다
- 064 ～わけがない　～리가 없다
- 065 ～一方だ　～하기만 한다/ 일방적으로 ～하다
- 066 ～には及(およ)ばない　～할 필요는 없다
- 067 ～もんか　～할까 보냐!/ 일까!
- 068 ～までもない　～할 필요도 없다
- 069 ～はずがない　～리가 없다
- 070 ～ことなく　～하는 일 없이
- 071 ～ものなら　만일 ～라면
- 072 ～おそれがある　～할 우려가 있다
- 073 ～やいなや　～하자마자

059

~(する)つもりです　~할 작정(예정)입니다

앞으로의 예정이나 결심, 계획을 말하는 본인의 의지를 나타낼 때 사용하는 표현.

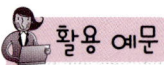 활용 예문

来月に引っ越しするつもりです。 다음달에 이사할 예정입니다.
라이게츠니 힉코시스루 츠모리데스

新しいシステムを導入するつもりです。
아타라시- 시스테무오 도-뉴-스루 츠모리데스
새 시스템을 도입할 생각입니다.

出張で香港へ行くつもりです。 출장으로 홍콩에 갈 예정입니다.
슛쵸-데 홍콩에 이쿠 츠모리데스

休暇中、沖縄へ旅行するつもりです。
큐-카츄- 오키나와에 료코-스루츠 모리데스
휴가 중에 오키나와로 여행할 계획입니다.

 실전 회화

A: これからどんなところに住む予定ですか?
B: 子供を育てやすい環境がいいですね。
A: それは、いいですね。
B: それで公園が近くにある家を買うつもりです。

우리말 해석

A: 앞으로 어떤 곳에서 사실 예정입니까?
B: 아이를 키우기 쉬운 환경이 좋겠네요.
A: 그게 좋겠네요.
B: 그래서 공원이 가까이에 있는 집을 살 생각입니다.

060 ～ために ~을 위해

Part 6 | 동사 기본형 패턴

명사 뒤에 쓰일 때는 ～のために가 되고 동사 뒤에는 ～ために가 된다. 목적과 이유, 이익을 뜻하기도 한다.

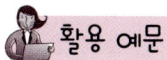 활용 예문

将来の<u>ために</u>、貯蓄するつもりです。
쇼-라이노타메니 쵸치쿠스루 츠모리데스
장래를 위해 저축을 할 생각입니다.

君の<u>ために</u>、一生懸命働くよ。 너를 위해 열심히 일할게.
키미노타메니 잇쇼켐메-니 하타라쿠요

会社の業績向上の<u>ために</u>、粉骨砕身、努力するつもりです。 회사의 실적 향상을 위해 분골쇄신 노력할 생각입니다.
카이샤노 교-세키코-죠-노타메니 훙코츠사이신 도료쿠스루 츠모리데스

健康の<u>ために</u>、タバコはやめた方がいいです。
켕코-노타메니 타바코와 야메타호-가 이-데스
건강을 위해 담배는 끊는 게 좋습니다.

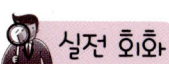 실전 회화

A: アメリカ留学を決心しました。
B: そうか。それは何のために?
A: 本格的な英語講師になるためです。
B: じゃあ、行ってきた方がいいね。

우리말 해석

A: 미국 유학을 결심했습니다.
B: 그런가? 그건 무슨 이유로?
A: 본격적인 영어강사가 되기 위해서입니다.
B: 그럼 갔다 오는 게 좋겠네.

061

~たびに ~때마다

'~할 때마다', '~할 때는 언제나'라는 뜻이다. 보통 동사 기본형이나 명사 뒤에 오게 된다.

활용 예문

その場所にいくたびに、ふるさとを思い出す。
소노 바쇼니 이쿠타비니 후루사토오 오모이다스
그 장소에 갈 때마다 고향을 떠올린다.

キスをするたびに目を閉じてるのはなぜですか。
키스오 스루타비니 메오 토지테루노와 나제데스카
키스할 때마다 눈을 감고 있는 건 왜인가요?

大好きなアーティストのコンサートに行くたびに元気がもらえます。
다이스키나 아-티스토노 콘사-토니 이쿠타비니 겡키가 모라에마스
아주 좋아하는 아티스트의 콘서트에 갈 때마다 활력을 얻습니다.

실전 회화

A: 彼は待ち合わせのたびに遅く来る。
B: それは困るね。
A: それで僕も遅く行くようにしてる。
B: そうか、相手に合わせて遅く行くのね。

우리말 해석
A: 그는 만나는 약속 때마다 늦게 와.
B: 그건 곤란하네.
A: 그래서 나도 늦게 가기로 하고 있어.
B: 그래? 상대에 맞춰 늦게 가는구나.

062

Part 6 | 동사 기본형 패턴

~ようにする ~하도록 하다

~ように する는 주어의 의지를 표현하는 동사 뒤에 와서 의도적인 노력이나 습관을 나타낸다.

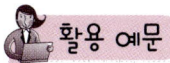 활용 예문

私もそこに一緒に行くようにします。
와타시모 소코니 잇쇼니 이쿠요-니시마스
나도 거기 같이 가기로 하겠습니다.

出かける前には、必ず、部屋中の点検をするようにしています。
데카케루 마에니와 카나라즈 헤야쥬-노 텡켄오 스루요-니 시테이마스
나가기 전엔 반드시 방안을 점검하도록 하고 있습니다.

健康のために、毎日リンゴを食べるようにしよう。
켕코-노타메니 마이니치 링고오 타베르요-니시요-
건강을 위해 매일 사과를 먹도록 하자.

실전 회화

A: いつも元気ですね。
B: はい、健康のため、毎日ウォーキングをするようにしています。
A: それはいいですね。
B: やはり、健康が一番大切ですからね。

우리말 해석

A: 늘 건강하시네요.
B: 네, 건강을 위해 매일 걷기를 하도록 하고 있습니다.
A: 그거 괜찮네요.
B: 역시 건강이 제일 중요하니까요.

063

Part 6 | 동사 기본형 패턴

동사 + ことに している
~하기로 하고 있다

주어의 의지에 따른 결심, 습관, 규칙을 나타내는 표현이다.

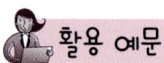 활용 예문

勉強したいときには、いつも図書館に行くことにしている。
벵쿄-시타이토키니와 이츠모 토쇼칸니 이쿠코토니 시테이루
공부하고 싶을 때는 늘 도서관에 가기로 하고 있다.

子供がまだ小さいので、なるべく残業しないことにしている。
코도모가 마다 치이사이노데 나루베쿠 장교-시나이코토니 시테이루
아이가 아직 어려서 가급적 야근은 하지 않기로 하고 있다.

休みの日には、自然散策に出かけるようにしている。
야스미노히니와 시젠산사쿠니 데카케루요-니 시테이루
휴일엔 자연 산책을 나가기로 하고 있다.

 실전 회화

A: 日本語は、どうやって勉強しているのですか?
B: CDを聞いたり、テキストを読んだりしています。
A: 他にはどんなことをやっていますか?
B: 毎日、日本のドラマを見ることにしています。

우리말 해석

A: 일본어는 어떻게 공부하고 있습니까?
B: 시디를 듣거나 교재를 읽거나 하고 있습니다.
A: 그 외엔 어떤 것을 하고 있습니까?
B: 매일 일본 드라마를 보기로 하고 있습니다.

064

Part 6 | 동사 기본형 패턴

～わけが ない ~리가 없다

동사나 형용사 뒤에 연결된다. 올바른 일이 아님, 가능한 것이 아님, 이치에 맞을 가능성이 없음을 나타내는 표현한다. '있을 수 없다', '믿을 수 없다'와 비슷한 어감을 나타낸다.

활용 예문

そんなこと、私が 知っている わけがない。
손나코토 와타시가 싯테이루 와케가나이
그런 거 내가 알고 있을 리가 없다.

彼が 行く わけがない。君の 見間違いでしょう。
카레가 이쿠 와케가나이 키미노 미마치가이데쇼-
그가 갈 리가 없다. 네가 잘못 본 것이겠지.

彼は、彼女に 振られたばかり。元気な わけがない。
카레와 카노죠니 후라레타바카리 겡키나 와케가나이
그는 그녀에게 차인 지 얼마 안 돼. 활기가 있을 리 없다.

실전 회화

A: どうして、みんなに 話してしまったの? 秘密だって 言ったでしょう?
B: 私は、何も 話していないわ。秘密を 話す わけがないわ。
A: じゃあ。どうして、みんなが 知っているの?
B: 私も、それが 気になってしかたないわ。

우리말 해석

A: 왜 사람들에게 얘기해 버린 거야? 비밀이라고 얘기했잖아?
B: 나는 아무 얘기도 안 했어. 비밀을 얘기할 리가 없잖아.
A: 그럼 왜 다들 알고 있는 거지?
B: 나도 그게 궁금해서 미치겠어.

065

Part 6 | 동사 기본형 패턴

〜一方だ ~하기만 한다/ 일방적으로 ~하다

어떤 상태가 계속 지속됨을 의미한다. 변화를 나타내는 동사에 붙어서 변화가 한 가지 방향으로 이루어짐을 나타낸다.

활용 예문

近くに工場ができたため、空気は汚くなる一方だ。
치카쿠니 코-죠-가 데키타타메 쿠-키와 키타나쿠나루 입포-다
근처에 공장이 생겼기 때문에 공기가 나빠지기만 한다.

昔は土地の値段が上がる一方だったが、最近は下がってきている。
무카시와 토치노 네당가 아가루입포-닷타가 사이킨와 사갓테키테이루
옛날엔 토지 가격이 오르기만 했지만 요즘엔 내리고 있다.

大雨が降って、川の水は増える一方だ。
오-아메가 훗테 카와노미즈 후에루 입포-다
큰비가 내려서 강물이 계속 늘어난다.

실전 회화

A: 時代とともに便利になりましたね。
B: 道路開発も進み、便利になりましたが、事故は増える一方です。
A: そうですね。
B: 開発が進むにつれ、自然災害も増える一方です。

우리말 해석

A: 시대와 함께 편리해졌네요.
B: 도로개발도 진행되고 편리해졌지만 사고는 늘어나는 추세입니다.
A: 그렇군요.
B: 개발이 진행되면서 자연재해도 늘어나는 추세입니다.

066
～には及<ruby>およ</ruby>ばない ~할 필요는 없다

Part 6 | 동사 기본형 패턴

보통 '~할 필요는 없다'라는 뜻인데 '~에는 미치지(도달하지) 못하다'라는 뜻도 된다.

활용 예문

彼(かれ)は来(く)るには及(およ)ばない。 그는 올 필요가 없다.
카레와 쿠루니와 오요바나이

心配(しんぱい)するには及(およ)ばない。 걱정할 필요는 없다.
심파이스루니와 오요바나이

音楽(おんがく)に関(かん)しては、私(わたし)はスーザンの足元(あしもと)にも及(およ)ばない。
옹가쿠니 칸시테와 와타시와 스-잔노 아시모토니모 오요바나이
음악에 관해서는 나는 수잔의 발끝에도 미치지 못한다.

そんなに努力(どりょく)しても、成績(せいせき)が佐藤(さとう)には及(およ)ばなかった。
손나니 도료쿠시테모 세-세키가 사토-니와 오요바나캇타
그렇게 노력해도 성적이 사토에게는 미치지 못했다.

실전 회화

A: 先生(せんせい)、大丈夫(だいじょうぶ)でしょうか？
B: 血圧(けつあつ)は高(たか)めですが、ご心配(しんぱい)にはおよびません。
A: そうですか、安心(あんしん)しました。
B: これからは、塩分(えんぶん)を摂(と)りすぎないよう気(き)をつけてください。

우리말 해석

A: 선생님, 괜찮겠습니까?
B: 혈압은 높은 편이지만 걱정할 정도는 아닙니다.
A: 그렇습니까? 안심했습니다.
B: 앞으로는 염분을 너무 섭취하지 않도록 조심하세요.

067 ～もんか

~할까 보냐!, ~일까!

Part 6 | 동사 기본형 패턴

형태는 의문문이지만 질문이 아닌 '그럴 수는 없다'라는 결의를 나타내는 수사의문문 같은 의미를 가진 표현이다. 혼잣말처럼 사용되기도 한다. 종조사 ものか의 변형이다.

활용 예문

こんなことで諦めるもんか! 이런 일로 포기할까 보냐!
콘나코토데 아키라메루몽카

もう決して泣くもんか! 이제 절대로 울까 보냐!
모-켓시테 나쿠몽카

そんな人にだまされるもんか! 그런 사람에게 속을까 보냐!
손나 히토니 다마사레루몽카

お前に俺の気持がわかるもんか!
오마에니 오레노 키모치가 와카루몽카
네가 내 기분을 알 수 있겠냐!

人生なんてそんなもんか! 인생이란 게 그런 건가!
진세-난테 손나몽카

실전 회화

A: 元気を出してね。あなたなら、絶対に大丈夫!

B: わかった! 負けるもんか!

A: うん、その調子! 頑張ってね。

B: ありがとう。全力でやってみるよ。

우리말 해석
A: 힘을 내. 너라면 분명히 괜찮아!
B: 알았어! 질까 보냐!
A: 그래, 그렇게! 힘을 내.
B: 고마워. 전력으로 해 볼게.

068

~まででもない ~할 필요도 없다

너무나 당연해서 '~할 필요도 없다'라는 뜻으로 주관적인 판단을 표현하는 말이다.

활용 예문

親戚の家より自分の家の方が気が楽なのは言うまでもない。
신세키노 이에요리 지분노 이에노 호-가 키가라쿠나노와 이우마데모나이
친척 집보다 내 집이 편하다는 건 말할 것도 없다.

お金よりも健康が大切なことは言うまでもない。
오카네요리모 켕코-가 타이세츠나코토와 이우마데모나이
돈보다 건강이 중요하다는 건 말할 것도 없다.

当たり前だから、人に聞くまでもない。
아타리마에다카라 히토니 키쿠마데모나이
당연하니까 누구에게 물어볼 필요도 없다.

실전 회화

A: 過ちを犯してしまって申し訳ございません。
B: 言うまでもありませんが、これは、本当に重要な問題です。
A: はい、分かりました。肝に銘じます。
B: 今後、十分に注意してやってください。

우리말 해석

A: 잘못을 저질러버려 죄송합니다.
B: 말할 것도 없지만 이건 중요한 문제입니다.
A: 예, 알겠습니다. 명심하겠습니다.
B: 앞으로 충분히 조심해서 하세요.

069 ~はずがない ~리가 없다

Part 6 | 동사 기본형 패턴

'가능성이 없다' 또는 '희박하다'라는 의미를 가지며, 화자가 믿을 수 없다는 기분을 나타낸다.

활용 예문

まさか！そんなはずがない！ 설마! 그럴 리가 없어!
마사카 손나 하즈가나이

あんなに有能な彼が、そんな間違いを犯すはずがないでしょう。 그렇게 유능한 그가 그런 잘못을 범할 리가 없겠지요.
안나니 유-노-나 카레가 손나마치가이오 오카스 하즈가나이데쇼-

あれだけ頑張ったのに、試験に落ちるはずがない。
아레다케 감밧타노니 시켄니 오치루 하즈가나이
그렇게도 노력했는데 시험에 떨어질 리가 없다.

あの正直な人が会社の金を盗むはずがない。
아노쇼-지키나 히토가 카이샤노카네오 누스무하즈가나이
그 정직한 사람이 회사 돈을 훔칠 리가 없다.

실전 회화

A: 待ってください。それは何かの間違いです。
B: でも、実際にそうなんです。
A: みんなで何度も見直しました。間違っているはずがありません。
B: そこまで言うなら、一緒に調べてみましょう。

우리말 해석

A: 기다려 주세요. 그건 뭔가 오류입니다.
B: 하지만 실제로 그렇습니다.
A: 모두 모여 몇 번이나 다시 봤습니다. 잘못했을 리가 없습니다.
B: 그렇게까지 말씀하시면 함께 체크해 봅시다.

070

Part 6 | 동사 기본형 패턴

~ことなく ~하는 일 없이

'~하는 일 없이', '~하지 않고'라는 뜻인데 비슷한 표현으로 ~ことなしに가 있다.

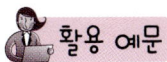 활용 예문

いい薬のおかげで、母は入院することなく、回復することができた。
이-쿠스리노 오카게데 하하와 뉴-인스루코토나쿠 카이후쿠스루코토가 데키타
좋은 약 덕분에 엄마는 입원하지 않고 회복할 수 있었다.

誠実な彼女は、言い訳することなく、ただひたすらに謝罪した。
세-지츠나 카노죠와 이-와케스루코토나쿠 타다히타스라니 샤자이시타
성실한 그녀는 변명하지 않고 그저 한결같이 사죄했다.

彼は生活のため、休日も休むことなく働いた。
카레와 세-카츠노타메 큐-지츠모 야스무코토나쿠 하타라이타
그는 생활을 위해 휴일도 쉬지 않고 일했다.

 실전 회화

A: 彼は本当にすごいですね。
B: ええ、何事にも臆することなく、果敢に挑戦しますね。
A: そのくらいの勇気と行動力がほしいものです。
B: 私もそう思います。

우리말 해석

A: 그는 정말 대단하네요.
B: 네, 어떤 일이든지 겁내지 않고 도전하지요.
A: 그런 용기와 행동력을 갖고 싶네요.
B: 저도 그렇게 생각합니다.

071 ~ものなら ~하다면, ~이라면

Part 6 | 동사 기본형 패턴

동사 기본형에 ものなら가 붙어 가정을 나타낸다. 형식명사 もの에 だ의 가정형 なら가 접속된 형태이다. 실현 불가능한 사항을 가정하는 경우에 사용된다.

활용 예문

逃げられるものなら逃げてみろ。 도망갈 수 있으면 도망가 봐라.
니게라레루모노나라 니게테 미로

生まれ変われるものなら、生まれ変わりたい。
우마레카와레루모노나라 우마레카와리타이
다시 태어날 수 있으면 다시 태어나고 싶다.

二か月ぐらい仕事を休めるものなら、ヨーロッパに行きたいです。
니카게츠구라이 시고토 야스메루모노나라 요-롭파니이 키타이데스
2개월 정도 일을 쉴 수만 있다면 유럽에 가고 싶습니다.

실전 회화

A: 来月、留学に行くんだって？
B: ええ、昔からの夢でした。2年間の予定です。
A: そうか、すごいな。僕も行けるものなら行ってみたいな。
B: ええ、ぜひ、そうしてください。

우리말 해석
A: 다음달 유학 간다면서?
B: 네, 옛날부터 꿈이었어요. 2년 예정입니다.
A: 그렇구나. 대단하네. 나도 갈 수만 있으면 가고 싶구먼.
B: 네, 꼭 그렇게 하시죠.

072

Part 6 | 동사 기본형 패턴

~おそれが ある
~할 우려가 있다

'~라는 나쁜 일이 발생할 가능성이 있다'라는 의미.

활용 예문

このままだと、彼は犯人にされてしまう恐れがあります。 이대로라면 그는 범인이 되어버릴 우려가 있습니다.
코노마마다토 카레와 한닌니사레테시마우 오소레가아리마스

この業績のままだと、我々は、リストラされるおそれがあります。
코노 교-세키노마마다토 와레와레와 리스토라사레루 오소레가아리마스
이 실적대로라면 우리는 구조조정될 우려가 있습니다.

このまま熱が下がらないと、明日の大事な会議に参加できない恐れがある。
코노 마마네츠가 사가라나이토 아시타노 다이지나카이기니 상카데키나이 오소레가아루
이대로 열이 내리지 않으면 내일 중요한 회의에 참가하지 못할 우려가 있다.

실전 회화

A: 今、問題を解決させないと、このチームは、分裂する恐れがあります。
B: 一刻も早く解決できるよう、力を合わせて頑張らなくては。
A: まずは、チーム全体のミーティングを開きましょう。
B: ええ。すぐにみんなを集めてください。

우리말 해석

A: 지금 문제를 해결시키지 않으면 이 팀은 분열될 우려가 있습니다.
B: 한시라도 빨리 해결할 수 있도록 힘을 모아 노력해야죠.
A: 우선은 팀 전체 미팅을 엽시다.
B: 네, 즉시 모두를 모아주세요.

073 ~やいなや ~하자마자

Part 6 | 동사 기본형 패턴

동사 기본형에 연결된다. 한 가지 일이 발생하자마자 행동을 시작하는 모양. 비슷한 말로 すぐに, ほぼ同時に, 間を置かずに, 言うが早いか 등이 있다.

활용 예문

彼は、到着する**やいなや**、一気にご飯をかきこんだ。
카레와 토-챠쿠스루야이나야 익키니 고항오 카키콘다
그는 도착하자마자 단숨에 밥을 먹어 치웠다.

退院する**やいなや**、部長は、すぐに会社に復帰した。
타이인스루야이나야 부쵸-와 스구니 카이샤니 훅키시타
퇴원하자마자 부장님은 곧 회사에 복귀했다.

彼女は、デビューする**やいなや**、たちまち大人気の歌手になった。
카노죠와 데뷰-스루야이나야 타치마치 다이닝키노 카슈니 낫타
그녀는 데뷔하자마자 곧 큰 인기를 얻는 가수가 되었다.

실전 회화

A: あの俳優は、映画に初登場するやいなや、一気に有名になりましたね。
B: ええ、甘いマスクで、女性たちから人気があるようですよ。
A: あんな風に、モテてみたいですね。
B: 本当ですね…。

우리말 해석

A: 저 배우는 영화에 처음 등장하자마자 단숨에 유명해졌네요.
B: 네, 달콤한 마스크로 여성들에게 인기를 모으고 있나 봐요.
A: 그렇게 인기를 누려보고 싶네요.
B: 진짜 그래요.

PART 07

동사 과거형 패턴

074 ～(し)たことが あります　~한 적이 있습니다
075 ～た ばかりです。　막 ~했습니다
076 ～た 方がいい　~하는 편이 좋다
077 ～た 上で　~하고 나서
078 ～た ものの　~하긴 했지만
079 ～た ところで　~해 봤자
080 ～た とたん　~한 순간, ~하자마자

074
~(し)たことが あります
~한 적이 있습니다

Part 7 | 동사 과거형 패턴

지금까지의 어떤 경험을 말할 때 유용한 패턴이다. '~한 적이 없습니다'라고 하려면, ~(し)たことが ありません/ないです. 라고 한다.

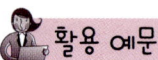

あの俳優と会ったことがあります。
아노 하이유-토 앗타코토가 아리마스
저 배우와 만난 적이 있습니다.

彼らと取引したことがあります。
카레라토 토리히키시타코토가 아리마스
그들과 거래한 적이 있습니다.

今まで２回転職したことがあります。
이마마데 니카이텐쇼쿠시타코토가 아리마스
지금까지 두 번 전직한 적이 있습니다.

A: 旅行したい国がありますか?
B: ベトナムとインドへ行きたいです。
A: あなたはベトナムへ行ったことがありますか。
B: いいえ、私も行ったことはありません。

우리말 해석
A: 여행하고 싶은 나라가 있습니까?
B: 베트남과 인도에 가보고 싶습니다.
A: 당신은 베트남에 가 본 적이 있습니까?
B: 아니요, 저도 간 적은 없습니다.

075

～たばかりです　막 ~했습니다

Part 7 | 동사 과거형 패턴

어떤 동작이 이루어진 지 시간적으로 얼마 지나지 않았다는 얘기. 비슷한 말로 ～たところです는 그 동작을 한 그 장소에 아직 있다는 의미가 된다.

활용 예문

たった今、到着したばかりです。 바로 지금 막 도착했습니다.
탓타 이마 토-챠쿠시타바카리데스

この子は、たった今、目が覚めたばかりだよ。
코노 코와 탓타 이마 메오 사메타바카리다요
이 아이는 지금 막 눈을 떴어.

ああ、がっかり。ちょっと前に電車が出発したばかりだって。
아- 갓카리 춋토 마에니 덴샤가 슙파츠시타바카리닷테
아- 실망이네. 좀 전에 전철이 막 출발했대.

실전 회화

A: ご飯の時間よ。早くいらっしゃい。
B: お母さん。今起きたばかりで、お腹がまだ空いてないわ。
A: もっと規則正しく生活するようにしなさいね。

우리말 해석

A: 밥 먹을 시간이야. 어서 와라.
B: 엄마. 지금 막 일어나서 배가 안 고파.
A: 더 규칙적인 생활을 하거라.

076

～た方がいい ~하는 편이 좋다

이것은 상대방에게 조언이나 권유를 할 때 적당한 패턴이다. 동사의 과거형에 연결해 쓰지만 앞으로 있을 일을 조언하는 것이므로 미래 의미가 된다.

활용 예문

ねえ、早く行ったほうがいいよ。 저기, 일찍 가는 게 좋아.
네- 하야쿠 잇타호-가 이-요

正直に話したほうがいいよ。 솔직하게 말하는 게 좋아.
쇼-지키니 하나시타호-가 이-요

これから夜遅くまで仕事だから、今のうちにたくさん食べておいたほうがいいよ。
코레카라 요루오소쿠마데 시고토다카라 이마노우치니 타쿠상 타베테 오이타호-가 이-요
지금부터 밤늦게까지 근무니까 지금 많이 먹어 두는 게 좋아.

風邪なら休んだ方がいいです。 감기라면 쉬는 게 좋습니다.
카제나라 야슨다호-가 이-데스

실전 회화

A: 準備はできた？そろそろ出発しましょう。
B: まだ早いんじゃないかな？
A: そんなことはないわ。道路が渋滞したら困るから、もう出発したほうがいいと思うわ。
B: そうか。じゃあ、そうしよう。

우리말 해석

A: 준비는 됐어? 슬슬 출발하자.
B: 아직 이르지 않니?
A: 그렇지 않아. 도로가 막히면 곤란하니까 이제 출발하는 게 좋다고 생각해.
B: 그렇군. 그럼 그렇게 하자.

077 ~た上(うえ)で ~하고 나서

Part 7 | 동사 과거형 패턴

시간적인 전후 관계를 표현하는 패턴으로 '~하고 나서', '~한 후에'라는 뜻이다.

활용 예문

この話(はなし)をよく理解(りかい)したうえで取(と)り組(く)んでほしい。
코노 하나시오 요쿠 리카이시타우에데 토리쿤데호시-
이 얘기를 제대로 이해하고 나서 착수해 주길 바라.

お渡(わた)しした書類(しょるい)をよく読(よ)んだうえで、捺印(なついん)をお願(ねが)いします。
오와타시시타 쇼루이오 요쿠욘다우에데 나츠인오 오네가이시마스
넘겨준 서류를 잘 읽고 나서 날인해 주세요.

家(いえ)を買(か)う場合(ばあい)は、十分調(じゅうぶんしら)べた上(うえ)で、決(き)めた方(ほう)がいい。
이에오 카우바아이와 쥬-분 시라베타우에데 키메타호-가 이-
집을 살 경우엔 충분히 알아보고 정하는 게 좋아.

실전 회화

A: こちらの書類(しょるい)をよくご確認(かくにん)いただいたうえで、ご判断(はんだん)をお願(ねが)いいたします。
B: 分(わ)かりました。家(うち)でじっくり読(よ)んでみます。
A: 決(き)まりましたら、契約書(けいやくしょ)にサインをし、当社(とうしゃ)にまたお持(も)ちください。
B: 分(わ)かりました。家族(かぞく)とよく相談(そうだん)してみます。

우리말 해석

A: 이쪽 서류를 잘 확인하시고 나서 판단해 주시길 바랍니다.
B: 알겠습니다. 집에서 천천히 읽어보겠습니다.
A: 정해지면 계약서에 사인을 하시고 당사로 가져와 주십시오.
B: 알겠습니다. 가족과 잘 상의해 보겠습니다.

078

Part 7 | 동사 과거형 패턴

～たものの ~하긴 했지만

～た에서 짐작할 수 있듯 동사 과거형에 연결되어 그 뒤에는 역접을 표현하게 된다.

활용 예문

なんとか頑張ってみたものの、残念な結果に終わった。 어떻게든 노력해 봤지만 유감스러운 결과로 끝났다.
난토카 감밧테 미타모노노 잔넨나 켁카니 오왓타

やれるだけやってみたものの、期待通りにはいかなかった。 할 수 있는 건 해 봤지만 기대대로 되지는 않았다.
야레루다케 얏테미타모노노 키타이도오리니와 이카나캇타

急いで行ったものの、セールは終わっていた。
이소이데 잇타모노노 세-루와 오왓테이타
서둘러 갔지만 판매는 종료되어 있었다.

실전 회화

A: 一生懸命、頑張ってはみたものの、結局、試験に落ちてしまいました。
B: そうですか。それは残念でしたね。
A: でも、得たものも大きかったです。
B: 次の試験に活かしてくださいね。

우리말 해석
A: 열심히 분발해봤지만 결국 시험에 떨어지고 말았습니다.
B: 그렇습니까? 그거 유감이군요.
A: 얻은 것도 컸습니다.
B: 다음 시험에서 활용해 주세요.

079

～た ところで ~해 봤자

～た ところで(~해봤자)… 뒤에는 부정적인 의미의 말이 따라오게 된다. 즉, '소용없게 되었다' 또는 '일이 더 악화되었다'같은 표현이 오는 것이다.

활용 예문

急いで行ったところで、もう間に合わないよ。
이소이데 잇타토코로데 모- 마니 아와나이요
서둘러 가 봤자 이미 틀렸어.

今から説明したところで、もう遅いよ。
이마카라 세츠메-시타토코로데 모- 오소이요
지금부터 설명해 봤자 이미 늦었다.

いくら働いたところで、こう物価が高くては生活は楽にはならない。
이쿠라 하타라이타토코로데 코- 붓카가 타카쿠테와 세-카츠와 라쿠니와 나라나이
아무리 일해 봤자 이렇게 물가가 비싸서는 생활은 편해지지 않는다.

실전 회화

A: ねえ、ちゃんと説明したの?
B: でも、すごく怒っているみたい。
A: どうにかしなくちゃ。早く行ったほうがいいよ。
B: 今更行ったところで、もう間に合わないよ。

우리말 해석

A: 저기 제대로 설명했어?
B: 근데 무척 화가 났나 봐.
A: 뭔가 조치를 취해야지. 어서 가는 게 좋아.
B: 이제 와서 가 봤자 이미 틀렸어.

080

~たとたん(に)　~한 순간, ~하자마자

Part 7 | 동사 과거형 패턴

의미상 やいなや와 유사하다. やいなや 앞에는 동사 기본형이 오고 とたん 앞에는 과거형이 온다.

활용 예문

家を出たとたん、大雨が降り始めました。
이에오 데타토탄 오오아메가 후리하지메마시타
집을 나온 순간 큰비가 내리기 시작했습니다.

風邪が治ったとたん、遊びにでかけました。
카제가 나옷타토탄 아소비니 데카케마시타
감기가 낫자마자 놀러 나갔습니다.

可愛い洋服を買ったとたん、セールが始まりました。
카와이-요-후쿠오 캇타토탄 세-루가 하지마리마시타
귀여운 옷을 사자마자 할인 판매가 시작되었습니다.

실전 회화

A: ずいぶんびしょ濡れね。
B: そうなんです。外出したとたん、雨が降り出しました。
A: 傘は持っていなかったの？
B: 朝は、天気が良かったので、持ってこなかったんですよ。

우리말 해석
A: 상당히 젖어 버렸네.
B: 그래요. 외출하자마자 비가 내리기 시작했어요.
A: 우산은 갖고 있지 않았어?
B: 아침엔 날씨가 좋았으니까 가져오지 않았어요.

PART 08

ます형 패턴

- 081 ~たい　~하고 싶다
- 082 ~ながら　~하면서
- 083 ~にくい　~하기 어렵다
- 084 ~がたい　~하기 힘들다
- 085 ~すぎる　너무 ~하다
- 086 ~たがる　~하고 싶어하다
- 087 ~つづける　계속 ~하다
- 088 ~っぽい　~같다 / 흔히 ~하다
- 089 ~はじめる　~하기 시작하다
- 090 ~だす　~하기 시작하다
- 091 ~かねる　~하기 어렵다
- 092 ~かねない　~할 지도 모른다
- 093 ~次第　~에 달려 있다
- 094 ~っぱなし　쭉 ~한 채로
- 095 ~きれない　전부 ~할 수 없다
- 096 ~放題　실컷 ~하다
- 097 ~まくる　마구 ~하다

081

Part 8 | ます형 패턴

~たい   ~하고 싶다

주어의 소망을 표현하는 가장 일반적인 표현으로 동사의 ます형에 연결되는 조동사이다.

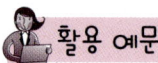

今年は世界旅行に行き**たい**です。
코토시와 세카이료코-니 이키타이데스
올해는 세계 여행을 가고 싶습니다.

今日は珍しい料理を食べ**たい**です。
쿄-와 메즈라시- 료-리오 타베타이데스
오늘은 희귀한 요리를 먹고 싶습니다.

小さいときからの夢を叶え**たい**です。
치이사이 토키카라노 유메오 카나에타이데스
어릴 때부터의 꿈을 이루고 싶습니다.

A: 今度の連休は何をするの?
B: 恋人と一緒に過ごしたいな。
A: いいわね。どこかに遊びに行かないの?
B: まだ決めてないけど、ディズニーランドに行きたいと思っているの。

우리말 해석

A: 이번 연휴는 뭐 할 거야?
B: 애인과 함께 지내고 싶어.
A: 좋겠네. 어딘가 놀러 가지 않니?
B: 아직 정하지 않았지만 디즈니랜드에 가고 싶다고 생각 중이야.

082 ～ながら ~하면서

두 가지 동작이나 상태가 병행하여 이루어진다는 것을 표현한다. 다른 의미로는 '~이면서', '~임에도 불구하고'라는 뜻도 있다. 知っていながら返事をしない。 (알고 있으면서 대답을 하지 않는다.)

활용 예문

歩きながらスマートフォンを触るのは危険です。
아루키나가라 스마-토훤오 사와루노와 키켄데스
걸으면서 스마트폰을 만지는 것은 위험합니다.

ベンチに腰かけながら、二人でお弁当を食べました。
벤치니 코시카케나가라 후타리데 오벤토-오 타베마시타
벤치에 앉으면서 둘이서 도시락을 먹었습니다.

お金持ちになることを夢見ながら、その夫婦は懸命に働きました。
오카네모치니 나루코토오 유메미나가라 소노 후-후와 켐메-니 하타라키마시타
부자가 되는 꿈을 꾸면서 그 부부는 열심히 일했습니다.

실전 회화

A: 少しお話したいことがあるのですが…。
B: いいですよ。なんでしょう？
A: ゆっくり話したいので、お茶でも飲みながら聞いてもらえますか？
B: 分かりました。そこのカフェに入りましょうか？

우리말 해석
A: 좀 얘기하고 싶은 것이 있습니다.
B: 괜찮아요. 뭔가요?
A: 천천히 얘기하고 싶으니 차라도 마시면서 들어주시겠어요?
B: 알겠습니다. 거기 카페에 들어갈까요?

083

Part 8 | ます형 패턴

～にくい　~하기 어렵다

어떤 행위를 하기가 어렵다, 곤란하다라는 뜻으로 반대 표현은 ～やすい(~하기 쉽다). 分かりやすい。(알기 쉽다), 分かりにくい。(알기 어렵다). 비슷한 표현으로 ～づらい(~하기 괴롭다)가 있다.

활용 예문

理解しにくい状況です。 이해하기 힘든 상황입니다.
리카이시니쿠이 죠－쿄－데스

今回の事件は、報道しにくい面が多々あるようです。
콘카이노 지켄와 호－도－시니쿠이 멘가 타타아루요－데스
이번 사건은 보도하기 힘든 면이 많이 있는 듯합니다.

あの人と一緒じゃ、なんだかやりにくいなあ。
아노 히토토 잇쇼쟈 난다카 야리니쿠이나－
그 사람과 함께라면 왠지 거북하구만.

このパソコンは使いにくい。 이 컴퓨터는 사용하기 어렵다.
코노 파소콘와 츠카이니쿠이

실전 회화

A: 新しい部長は、どうですか?
B: まだ分かりませんが、ちょっと威圧感があって、話しにくそうです。
A: そうなんですね。いい関係になるといいですね。
B: ええ、懇親会で、ゆっくり話してみたいです。

우리말 해석

A: 새로운 부장님은 어때요?
B: 아직 모르겠지만 좀 위압감이 있어서 얘기하기 어려울 것 같습니다.
A: 그렇군요. 좋은 관계가 되면 좋겠네요.
B: 네, 친목회에서 천천히 얘기해 보고 싶습니다.

084

Part 8 | ます형 패턴

～がたい ~하기 힘들다

동사에 ます형으로 연결되어 그것을 실행하기 쉽지 않음을 표현한다. 실행하기에 난점이 있다, 또는 승복하기 어렵다는 의미로 사용된다.

활용 예문

信じがたいことが起きました。 믿기 힘든 일이 일어났습니다.
신지가타이코토가 오키마시타

聖書の話は理解し**がたい**ところが多々あります。
세-쇼노 하나시와 리카이시가타이 토코로가 타타아리마스
성경의 이야기는 이해하기 어려운 부분이 많이 있습니다.

あまりにも壮絶で、想像し**がたい**。
아마리니모 소-제츠데 소-조-시가타이
너무나 처절해서 상상하기 힘들다.

彼の報告が間違いないことは否定し**がたい**です。
카레노 호-코쿠가 마치가이나이코토와 히테-시가타이데스
그의 보고가 틀림없다는 것은 부정하기 어렵습니다.

실전 회화

A: あの件、どうなりましたか?
B: それが… 報告しがたい結果となってしまいました。
A: どういうことですか? はっきり言ってください。

우리말 해석

A: 그 건은 어떻게 되었나요?
B: 그게… 보고하기 곤란한 결과가 되고 말았습니다.
A: 무슨 일입니까? 확실하게 얘기해 주세요.

085

～すぎる 너무 ~하다

동사 ます형이나 형용사 어간에 연결되어 행위나 상태가 도를 넘음을 얘기한다.

활용 예문

寒すぎて、もうこれ以上、ここでは待てません。
사무스기테 모- 코레이죠- 코코데와 마테마셍
너무 추워서 이제 더 이상 여기선 기다릴 수 없습니다.

すごく食べ過ぎて、もう歩けません。
스고쿠 타베스기테 모- 아루케마셍
너무 과식하여 더 이상 걸을 수 없습니다.

家の中に物が多すぎて、片付けが大変です。
이에노나카니 모노가 오-스기테 카타즈케가 타이헨데스
집안에 물건이 너무 많아서 정리가 어렵습니다.

실전 회화

A: はあ…。疲れすぎて、もう歩くこともできません。
B: この仕事は本当にきついですね。
A: ええ、過酷すぎて、もう辞めたくなりました。
B: でも、もう少しだけ我慢してみましょう。

우리말 해석

A: 아… 너무 지쳐서 이제 걷지도 못하겠어요.
B: 이 일은 정말 힘드네요.
A: 네, 너무 힘들어서 이제 그만두고 싶어졌어요.
B: 그래도 조금만 더 참아봅시다.

086

～たがる ~하고 싶어하다

이것은 제3자 즉 3인칭의 소망을 나타내는 표현이다. 소망을 나타내는 たい의 た에 접미어 がる가 붙은 형태다. ～たがっても의 형태로 1인칭의 소망을 표현할 수도 있다.

활용 예문

私がどんなに退院したがっても、医者が許してくれない。
와타시가 돈나니 타이인시타갓테모 이샤가 유루시테쿠레나이
내가 아무리 퇴원하고 싶어해도 의사가 허락해 주지 않는다.

あの人はいつも自慢話をしたがる。
아노 히토와 이츠모 지만바나시오 시타가루
그 사람은 늘 자기 자랑 얘기를 하고 싶어한다.

彼女は自分を知的にみせようと難しい言葉を使いたがる。
카노죠와 지분오 치테키니미세요-토 무즈카시-코토바오 츠카이타가루
그녀는 자기를 지적으로 보이려고 어려운 말을 쓰고 싶어 한다.

실전 회화

A: 今度、彼女をデートに誘うつもりなんだ。
B: おお、そうか。どこに行くの?
A: 彼女は、遊園地に行きたがっている。
B: 誰に聞いたの?
A: 彼女が友達と話しているのを聞いたんだ。

우리말 해석

A: 이번에 그녀를 데이트하자고 꼬셔볼 거야.
B: 오! 그래? 어디 갈 건대?
A: 그녀는 유원지에 가고 싶어해.
B: 누구한테 들었니?
A: 그녀가 친구와 얘기하는 걸 들었어.

087

Part 8 | ます형 패턴

～つづける 계속 ~하다

동사의 ます형에 연결되어 동작이나 상태의 지속을 나타낸다. つづける는 한자를 넣어 続ける라고 쓰기도 한다.

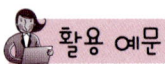

好きでもない仕事でも今はやり続けるしかない。
스키데모나이 시고토데모 이마와 야리츠즈케루시카나이
좋아하지 않는 일이지만 지금은 계속해 나갈 수밖에 없다.

長い小説はすぐ飽きて読み続けることが出来ない。
나가이쇼-세츠와스구 아키테 요미츠즈케루코토가 데키나이
긴 소설은 금방 싫증 나니까 계속 읽을 수가 없다.

彼は、子供の頃からの夢を追い続けている。
카레와 코도모노 코로카라노 유메오 오이츠즈케테이루
그는 어린 시절부터 가졌던 꿈을 계속 추구하고 있다.

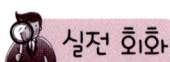

A: なかなかうまくいかないので、悩んでいます。
B: 無理しないでやってね。
A: どうしたら、成功することができるでしょうか?
B: ずっと努力し続けたら、必ず道は開けるよ。

우리말 해석

A: 좀처럼 잘 되지 않아서 고민 중입니다.
B: 무리하지 말고 해 봐.
A: 어떻게 하면 성공할 수가 있을까요?
B: 계속 노력을 해 나가면 반드시 길이 열릴 거야.

088

〜っぽい ~같다 / 흔히 ~하다

명사나 동사의 ます형에 연결되어 형용사로서 활용된다. 의미는 '~을 많이 포함하고 있다', '~하는 경향이 강하다'라는 뜻이다.

활용 예문

この絵は漫画っぽいね。 이 그림은 만화 같다(같은 느낌이다).
코노 에와 망가쁘이네

飽きっぽい性格は治した方がいいよ。
아키쁘이 세-카쿠와 나오시타호-가 이-요
쉽게 질리는 성격은 고치는 게 좋아.

白っぽい花が、あたり一面に咲いていた。
시롭뽀이 하나가 아타리 이치멘니 사이테이루
하얀 느낌의 꽃이 주변 일대에 피어 있다.

この部屋は埃っぽい。 이 방은 먼지가 많다.
코노 헤야와 호코립뽀이

실전 회화

A: 頼んでいたもの、買ってきてくれた?
B: あ、すっかり忘れて、帰ってきちゃった!
A: またかい? 君は本当に忘れっぽいね。
B: ごめんね。今すぐ買ってくるね。

우리말 해석

A: 부탁했던 거 사와 줬어?
B: 아! 까맣게 잊고 돌아와 버렸어!
A: 또냐? 넌 정말 건망증이 심하구나.
B: 미안해. 당장 사 갖고 올게.

089

Part 8 | ます형 패턴

～はじめる　~하기 시작하다

동사의 ます형에 연결되어 그 동작이 이루어지기 시작함을 나타낸다. はじめる는 한자를 넣어 始める라고 쓰기도 한다.

활용 예문

止まっていたロボットがゆっくり動きはじめた。
토맛테이타 로봇토가 육쿠리 우고키하지메타
정지해 있던 로봇이 움직이기 시작했다.

空が暗くなり、雷が鳴りはじめました。
소라가 쿠라쿠나리 카미나리가 나리하지메마시타
하늘이 어두워지고 천둥이 치기 시작했습니다.

春になり、たくさんの花が咲きはじめました。
하루니나리 탁상노 하나가 사키하지메마시타
봄이 되어 많은 꽃이 피기 시작했습니다.

실전 회화

A: まだ全員集まっていないね。
B: でも、時間になったから、もう食べ始めよう。
A: そうしよう。みんなそろそろ到着する頃だろう。

우리말 해석

A: 아직 전원이 모이지 않았네.
B: 하지만 시간이 되었으니까 이제 먹기 시작하자.
A: 그러자. 모두 슬슬 도착할 때일 거야.

090

Part 8 | ます형 패턴

~だす　~하기 시작하다

동사의 ます형에 연결되면 '~하기 시작하다'라는 뜻이 되는데, 아래 예문 5번은 '밖으로 꺼내다', '내보이다'라는 의미로도 쓰인다.

활용 예문

結婚式で感動した新婦が泣き出した。
켁콘시키데 칸도-시타 심푸가 나키다시타
결혼식에서 감동한 신부가 울기 시작했다.

彼女は、突然大きな声で笑いだした。
카노죠와 토츠젠 오-키나코에데 와라이다시타
그녀는 돌연 큰소리로 웃기 시작했다.

電車の中で、誰かがわめき出して、みんなびっくりしていた。
덴샤노 나카데 다레카가 와메키다시테 민나 빅쿠리시테이타
전철에서 누군가가 소리를 지르기 시작해서 모두 깜짝 놀랐다.

실전 회화

A: 今日の得点、おめでとうございます。
B: ありがとうございます。
A: あの時、元気を出せたのは何か理由でもありますか。
B: 観客たちが応援の歌を歌いだしてくれたので元気が出ました。

우리말 해석

A: 오늘의 득점 축하합니다.
B: 감사합니다.
A: 그때 힘을 낼 수 있었던 것은 뭔가 이유가 있습니까?
B: 관객들이 응원의 노래를 불러주기 시작해서 힘이 났습니다.

597

091

～かねる ~하기 어렵다

~하기가 어렵다 또는 불가능이나 금지를 완곡하게 나타내는 표현으로 사용된다. 다른 용법으로는 '평소엔 하지 않는 일인데 할 지도 모른다'는 뉘앙스도 있다.

활용 예문

管理人は一切責任を負いかねます。
칸리닝와 잇사이 세키닝오 오이카네마스
관리인은 일절 책임을 지기 어렵습니다.

契約延長には承服しかねます。 계약연장은 승복하기 어렵습니다.
케-야쿠엔쵸-니와 쇼-후쿠시카네마스

君の考えには賛成しかねるよ。 당신 생각엔 찬성하기 어렵다.
키미노 캉가에니와 산세-시카네루요

恐れ入ります。私には分かりかねます。
오소레이리마스 와타시니와 와카리카네마스
죄송합니다. 저로선 이해하기 어렵습니다.

실전 회화

A: この背広はセールしていくらですか。
B: こちらは4万円でございます。
A: 4万円ですか。3万円まで値引きしてくれれば買います。
B: 残念ですが、これ以上割引をすることは致しかねます。

우리말 해석

A: 이 정장은 세일해서 얼마입니까?
B: 이건 4만 엔입니다.
A: 4만 엔입니까. 3만 엔까지 할인해주시면 사겠습니다.
B: 죄송하오나 이 이상은 할인이 어렵습니다.

092

Part 8 | ます형 패턴

~かねない ~할지도 모른다

동사 かねる에 부정형 ない가 붙은 형태다. '~하지 않는다고는 할 수 없다. ~할지도 모른다'라는 좀 어려운 표현이다.

활용 예문

あいつなら秘密をもらしかねない。
아이츠나라 히미츠오 모라시카네나이
그 놈이라면 비밀을 누설할 수도 있어.

大きな事故につながりかねない。 큰 사고로 이어질 수도 있어.
오-키나 지코니 츠나가리카네나이

彼は目的を達するためには、そんなことをやりかねない。 그는 목적을 달성하기 위해서는 그런 일을 할 수도 있다.
카레와 모쿠테키오 탓스루타메니와 손나 코토오 야리카네나이

嘘は、二人の関係を壊しかねない。
우소와 후타리노 캉케ー오 코와시 카네나이
거짓말은 두 사람 관계를 망가뜨릴 수도 있다.

실전 회화

A: 飲んだのはビール2本だけだから、おれが運転するよ。
B: それは危ないからやめてください。
A: おれはもっとたくさん飲んで運転したこともあるよ。これは何でもない。
B: 少しでも酒を飲んで運転すると、事故を起こしかねません。

우리말 해석

A: 마신 건 맥주 두 병뿐이니까 내가 운전할게.
B: 그건 위험하니까 그러지 마세요.
A: 나는 더 많이 마시고 운전한 적도 있어. 이건 별거 아냐.
B: 조금이라도 술을 마시고 운전하면 사고를 낼 수도 있습니다.

093

〜次第(しだい) ~에 달려 있다

명사로서 '지금까지의 경위, 상황, 사정'이란 뜻이 있고, 접미사로 '~에 달려 있다, 좌우된다' 그리고 '~되자마자'라는 의미도 있다.

활용 예문

結果はあなた次第です。 결과는 당신에게 달렸습니다.
켁카와 아나타 시다이데스

以上のような次第です。 이상과 같은 상황입니다.
이죠-노요-나 시다이데스

この車は満員になり次第出発します。
코노 쿠루마와 만잉니 나리시다이 슙파츠시마스
차는 만원이 되는대로 출발하겠습니다.

状況次第で対応が変わります。
죠-쿄-시다이데 타이오-가 카와리마스
상황에 따라 대응이 달라집니다.

실전 회화

A: 2級は難しすぎるし、3級は楽だけど自慢できない。どっちがいいかな。
B: 2級に挑戦した方がいいね。
A: でも落ちたら恥ずかしい。
B: 挑戦するかしないかは、あなた次第だよ。

우리말 해석
A: 2급은 너무 어렵고 3급은 쉽지만 자랑할 수가 없어. 어느 쪽을 해야 하나?
B: 2급을 도전하는 게 좋겠네요.
A: 하지만 떨어지면 창피해.
B: 도전하고 안 하고는 당신에게 달렸습니다.

094

~っぱなし   쭉 ~한 채로

어떤 동작이나 사건이 발생한 채로 지속되고 있다는 뉘앙스이다. 의미상으로 ~た
ままも 같은 뜻을 가진다.

활용 예문

エアコンはつけ**っぱなし**の方が節約できるんだって。
에아콩와 츠켑파나시노 호-가 세츠야쿠데키룬닷테
에어컨은 계속 켜두는 것이 절약이 된다.

座り**っぱなし**の生活は健康に良くないです。
스와립파나시노 세-카츠와 켕코-니 요쿠나이데스
쭉 앉아 있는 생활은 건강에 좋지 않습니다.

電気をつけ**っぱなし**で、寝ないでくれる?
뎅키오 츠켑파나시데 네나이데쿠레루
전기를 켠 채로 자는 거 하지 말아줄래?

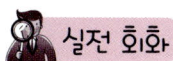

A: 歯を磨くときは、もったいないから、水を出しっぱなしにしないでね。
B: 分かったよ。
A: あ、服は脱ぎっぱなしにしないで、洗濯かごに入れてね!
B: 分かってるよ。
A: ああ、もう! 本は出しっぱなしにしないで!

> 우리말 해석
>
> A: 이를 닦을 때는 아까우니까 물을 튼 채로 두지 마.
> B: 알았어.
> A: 옷은 벗은 채로 두지 말고 빨래 바구니에 넣어.
> B: 알았다구.
> A: 이런, 참나! 책은 꺼내둔 채 두지 마!

095

～きれない　전부 ~할 수 없다

'어떤 행위를 끝까지 해낼 수가 없다' 또는 '참을 수가 없다'라는 의미이다. 한자는 切れない라고 표기한다.

활용 예문

料理が多くて、食べきれなかった。
료―리가 오―쿠테 타베키레나캇타
요리가 많아서 전부 먹을 수가 없었다.

教室に入り切れないほどの学生が集まっている。
쿄―시츠니 하이리키레나이호도노 각세―가 아츠맛테이루
교실에 모두 들어갈 수 없을 정도의 학생들이 모여 있다.

毎日習う英単語が多過ぎて、覚えきれない。
마이니치 나라우 에이탕고가 오―스기테 오보에키레나이
매일 배우는 영어 단어가 너무 많아서 다 외울 수가 없다.

실전 회화

A: これを運んでくれる? あ、これもお願い。
B: すごい荷物だね! まだ買うの?
A: だって、こんなに安いんだもん。買わない手はないわ。
B: わあ、こんなにたくさん! もう持ちきれないよ!

우리말 해석

A: 이거 옮겨 줄래? 아, 이것도 부탁해.
B: 엄청난 짐이네. 더 살 거야?
A: 그니까, 이렇게나 저렴하잖니. 사지 않을 수가 없어.
B: 와! 이렇게나 많이! 이제 들 수도 없어!

096 ～放題 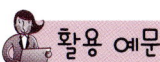 실컷 ~하다

명사, な형용사의 어간, 동사의 ます형, 조동사 たい 등에 연결되어 어떤 동작을 마음껏 행한다는 뜻이다. 또 어떤 작용이나 상태가 진행됨을 그대로 둔다는 뉘앙스도 있다. 이 표현은 放題로 한자로만 쓴다.

활용 예문

彼は怒ると言いたい放題しゃべる。
카레와 오코루토 이-타이호-다이 샤베루
그는 화가 나면 말하고 싶은 대로 마음껏 떠든다.

ぺこぺこだから食べ放題の食堂へ行きたい。
페코페코다카라 타베호-다이노 쇼쿠도-에 이키타이
배가 고프니까 마음껏 먹을 수 있는 식당(뷔페식)에 가고 싶다.

やりたい放題やって怒られた。 멋대로 행동하다가 야단맞았다.
야리타이호-다이 얏테 오코라레타

실전 회화

A: 食べ放題の店だから、どんどん好きなものを頼んでね。
B: 食べ放題ってなんですか?
A: 時間制限内なら、どの料理をどれだけ食べても料金は同じということだよ。
B: なるほど!つまり、ビュッフェと同じですね!

우리말 해석

A: 맘대로 먹을 수 있는 가게니까 원하는 걸 맘껏 주문하게나.
B: 맘대로 먹을 수 있다는 건 무슨 뜻인가요?
A: 제한 시간 내에서는 어떤 요리를 얼만큼 먹든 간에 요금은 똑같다는 거야.
B: 그렇군요! 그러니까 뷔페와 같은 거네요!

097

Part 8 | ます형 패턴

～まくる　마구 ~하다

동사의 ます형에 연결되어 '어떤 동작을 지속하다' 또는 '세차게, 왕성하게 행하다'라는 뉘앙스이다.

활용 예문

街を走り**まくる**暴走族がいる。
마치오 하시리마쿠루 보-소-조쿠가 이루
거리를 마구 달리는 폭주족이 있다.

お酒を飲み**まくる**のはやめてください。
오사케오 노미마쿠루노와 야메테 쿠다사이
술을 마구 마시는 건 그만둬요.

今日は、友達と遊び**まくる**た一日でした。
쿄-와 토모다치토 아소비마쿳타 이치니치데시타
오늘은 친구와 실컷 노는 하루였습니다.

실전 회화

A: 彼は、宝くじに当たったそうだよ。
B: それはすごいね。うらやましいなあ。お金持ちになったんだね。
A: それが…。お金を使いまくって、今は、もう全部なくなったって！
B: ええ？信じられない！

우리말 해석

A: 그는 복권에 당첨되었대.
B: 그거 대박이네. 부러워. 부자가 된 거구나.
A: 근데 말야…. 돈을 마구 써버려서 지금은 전부 없어졌대!
B: 응? 그럴 수가!

PART 09

부정형태 패턴

098 〜なければならない　~해야만 한다
099 〜ざるを得ない　~하지 않을 수 없다
100 〜ずに　~하지 않고

098

~なければならない ~해야만 한다

Part 9 | 부정형태 패턴

의무, 당연, 책임을 나타내는 표현이다. ~なくてはならない, ~ねばならない라고 변형될 수도 있다. 정확한 뉘앙스를 말하자면 책임, 의무뿐 아니라 필수불가결한 일에 사용된다. 아주 비슷한 말로 ~なければいけない가 있는데 어떤 이유나 규칙에 따라 필요나 의무가 부과되는 경우에 쓰인다.

활용 예문

法律には従わなければなりません。
호-리츠니와 시타가와나케레바나리마셍
법률에는 따라야만 합니다.

今月中に仕事を仕上げなくてはならない。
콩게츠츄-니 시고토오 시아게나쿠테와나라나이
이달 중으로 일을 마쳐야 합니다.

明日までにレポートを提出しなくてはならない。
아시타마데니 레포-토오 테-슈츠시나쿠테와나라나이
내일까지 리포트를 제출해야만 한다.

실전 회화

A: あのー、すみません。
B: はい、何ですか。
A: この電車は成田空港きですか。
B: いいえ、成田空港なら津田沼駅で乗り換えなければなりません。

우리말 해석

A: 저- 실례합니다.
B: 예, 뭔가요?
A: 이 전철은 나리타 공항행입니까?
B: 아니요, 나리타 공항이라면 츠다누마 역에서 환승해야만 합니다.

099

Part 9 | 부정형태 패턴

～ざるを得ない ~하지 않을 수 없다

동사의 ます형에 연결된다. 이것은 어쩔 수 없이, 마지 못해 해야 한다는 뉘앙스를 가진 표현이다. を를 같은 발음의 お와 혼동하지 말 것.

활용 예문

イチローの実力は誰もが認めざるを得ない。
이치로-노 지츠료쿠와 다레모가 미토메자루오 에나이
이치로의 실력은 누구라도 인정하지 않을 수가 없다.

過大な負担のため、この商売は放棄せざるを得ない状況だ。
카다이나 후탄노타메 코노 쇼-바이와 호-키세자루오 에나이 죠-쿄-다
과도한 부담 때문에 이 장사는 포기해야만 하는 상황이다.

駐車場不足により校庭を駐車場に開放せざるを得なかった。
츄-샤죠-부소쿠니요리 코-테-오 츄-샤죠-니 카이호-세자루오 에나캇타
주차장 부족 때문에 교정을 주차장으로 개방해야만 했다.

실전 회화

A: 明日からの登山はどうしますか？天気予報によると回復の見込みはありません。
B: 雨の登山は危険だから、中止せざるを得ないだろう。
A: そうですね。では、みんなに連絡しますね。
B: 残念だが、そうしてください。

우리말 해석

A: 내일 시작하는 등산은 어떻게 하시겠습니까? 일기예보에 의하면 회복될 전망은 없습니다.
B: 우중 등산은 위험하니까 중지하지 않으면 안 되겠지.
A: 그렇군요. 그럼 모두에게 연락하겠습니다.
B: 유감이지만 그렇게 해 주세요.

100 ～ずに   ~하지 않고

Part 9 | 부정형태 패턴

동사의 ます형에 연결된다. '~하지 않고'라는 의미의 문어체 표현이지만 자주 사용된다. 구어체로는 ないで라고 한다.

활용 예문

失敗を気にせずに仕事を続けてください。
십파이오 키니세즈 시고토오 츠즈케테 쿠다사이
실패를 마음에 두지 말고 일을 계속하세요.

どこにも行かずにずっと家にいた。
도코니모 이카즈니 즛토 이에니이타
아무데도 가지 않고 쭉 집에 있었다.

時間がなかったので、朝ご飯を食べずに出かけた。
지캉가 나캇타노데 아사고항오 타베즈니 데카케타
시간이 없었기 때문에 아침밥을 먹지 않고 나갔다.

실전 회화

A: 毎日飲んでいたら、もうお酒を飲まずにはいられなくなった。
B: アルコール依存症だね。専門家に相談した方がいいよ。
A: そんなことは面倒くさいよ。
B: 君のために言うのだから真剣に考えた方がいい。

우리말 해석

A: 매일 술을 마셨더니 이제 술을 안 마시고는 못 배기게 되었어.
B: 알코올 의존증이네. 전문가에게 상담을 받는 게 좋아.
A: 그런 건 귀찮아.
B: 너를 위해 하는 말이니 진지하게 생각하는 게 좋아.

나도 일본어로 말할 수 있다!
왕초보 실생활 일본어회화 +기본패턴

초판 10쇄 발행 | 2025년 4월 15일

지은이 | 이형석
편 집 | 이말숙
디자인 | 유형숙, 박민희
제 작 | 선경프린테크
펴낸곳 | Vitamin Book
펴낸이 | 박영진

등 록 | 제318-2004-00072호
주 소 | 07250 서울특별시 영등포구 영등포로 37길 18 리첸스타2차 206호
전 화 | 02) 2677-1064
팩 스 | 02) 2677-1026
이메일 | vitaminbooks@naver.com
웹하드 | ID vitaminbook / PW vitamin

© 2015 Vitamin Book
ISBN 978-89-92683-68-5 (13730)

잘못 만들어진 책은 바꿔 드립니다.

웹하드에서 mp3 파일 다운 받는 방법

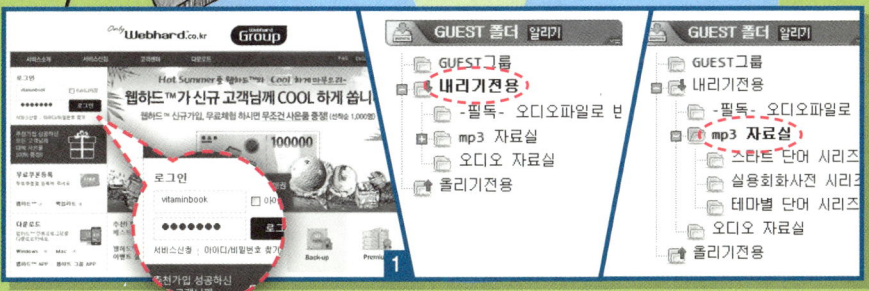

💬 다운 방법

STEP 01 웹하드 (www.webhard.co.kr)에 접속
아이디 (vitaminbook) 비밀번호 (vitamin) 로그인 클릭

▼

STEP 02 내리기전용 클릭

▼

STEP 03 Mp3 자료실 클릭

▼

STEP 04 왕초보 실생활 일본어 회화+기본 패턴 클릭하여 다운